EL DOMINIO MUNDIAL

Elementos del poder y claves geopolíticas

歐盟情報專家 Pedro Baños 透視全球, 地緣政治必備生存指南

國家力量
決勝點

歐盟情報及國際關係專家
PEDRO BAÑOS

佩德羅・巴尼奧斯————著　周佑芷、李文進————譯

野人

如果你每天早晨一睜開眼睛，
都發自內心渴望不受人擺布，
嚮往擁有更廣大的自由空間，
或者希冀一個更和諧的世界，
那麼這本書就是獻給你的。

目錄

第一部
國家力量決勝點

第一章
軍事力量
練就以一擋百的戰爭肌肉

第二章
經濟能力
有錢就是正義

第二部
未來的決定性關鍵

第十章
科技
那些失心瘋的破銅爛鐵

第十一章
人口趨勢
未來地緣政治的核心指標

結語
邁向世界新秩序

［序］

　　讀過《統治世界・戰略說明書》（*Asi se domina el mundo*，中文書名暫譯）的讀者不斷鼓勵我再出一本書，因此我秉持著推廣地緣政治、地緣經濟和戰略學的信念，寫下了這部新作《國家力量決勝點》。這本書承接、補充了前一部作品的內容，但也可以單獨閱讀。上一本書呈現世界強權如何、為何以及運用何種策略展開激烈競爭，企圖控制國家與人民，而本書將會深入探討強權為統治世界所運用的各種手段。

　　本書將論及地緣政治舞台上的主角經常使用的手段，如軍事力量、經濟能力、外交、情報機構、自然資源、知識和戰略溝通等，而這些主角並不全然都是國家。此外，本書還會探討近幾年影響地緣政治的兩個關鍵面向：科技與人口。書末則提醒大家，如今正是地緣政治發生典範轉移（paradigm shift）的時代，這樣的改變將會影響所有人，因此我們必須對地緣政治抱持高度關注。

　　與前一本書相同，我希望藉由本書推廣所學，創作出一部不僅符合學術規範、有充分文獻佐證，還能兼顧閱讀樂趣、吸引大眾讀者的作品。當然，每個探討的主題和子題都足以另外衍生出獨立的著作，本書旨在提供宏觀的角度，讓讀者能針對自己感興趣的議題深入研究。

　　本書最大的特色在於圖解，各單元皆佐以豐富圖表，讓讀者能更輕鬆地掌握其中概念，並為閱讀增添樂趣。每張圖表旁附上簡要解說，以一目了然的形式呈現，讓讀者在綜觀世界全景的同時，也能一窺近期可能的發展。如果想進一步了解特定圖表探討的議題，則可閱讀主文的詳盡說明。

　　任何事物都不是完美的。如果有人對這本書的內容有不同的看法，請不吝賜教（director@geoestratego.com）。

　　非常感謝每一個對我始終抱持信心的人，這本書是獻給你們的，希望你們閱讀愉快。

［前言］

争取權力的歷史，以及權力運作與維持的真實情況幾乎不為人所知。
知識無法參與其中，因為那不應該被了解。[1]
——傅柯《權力的微觀物理學》（*Micro-physics of Power*）

　　無論對個人或國家而言，追求權力都是永恆不變的渴望，因為權力的定義正是將自我意志加諸於他人的能力。所謂權力分配的論點不過是甜言蜜語，若是以為真的有人願意實踐，那可就大錯特錯。權力相當吸引人，要逃離其影響，就如同不受其誘惑一樣困難。所以，任何人說要放棄權力都必定是在撒謊，或者是裝腔作勢，就像狐狸與葡萄的寓言故事：狡猾的狐狸宣稱不想吃葡萄，因為葡萄還沒成熟，其實只是在掩飾自己沒有能力，摘不到令人垂涎欲滴的果實。

　　毫無疑問，每個國家都會用盡所有手段以獲得一定程度的權力。視國家的性格而定，有些國家意圖謀取掌控世界的權力，例如美國、中國、俄羅斯等超級大國，有些國家則至少想要謀取地區性的權力。同時，各國也希望能盡量避免強權的干涉，然而大部分國家往往沒辦法做到這一點，經常被迫以某種形式加入大國的陣營，甚至不惜折損自己的國家利益。

　　在這場權力爭奪戰中，一個國家當前及潛在擁有的權力、實力和行動力，主要取決於一系列彼此相異的要項。其中包含：

1　　編注：此指知識為權力服務、隱藏其運作方法，且掌權者不會讓他人知道操弄權力的知識。傅柯認為知識和權力是一體兩面的存在，權力內在於知識，兩者本質相同。

軍事力量：除了實體裝備（戰車、飛機、船艦、飛彈、核武……）、編制和機動性的士兵人數以外，還包括會影響作戰成效的軍隊士氣，以及人民與領導者的好戰性，因為好戰性與備戰能力密切相關。

經濟能力：涵蓋可支配的主權財富基金（sovereign wealth fund, SWF）、貴重金屬儲備、幣值、外匯存底、金融市場與股匯市的影響力、跨國企業及其他要素。另外，國家整體是否予人安全感與穩定感也十分重要，這會影響外國的投資意願。

外交：擁有傑出的外交機構能提升國家影響力的深度，但仍須仰賴堅強、可靠的軍事力量支持，外交的作用才會更加舉足輕重。

情報機構：掌握情報一直都是關鍵要素，能進一步擴張影響力。尤其在今時今日，情報的重要性更勝以往。

自然資源：儲備礦產、能源、林木、水、可耕地、食物……。

領土：從該國的地理位置、面積到地形能否作為屏障，甚至是氣候等，皆可納入此部分。

人口：人口數量無法單獨決定國力的強弱，必須與領土、資源、教育、工作趨勢和勤勞程度相結合；但不容置疑的是，如果可以在軍事和經濟層面有效發揮，擁有愈多人口就愈有可能獲得廣泛的影響力。

無形力量：其中涵蓋每個國家的文化、歷史、宗教、觀念和語言，以及對外展現的自信與誠信；國際結盟等要素也可列入。

知識和科技：從基礎教育到更高等的專業培訓都包含在內，其中有三個面向在近年顯然愈來愈重要，亦即創新、科學與科技，這三者在許多層面都

是衡量國力的重要指標。同時，這個部分也涵蓋涉及網路空間 [2] 與外太空的所有領域。

戰略溝通： 指的是該國如何自我推銷，以正面形象說服別人。如今的強權具有影響世界的能力，並持續藉由廣泛的宣傳和心理戰來維持地位。有鑑於國家形象具有強大的力量，而且人民的感受相當重要，因此這項要素與傳播媒體的操控有著密不可分的關係 [3]。

上述要項賦予一個國家不容置疑的重要地位，並決定了該國對他國的影響力。這些優勢不僅讓強權在影響世界的重大決議上握有主導權，猶如童話故事裡控制老鼠的吹笛人般引導其他國家去冒險，好讓自己從中獲利；更能讓其他國家俯首稱臣，甚至在面對明顯過分的指控時，也只能採取消極的方式應對。總之，上述的權力要項讓強權得以在世界舞台上主宰其他成員的命運，擴大自身控制的範圍，進而掌握全世界。

顯然，充分握有且懂得適當利用這些要項的國家，就成了有能力主宰世界的超級大國，一如樞機主教黎希留（Richelieu）所言：「大多數人認為，在國家的議題上，掌權者通常是有理的，而軟弱的一方很難不犯錯。」因此，我們必須分析決定一個國家握有多少實權的要素，不僅要分析己身，還要分析周邊國家，唯有透過比較估量，才會曉得應該與誰結盟、不該與誰起衝突，藉此保障國家安全。

2　雖然網路空間包含在這個要項裡，但它並非只是各種網路系統的集合，更是一個領域、一個共存的環境。網路空間無疑擁有科技的一面，然而它之所以能為人所用且具有影響力，是因為我們就生活在這個空間裡。事實上，網路應該被視為構成權力的另一個要項。

3　在數位世界和數位媒體的策略性報導中，知名度是很重要的議題，因為一則新聞、一個媒體、一個虛擬的身分可不可信，往往都是靠知名度（轉發、按讚），當然還有網路上的人氣來決定。網路機器人可以讓一則新聞傳播得更快、更廣為人知，甚至讓作者爆紅。

第一部
國家力量決勝點

第一章

軍事力量
練就以一擋百的戰爭肌肉

我不知道在第三次世界大戰中會使用什麼武器，
不過第四次世界大戰將會用棍棒和石頭作戰。

——愛因斯坦

傳統軍隊還有用武之地嗎？

一般認為，軍事能力雖然沒有完全喪失過去的主導地位，不過其重要性已經不若以往。有許多因素導致這樣的說法。一方面，雖然大國具備核武，但有鑑於互相保證毀滅[1]的威懾原理，核武的巨大破壞力不僅讓大國無法使用，也讓核武國之間盡可能避免發生激烈的直接衝突。今日，超級大國不再直接參與高強度的衝突，而是改在境外低調發動戰爭，而且除了出兵之外，還會出動大量的特種部隊和無人機。

另一方面，各國之間經濟上的相互依存，也確保大多數國家普遍希望避免大規模傳統戰爭的威脅，至少在當前關係沒有明顯變化的情況下，認為維持現狀能比戰爭衝突帶來更多的好處。此外，還有一項社會心理因素導致國家除非遇到特殊情況，否則會避免大量使用武力，那就是先進國家的人民不願承擔損失，尤其是當他們對於政府是否應該干涉他國衝突有所質疑，甚至是覺得根本不應該的時候。

別忘了，還有其他可能與傳統戰爭同樣具威脅性的問題存在，且無法以威懾或軍事手段解決。這些問題製造傷害和破壞社會穩定的能力與傳統戰爭不相上下，而且形式多變，像是流行病、跨國犯罪組織、暴力激進主義、天災、氣候變遷及環境惡化等。然而，軍事能力在關鍵時刻仍是決定國家權力的重要資本。從最初的威懾（武力的首要任務）、支援外交和談判行動，到最後的正式開戰，軍事手段始終是國家不可或缺的支柱。

海軍對此尤有極大的貢獻。如同喬治・弗列德曼在《未來十年：世界霸權大震盪》（*The Next Decade: Empire and Republic in a Changing World*）[2]中指出的，海軍是美國的戰略基礎，因為海洋就是力量，控制海洋可以防止他國襲擊、在適當的時機和地點進行干預，並且控制國際交通[3]。由於絕大部分的國際貿易皆須

1　譯注：互相保證毀滅（mutual assured destruction，簡稱MAD機制），是一種「同歸於盡」的軍事戰略思維，指對立的兩方只要有一方使用核武，就會導致雙方都毀滅的原則，因此又稱為「恐怖平衡」（balance of terror）。

2　譯注：喬治・弗列德曼（George Friedman），美籍匈牙利裔地緣政治學家，有多部作品譯介成中文。可參見：《未來十年：世界霸權大震盪》，王祖寧譯，台北，晨星，2012年。

3　十九世紀時，海軍少將馬漢（Alfred Thayer Mahan，1840～1914年）主張透過海上霸權來主宰世界。不過，時至今日，還得再加上太空與網路空間才行。

美國特種部隊全球部署地圖

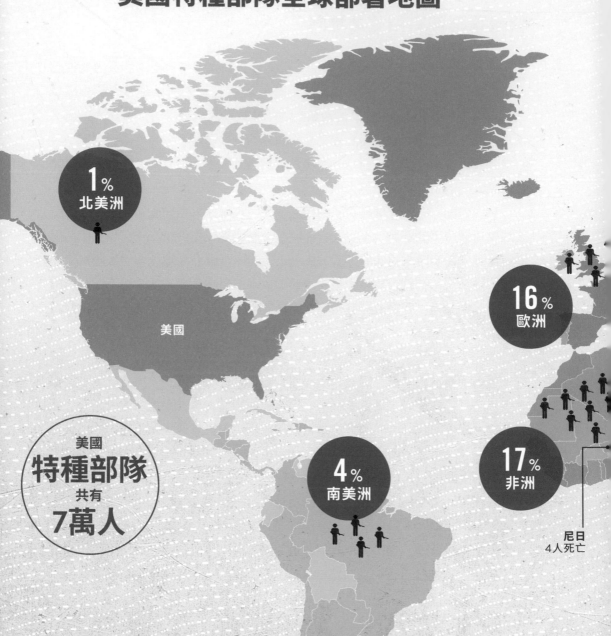

1%
北美洲

16%
歐洲

17%
非洲

4%
南美洲

美國

美國
特種部隊
共有
7萬人

尼日
4人死亡

▼2018年7月底發表在新聞刊物《走向自由》（Toward Freedom）的〈無國界突擊隊〉（Commandos Without Borders）❶一文，揭露2017年美國特種部隊在149個國家執行任務，估計涵蓋全球75%的區域，這正是特種武力日益重要的例證。此外，自2013年以來，綠扁帽（Green Berets）、海豹部隊（Navy SEALs）等美國特種部隊，在《美國法典》（United States Code）第127條的保護下，亦於喀麥隆、肯亞、利比亞、馬利、茅利塔尼亞、尼日、索馬利亞及突尼西亞執行偵查、戰鬥與直接作戰行動（direct action）。

❶ Nick Turse. Commandos Without Borders: The Global Growth of U.S. Special Operations Forces. *TOWARD FREEDOM*. July 23, 2018.

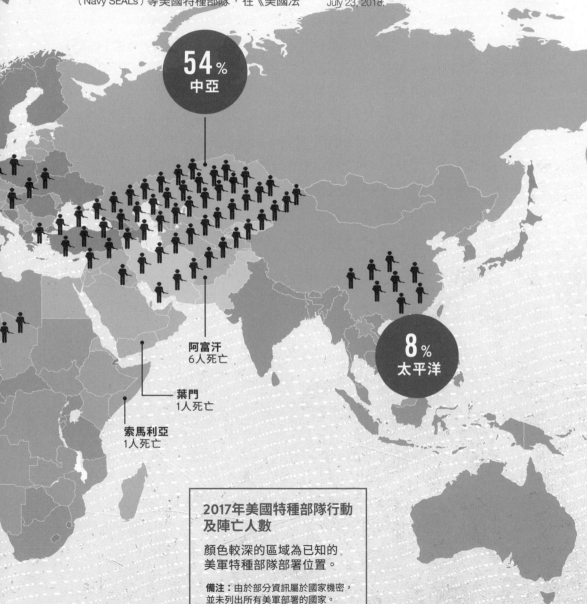

54%
中亞

阿富汗
6人死亡

葉門
1人死亡

索馬利亞
1人死亡

8%
太平洋

2017年美國特種部隊行動及陣亡人數

顏色較深的區域為已知的美軍特種部隊部署位置。

備註：由於部分資訊屬於國家機密，並未列出所有美軍部署的國家。

仰賴海洋（全球80%的貨物透過海運運輸），因此美國的地緣政治原則就是阻止他國的海上力量崛起。

　　毫無疑問，美國是唯一且貨真價實的海軍超級大國，其海軍比其他所有國家的艦隊加總起來還要強大。最明顯的數據就是華府有11艘現役核子動力航空母艦（其中10艘是尼米茲級〔Nimitz Class〕，1艘是福特號〔USS Gerald R. Ford〕），而且每艘航空母艦都有自己的護衛艦隊。世界上其他國家只有法國具備1艘核子動力航空母艦：戴高樂號（FNS Charles de Gaulle）。除此之外，美國還擁有70艘核子動力潛艇，遠超過其他國家海軍的數量總合。

　　這樣的軍事能力讓美國得以控制所有的戰略海域（航運必經之處、海峽、運河等），是其在全球化的過程中保持優勢的關鍵。如同馬基維利在《君王論》（*The Prince*）中所說：「永遠要和有優良軍隊的人結盟。」白宮所擁有的巨大軍事力量，確保美國擁有一群追隨者。這些國家或出自於相似的意識形態，或基於國家利益，選擇與當下的強權結盟，而非與之對抗。許多國家與拿破崙的想法一致，確信「上帝會站在擁有最多大炮的那方」。

軍隊是國家唯一的盟友

> 俄羅斯沒有朋友，他國皆畏懼我們的遼闊。
> 我們只有兩個可以信任的朋友：俄羅斯的陸軍和海軍。
> ——俄羅斯沙皇亞歷山大三世（Alexander III of Russia）

　　這段至今仍深具影響力的俄羅斯名人語錄，出自俄羅斯沙皇死前一天的發言。俄羅斯外交部長拉夫羅夫（Sergey Lavrov）2016年在《共青團真理報》（*Komsomolskaya Pravda*）的專訪中表示：「我們國家唯一的盟友就是陸軍、艦隊，以及現在的航空太空軍。」無獨有偶，2017年2月23日，時任俄羅斯副總

理的羅戈辛（Dmitry Rogozin）[4]在慶祝祖國保衛者日（Defender of the Fatherland Day）時，對他的同胞說道：「俄羅斯只有三個盟友：陸軍、海軍和軍事綜合工業。」這些聲明皆強調：軍力作為國家基石仍然舉足輕重。

◆ 槍桿子裡出政權

《國家利益》（*The National Interest*）雜誌是國際關係領域最優秀的出版品之一，其編輯凱克（Zachary Keck）引用毛澤東的名言「槍桿子裡出政權」，以證明軍力是評估一國實力的重要指標[5]。據凱克所述：「在國際關係這種無秩序的結構中，軍力是國家重要的真金白銀。一個國家可以在文化、藝術、哲學上領先全球，擁有無盡的輝煌與榮耀，但若沒有強而有力的軍隊加以捍衛，所有的一切都是徒勞無功。」

凱克綜觀歷史，指出一連串在特定時期居於世界領導地位的軍隊。第一個是羅馬帝國軍隊，著名的羅馬軍團在短短幾個世紀間，控制了當時絕大部分的已知大陸。羅馬贈予士兵土地，以吸引他們加入部隊，並服役長達25年。1206年，蒙古人以大約一百萬兵力大肆擴張，一路征服遍及俄羅斯、中國和中東的廣大地區。鐵木真將軍，也就是著名的成吉思汗，是快速機動戰術與持久戰略的推動者，再加上蒙古人身為游牧民族的特性，明顯有助於蒙古軍隊發展。為了打擊敵人士氣，蒙古人會故意展現殘忍行徑，像是殺光征服領土上的所有居民，或是散布有關蒙古軍力的不實傳言。

鄂圖曼土耳其帝國的軍隊則於1453年掌控幾乎無法攻克的君士坦丁堡，在該區域維持了數百年的霸權。他們主要的優勢在於率先使用燧發槍與加農炮，以及強大的步兵隊：土耳其禁衛軍。土耳其語為「yeniçeri」，也就是「新軍」的意思。這支軍隊由奧爾罕一世（Orhan I）於1330年建立，作為私人護衛使用，成員主要由出身基督徒和戰俘家庭的青少年及年輕人所組成，士兵全都

4　自2011年起擔任副總理的羅戈辛，同樣也肩負俄羅斯的國防工業。2018年5月底，他被任命為俄羅斯聯邦太空總署（Roscosmos State Corporation for Space Activities, Roscosmos）太空業務的總裁。

5　Zachary Keck, Akhilesh Pillalamarri. 6 Most Powerful Armies of All Time. *The National Interest*. July 8, 2015.

歷史上的軍事強權

自西元前2500年以來，世界上規模最大的軍隊
及其人數估計（括號內為人數）。

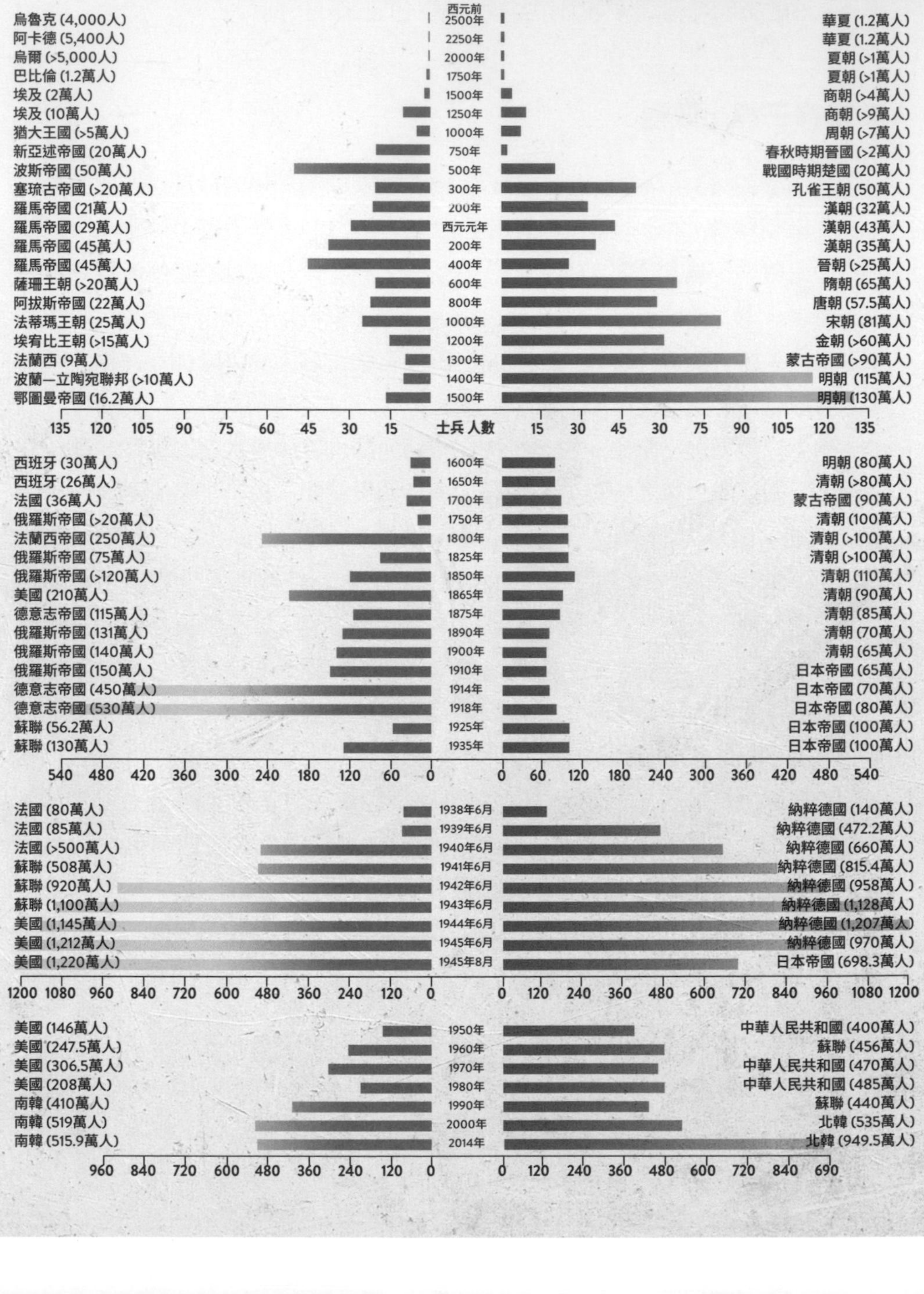

烏魯克 (4,000人)
西元前 2500年
華夏 (1.2萬人)
阿卡德 (5,400人)
2250年
華夏 (1.2萬人)
烏爾 (>5,000人)
2000年
夏朝 (>1萬人)
巴比倫 (1.2萬人)
1750年
夏朝 (>1萬人)
埃及 (2萬人)
1500年
商朝 (>4萬人)
埃及 (10萬人)
1250年
商朝 (>9萬人)
猶大王國 (>5萬人)
1000年
周朝 (>7萬人)
新亞述帝國 (20萬人)
750年
春秋時期晉國 (>2萬人)
波斯帝國 (50萬人)
500年
戰國時期楚國 (20萬人)
塞琉古帝國 (>20萬人)
300年
孔雀王朝 (50萬人)
羅馬帝國 (21萬人)
200年
漢朝 (32萬人)
羅馬帝國 (29萬人)
西元元年
漢朝 (43萬人)
羅馬帝國 (45萬人)
200年
漢朝 (35萬人)
羅馬帝國 (45萬人)
400年
晉朝 (>25萬人)
薩珊王朝 (>20萬人)
600年
隋朝 (65萬人)
阿拔斯帝國 (22萬人)
800年
唐朝 (57.5萬人)
法蒂瑪王朝 (25萬人)
1000年
宋朝 (81萬人)
埃宥比王朝 (>15萬人)
1200年
金朝 (>60萬人)
法蘭西 (9萬人)
1300年
蒙古帝國 (>90萬人)
波蘭—立陶宛聯邦 (>10萬人)
1400年
明朝 (115萬人)
鄂圖曼帝國 (16.2萬人)
1500年
明朝 (130萬人)
135 120 105 90 75 60 45 30 15 士兵人數 15 30 45 30 75 90 105 120 135
西班牙 (30萬人)
1600年
明朝 (80萬人)
西班牙 (26萬人)
1650年
清朝 (>80萬人)
法國 (36萬人)
1700年
蒙古帝國 (90萬人)
俄羅斯帝國 (>20萬人)
1750年
清朝 (100萬人)
法蘭西帝國 (250萬人)
1800年
清朝 (>100萬人)
俄羅斯帝國 (75萬人)
1825年
清朝 (>100萬人)
俄羅斯帝國 (>120萬人)
1850年
清朝 (110萬人)
美國 (210萬人)
1865年
清朝 (90萬人)
德意志帝國 (115萬人)
1875年
清朝 (85萬人)
俄羅斯帝國 (131萬人)
1890年
清朝 (70萬人)
俄羅斯帝國 (140萬人)
1900年
清朝 (65萬人)
俄羅斯帝國 (150萬人)
1910年
日本帝國 (65萬人)
德意志帝國 (450萬人)
1914年
日本帝國 (70萬人)
德意志帝國 (530萬人)
1918年
日本帝國 (80萬人)
蘇聯 (56.2萬人)
1925年
日本帝國 (100萬人)
蘇聯 (130萬人)
1935年
日本帝國 (100萬人)
540 480 420 360 300 240 180 120 60 0 0 60 120 180 240 300 360 420 480 540
法國 (80萬人)
1938年6月
納粹德國 (140萬人)
法國 (85萬人)
1939年6月
納粹德國 (472.2萬人)
法國 (>500萬人)
1940年6月
納粹德國 (660萬人)
蘇聯 (508萬人)
1941年6月
納粹德國 (815.4萬人)
蘇聯 (920萬人)
1942年6月
納粹德國 (958萬人)
蘇聯 (1,100萬人)
1943年6月
納粹德國 (1,128萬人)
美國 (1,145萬人)
1944年6月
納粹德國 (1,207萬人)
美國 (1,212萬人)
1945年6月
納粹德國 (970萬人)
美國 (1,220萬人)
1945年8月
日本帝國 (698.3萬人)
1200 1080 960 840 720 600 480 360 240 120 0 0 120 240 360 480 600 720 840 960 1080 1200
美國 (146萬人)
1950年
中華人民共和國 (400萬人)
美國 (247.5萬人)
1960年
蘇聯 (456萬人)
美國 (306.5萬人)
1970年
中華人民共和國 (470萬人)
美國 (208萬人)
1980年
中華人民共和國 (485萬人)
南韓 (410萬人)
1990年
蘇聯 (440萬人)
南韓 (519萬人)
2000年
北韓 (535萬人)
南韓 (515.9萬人)
2014年
北韓 (949.5萬人)
960 840 720 600 480 360 240 120 0 0 120 240 360 480 600 720 840 690

◀儘管軍隊的形式與展現方式在整個歷史進程中不斷變化，但重要性始終不變。斯洛伐克籍的圖像設計師馬丁（Martin Vargic）在2014年繪製了一系列圖表❶，展示出歷年來軍隊規模的消長；與此同時，國與國之間的傳統戰爭也逐漸減少，科技發展的重要性取代了軍隊人數。這些圖表提供了全球性的視野，展示出軍事能力的演變、敵對集團間權力的平衡，以及讓某些國家成為超級強權、手握決定性影響力的軍事力量。圖表中，有個有趣的數據值得留意：美國1950年的軍隊人數和1500年中國明朝的軍隊人數差不多。

❶ Pierre Bienaimé, Armin Rosen. The World's Largest Armies From Antiquity To The Present. *INSIDER*. Nov 27, 2014.

接受過扎實的體能及戰術訓練，使得土耳其禁衛軍成為高度專業化的軍事團體。

　　德國納粹軍隊在指揮及備戰方面也有極高的水準，並且精通名為「閃電戰」的創新戰術，這是一種地面與空中雙管齊下的高速奇襲，讓納粹軍搖身一變，成為銳不可當的戰爭機器。而在第二次世界大戰期間，蘇聯軍方的巨大潛力則是來自傾盡國家資源的大量部隊，因此，正如史達林所說：「在這場戰爭中，英國人投入了時間，美國人付出了金錢，而我們則是鮮血。」

▶美國軍事網站「全球火力」（Global Fire-power）於2022年上半年的報告中，根據軍事力量、地理、經濟或資源等因素，分析了142個國家的軍事能力。得出的結論是，美國擁有世界最強大的軍隊，緊接在後的是俄羅斯、中國、印度和日本。美國只在戰車與潛艇數量上遜於俄羅斯（12,420輛俄羅斯戰車對上6,612輛美國戰車，70艘俄羅斯潛艇對上68艘美國潛艇），其餘部分皆是美國的軍火儲備在數量上占優勢，且遠遠超過其他國家。在軍隊人數方面，美國擁有超過183萬名軍人（包括後備役人員）❶，但排在美國前面的還有印度（513萬人）、中國（313萬人）、巴西（210萬人）。

另一方面，全球統計數據資料庫Statista指出❷，如果只計算現役軍人，2021年中國人民解放軍的部隊人數最多，共有218萬5,000人。緊接其後的是印度（144萬5,000人）、美國（140萬人）❸、北韓（130萬人）及俄羅斯（101萬4,000人）。而軍隊人數排行榜上最末三名的國家，分別是日本（25萬人）、斯里蘭卡（24萬5,000人）和孟加拉（20萬4,000人）。

從這些數據可以明顯看出某些大國無比重視軍力，不僅將之視為最重要的威嚇手段，而且最令人感到不安的是──它們隨時準備投入戰爭。

---

❶ 調動後備戰力的能力，也是每個國家軍隊的關鍵要項。
❷ M. Szmigiera. Largest armies in the world by active military personnel 2022. *Statistics*. Feb 3, 2022.
❸ 這個數據應該還須加上每個月領國防部薪水的平民，美國國防部公認是全球雇員人數最多的雇主。

◆ 究竟誰才是世界的老大？

現代化軍備不需要在前線部署軍事力量。
承平時期在何處部署軍力並不重要，
重要的是發動戰爭的手段。
──普丁（Vladimir Putin），
摘錄自紀錄片《普丁專訪》（*The Putin Interviews*）

正如前文所指出的，美國的軍隊是現今世界上最強的軍隊，其最重要的資本就是有能力以快速且有效的方式，將大批部隊及資源部署在世界上的任何角落。

世界最強軍隊 TOP 25

國家	總排名	人員*	預算 單位:美元	戰車	飛機	航空母艦	潛艇
美國	1	183.2萬人	7,700億	6,612輛	13,247架	20艘	68艘
俄羅斯	2	135萬人	1,540億	12,420輛	4,173架	1艘	70艘
中國	3	313.4萬人	2,502億	5,250輛	3,285架	3艘	79艘
印度	4	513.2萬人	4,960億	4,614輛	2,182架	1艘	17艘
日本	5	30.9萬人	475億	1,004輛	1,449架	4艘	21艘
南韓	6	113萬人	463億	2,624輛	1,595架	2艘	22艘
法國	7	41.5萬人	409億	406輛	1,055架	4艘	10艘
英國	8	23.1萬人	680億	227輛	693架	2艘	10艘
巴基斯坦	9	164萬人	769億	2,824輛	1,387架	0艘	9艘
巴西	10	210萬人	188億	439輛	679架	1艘	7艘
義大利	11	29.7萬人	292億	200輛	862架	2艘	8艘
埃及	12	123萬人	436億	4,394輛	1,062架	2艘	8艘
土耳其	13	77.5萬人	97億	3,022輛	1,057架	0艘	12艘
伊朗	14	101.5萬人	50億	2,831輛	543架	0艘	19艘
印尼	15	108萬人	93億	314輛	445架	0艘	4艘
德國	16	19.9萬人	503億	266輛	617架	0艘	6艘
澳洲	17	7.9萬人	446億	59輛	430架	2艘	6艘
以色列	18	64.6萬人	178億	1,900輛	597架	0艘	5艘
西班牙	19	21.5萬人	118億	327輛	503架	1艘	2艘
沙烏地阿拉伯	20	35萬人	460億	1,062輛	897架	0艘	0艘
台灣	21	168萬1,500人	168億	1,110輛	741架	0艘	4艘
烏克蘭	22	50萬人	119億	2,596輛	318架	0艘	0艘
加拿大	23	94,500人	236億	82輛	380架	0艘	4艘
波蘭	24	15萬2,500人	145億	863輛	452架	0艘	1艘
瑞典	25	3.8萬人	86億	121輛	204架	0艘	5艘

*包括現役和後備役人員（2022年6月29日統計，估計值）。

2021 年各國軍費支出排行榜 TOP 15

單位：美元

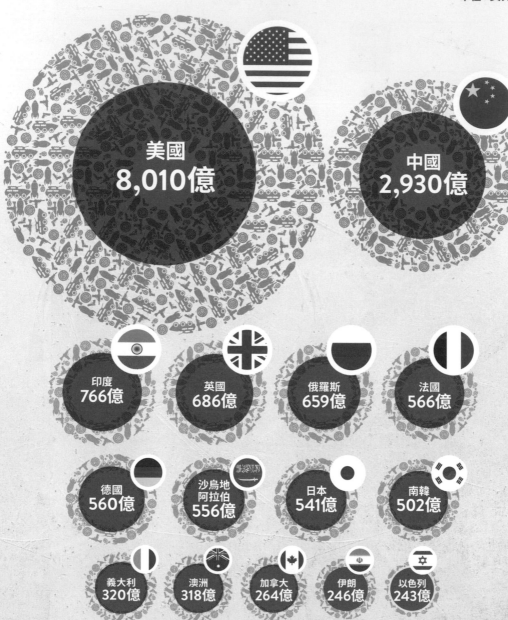

美國
8,010億

中國
2,930億

印度
766億

英國
686億

俄羅斯
659億

法國
566億

德國
560億

沙烏地
阿拉伯
556億

日本
541億

南韓
502億

義大利
320億

澳洲
318億

加拿大
264億

伊朗
246億

以色列
243億

◀根據瑞典斯德哥爾摩國際和平研究所（Stockholm International Peace Research Institute, SIPRI）的數據，2021年全球軍費支出為2,113兆美元，包括購買武器、薪資、退休金、各種設備以及研發等費用。其中美國投入8,010億美元，占全球軍費的38%；比中國的軍費支出（2,930億美元）高出將近3倍，且是俄羅斯（659億美元；比2020年增加2.9%）的10倍以上。而緊接在後的九個國家分別是：中國支出占全球的14%，印度占3.6%，英國占3.2%，俄羅斯占3.1%，法國占2.7%，德國占2.7%，沙烏地阿拉伯占2.6%，日本占2.6%，以及南韓占2.4%。美國的軍費支出甚至高於這九個國家的總和。

另一方面，國際戰略研究所（International Institute for Strategic Studies, IISS）在《2022年軍事平衡》（The Military Balance 2022）中也提出了相似的數據：美國軍隊依然是世界上最強大、裝備最完善的部隊，預算高達7,540億美元（2021年）。這些數據向世界證實了美國在軍事領域的壓倒性優勢，這也是為何美國如此令人忌憚，且足以左右他國政治決策的原因。

2018年時，美國的軍事預算已高達6,028億美元，時任總統的川普（Donald Trump，任期2017～2021年）於該年8月14日，在紐約德拉姆堡（Fort Drum）軍事基地宣布，下一個預算年度的軍事支出將提高為7,160億美元。大幅增加預算的目的非常明確：美軍必須站在技術的最前沿，以保持絕對優勢，並且在任何衝突中快速果決地獲得勝利。在這項名為《馬侃國防授權法》（John S. McCain NDAA 2019）的新提案中（諷刺的是，川普以他的政治對手命名該法案，而馬侃也於幾天後過世）❶，有一項令人無法忽視的特點：在戰爭能力上，不追求量的累積，因為投入國防領域的軍人、平民人數以及武器數量已經很高，而是專注於質的提升，以期擁有「前所未見最先進、致命的科技」，讓美國能對數以百萬計的現役及後備參戰人員拍胸脯保證一定會勝利。除此之外，川普也向軍方頻送秋波，將軍人的薪資提高2.5%，讓軍方意識到獲得總統的政治支持非常重要。

---

❶ 譯注：馬侃參議員於2018年8月25日因腦癌病逝。

廢核與擁核並行不悖？

「今日，地球上的每位居民都要做好心理準備，地球有一天將不再適合居住。核武就如同懸頂之劍⁶吊在所有男男女女及孩童的頭上，隨時都有可能因

6　譯注：The Sword of Damocles，又譯為「達摩克利斯之劍」。西方典故，出自古希臘傳說。據說西元前四世紀，在現今西西里島上有一位名叫達摩克利斯的廷臣，喜歡討好國王狄奧尼修斯一世（Dionysius I，約西元前432～367年），稱讚他有權有勢，坐擁財富，幸福至極。國王想讓這位廷臣也嘗嘗統治者的滋味，因此舉行盛宴，讓他坐上王位一天。在享受國王的權力之餘，達摩克利斯發現寶座的上方掛著一把鋒利的劍，僅用一根馬鬃繫著，吊在他的頭頂上方，此時國王告訴他：統治者的幸福時常伴隨著突如其來的殺身之禍。後人便用「達摩克利斯之劍」來比喻所處環境極度危險或充滿威脅。

全球核武分布圖

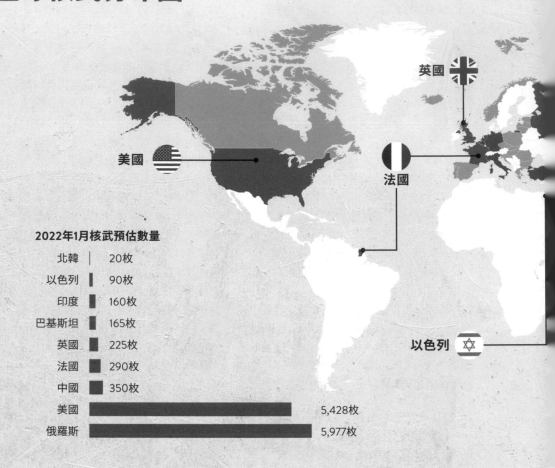

英國

美國

法國

以色列

2022年1月核武預估數量

北韓	20枚
以色列	90枚
印度	160枚
巴基斯坦	165枚
英國	225枚
法國	290枚
中國	350枚
美國	5,428枚
俄羅斯	5,977枚

▲美國與俄羅斯手中分別握有5,428及5,977枚的核彈，占全球近90%的核武（2022年1月統計全球共12,705枚）。其他國家擁有的核武數量則為數百或數十枚，例如：法國290枚、英國225枚、巴基斯坦165枚、印度160枚、以色列90枚、北韓20枚，皆遠遠落後於前述兩國。

這類足以徹底摧毀地球上百次的武器，其政治意義大於戰略意義。真的需要這麼多核武嗎？或者如同某些人所言，核武是過去近70年來和平的保證嗎？我們是不是可以期盼有一天核武會全都消失？這些問題實在難以回答。不過有件事無庸置疑：超級大國永遠不會放棄核武，至少不會完全放棄。讓那些沒有核武的國家感到恐懼，正是權力的本質。

俄羅斯

北韓

中國

印度

巴基斯坦

本身有核武

美國提供核武

參與美國核武聯盟

為意外、計算錯誤或是瘋狂而傷人。這些戰爭武器必須在毀滅人類之前加以禁止。」

在美國總統約翰·甘迺迪（John F. Kennedy，任期1961～1963年）於聯合國大會發表演說超過半個世紀後，核武依然沒有遭到廢除，繼續占有重要的地位。目前，美國科學家聯盟（Federation of American Scientists, FAS）每年都會提出與國家及國際安全有關的核武科學分析，該聯盟由1945年參與原子彈研發的曼哈頓計畫的技術人員所創立。這是一件非常弔詭的事情，若說核武的真正用途令人費解，那麼一群原本負責美國核武庫存的人在退休後積極裁減核武，就顯得更加不搭調。

美國科學家聯盟在2018年5月的報告中揭露，儘管自冷戰以來，核武的數量有所減少，但世界上的核彈頭數量仍有約14,455枚[7]。然而，一個國家擁有的確切核武數量及其運作程度是高度機密。在這樣的情況下，美國科學家聯盟的數據只是個估計值，參考了核武國有時蓄意或無意間透露的公開資訊、歷史紀錄及官方數據。

根據這份報告，美國、俄國及英國已經減少了核武器的數量，不過減少的速度不及過去25年來削減的速度。法國和以色列的核武庫存保持穩定，而中

7　編注：根據該組織2022年2月的報告，全世界的核彈頭數量為12,705枚。

國、巴基斯坦、印度和北韓的庫存則持續增加[8]。其中，北韓領導人金正恩於2018年6月與美國總統川普在高峰會上達成去核協議，不過實際執行成果還有待觀察。儘管這項協議在理論上有諸多疑問，卻可能讓北韓減少、甚至完全廢除現有的核武。

《斯德哥爾摩國際和平研究所2018年鑑》（*SIPRI Yearbook 2018*）公布的最新研究數據也非常相似，該研究推測，至2018年年初，共有14,465枚核彈頭處於九個國家的控制之下[9]，與2017年的14,935枚相比，核彈頭數量略有減少。

根據斯德哥爾摩國際和平研究所的分析，儘管美國與俄國持續減少戰略武器的數量，卻同時也在進行核武現代化的長期計畫。2018年2月初，美國國防部釋出《核態勢評估報告》（*Nuclear Posture Review, NPR*），堅持核武現代化計畫與發展新型核武是必要的，並強調了一個重要的面向：以擴大核武選擇權作為威嚇的手段，不僅可以預防原子彈攻擊，更可以對抗傳統的戰略侵襲[10]。

美國

聲稱已銷毀2萬8,000噸化學武器(占其公開化武的90%)，但俄羅斯認為美國手上還有更多化武。

可能有發展化武或擁有未公開化武的國家

從未簽署1993年《禁止化學武器公約》(CWC)的國家

承認擁有化武生產工廠，且因維持和平而銷毀或改裝化武的國家

為此，《核態勢評估報告》的第21頁提到：「美國只會在極端情況下，考慮使用核武來捍衛國家、盟國及其夥伴的切身利益。極端情況可能包括重大的

8　編注：承注7，該報告顯示英國和俄羅斯很可能也正在增加庫存。
9　編注：根據該單位最新報告，至2022年年初，共有12,705枚核彈頭在九個國家的掌握中。
10　編注：拜登政府提出的2023年國防預算中亦提高核武現代化的預算，金額高達344億美元。

全球化學武器分布圖

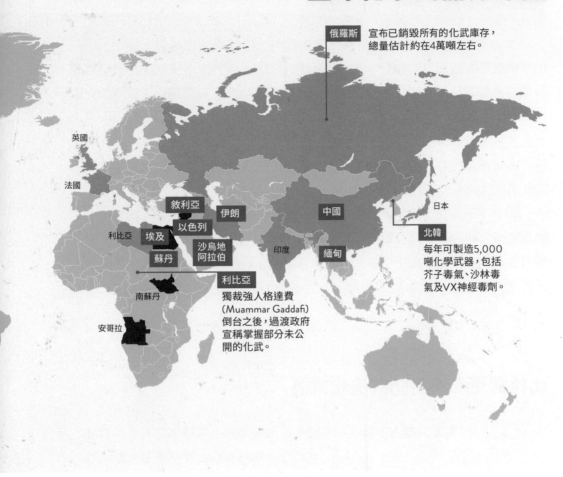

俄羅斯 宣布已銷毀所有的化武庫存，總量估計約在4萬噸左右。

英國

法國

敘利亞

以色列

伊朗

中國

日本

利比亞

埃及

沙烏地阿拉伯

蘇丹

印度

緬甸

北韓 每年可製造5,000噸化學武器，包括芥子毒氣、沙林毒氣及VX神經毒劑。

南蘇丹

安哥拉

利比亞 獨裁強人格達費（Muammar Gaddafi）倒台之後，過渡政府宣稱掌握部分未公開的化武。

▲化學武器不像一般武器那麼有效，因為風勢等大氣條件難以預測，導致使用者也可能變成受害者；除此之外，還必須具備保護自身軍隊及民眾的防護設備。要大規模生產並安全存放化學武器所費不貲，使用的後果又不可預測，這就是冷戰後禁用化武的原因。更別提使用化武會讓衝突升級，甚至演變成核對抗。

然而，化武禁用與否其實是個虛假的議題。當死於化學武器的受害者出現時，比起人命，更重要的是暴露該國持有殺傷性武器。同時，這也是發動戰爭的最佳藉口，只消說敵人持有化武，並且可能或已經以此攻擊自己的國民。

非核戰略攻擊,諸如對美國、其盟國與夥伴的人民或民用基礎設施的攻擊,以及針對美國或盟軍核武及其指揮和控制、預警和攻擊評估能力的攻擊。[11]」面對此一說法,俄國及中國也迅速做出回應。

2018年2月3日,俄羅斯外交部發表聲明,對美國的立場表示關切:「新的《核態勢評估報告》表明,美國部署核武以防止俄國使用核武,等於是質疑我們自衛與對抗威脅國家生存的權利。我們希望華府方面體認到,該理論在軍事領域付諸實行可能帶來的巨大危險。[12]」一天後,也就是2月4日,中華人民共和國國防部新聞發言人任國強上校則表示:「我們希望美方摒棄冷戰思維,切實承擔自身核裁軍特殊、優先的責任,正確理解中方戰略意圖,客觀看待中國的國防和軍隊建設。[13]」

顯然,不論是「核武現代化」或是「發展新核武」都同樣令人感到不安。除此之外,研究較少提及戰術核武(tactical nuclear weapon, TNW),但這類武器最有可能運用在未來的衝突中。一直有傳言說道,戰術核武的放射性反應較低,因此可以盡早占領受影響的土地,而且在葉門和敘利亞的戰爭中都已使用過了。

比核武更防不勝防的生化武器

> 只有當敵人不斷強調他們考慮生產化武、取得生化武器原料時,
> 我們才會想到自己也可以使用生化武器。
>
> ——薩瓦里[14]

大規模毀滅性武器(weapon of mass destruction, WMD)一詞,最早出現在1937

---

11 U.S. Department of Defense. *2018 Nuclear Posture Review* . February, 2018.

12 The Ministry of Foreign Affairs of the Russian Federation. *Comment by the Information and Press Department on the new US Nuclear Posture Review*. February 3, 2018.

13 〈中國國防部稱堅決反對美國核態勢審議報告 中方奉行防禦性國防政策〉,路透社(Reuters),2018年2月4日。

14 譯注:薩瓦里(Ayman al-Zawahiri),埃及人,現任蓋達組織首領。

11   12   13

化學武器的分類

種　類	所屬化學武器
糜爛性毒劑	芥子毒氣、路易氏劑、光氣肟
神經性毒劑	塔崩、沙林、索曼、VX、諾維喬克
血液性毒劑	氰化氫、氯化氰
窒息性毒劑	氯氣、光氣、雙光氣

▲化學武器可以說是窮國的「核武」，他們以此來威懾敵人。據估計，目前世界上至少有900萬種高毒性的侵略性化學物質。某些工業化學物質帶有劇毒，不過因為製造這些物質的目的不是為了傷害他人，因此不被視為武器。然而，在恐怖份子手上，這些化學物質搖身一變，成為大規模殺傷的侵略性武器，同時還會對心理造成毀滅性的影響。

年，倫敦一家報紙以此來指稱大規模空襲。而直到原子彈轟炸廣島和長崎後，該詞才開始流行起來，當然，這類武器也包括了核武。大規模毀滅性武器後來泛指所有的CBN武器，亦即化學武器（chemical）、生物武器（biological，原本只包括細菌類戰劑）以及核武器（nuclear）；時至今日，放射性武器（radiological）也囊括在內，整體簡稱CBRN。換句話說，凡是影響程度大、具毀滅性、無差別性及持久性的武器，皆屬於大規模毀滅性武器。

　　不僅核武駭人聽聞，化學武器、生物武器以及放射性武器也同樣令人擔憂。因為後三項更加難以控制，除了平民及軍隊皆能製造，且幾乎可以在任何配備基本工具的設施裡生產之外，還有所謂「二元武器」（binary weapon）的發展，這類化學武器的成分在分開存放的情況下是無害的，但一經混合施放即會

生物戰劑的分類

種類	所屬生物戰劑
細菌及立克次體	炭疽桿菌、霍亂弧菌、布魯氏桿菌
病毒	流感病毒、天花病毒、 出血熱病毒(伊波拉病毒、馬堡病毒)
真菌	粗球黴菌
毒素	肉毒桿菌毒素、蓖麻毒蛋白、黃麴毒素

▲生物武器是利用有機體或是活性毒素，讓人及動植物生病或死亡。這類有機體或毒素存在於大自然中，因此很難分辨是爆發自然疫病還是生物攻擊。生物武器是目前已知最具破壞性的武器，只要單一媒介或是感染的個體，就足以影響百萬人。不過，科學家認為一個國家或非國家組織的操控者，要讓一大群人迅速感染並沒有那麼容易。

這個令人毛骨悚然的領域涵蓋生態恐怖主義（對生態系統進行攻擊，會影響人類、動植物和環境）、生物恐怖主義（使用生物戰劑）、農業恐怖主義（引進帶有疾病的動植物）、生物武器（使用病原體作為戰爭武器）、遺傳武器或種族炸彈（能夠針對特定種族的致命生物體），以及昆蟲戰（直接以昆蟲攻擊或是用昆蟲作為生物戰劑的載體）❶。

因此，我們必須注意具抗藥性的新病毒及細菌，以及由於人類和動物濫用抗生素而與日俱增的微生物抗藥性。如今在歐洲，僅麻疹感染人數破紀錄就足以引發不安，假設換成天花病毒則會更加令人恐慌。因為這種在多年前就已絕跡的疾病根本沒有任何疫苗接種計畫，一旦遭遇國家或是恐怖組織發動的全面侵略，將會有整整一個世代的人缺乏任何防護。

1975 年的《禁止生物武器公約》（Biological Weapons Convention, BWC）是禁止使用大規模毀滅性武器條約的濫觴。不過，該條約沒有規定任何有效的查核措施，也沒有專責機構負責執行該禁令，無疑為大規模濫用這類殘害身心的武器開了後門。

---

❶ 在昆蟲戰中，也可能使用「網路昆蟲」，也就是在昆蟲身上安裝微技術，透過遠程操控執行某些行動。

產生殺傷力。儘管國際公約試圖規範大規模毀滅性武器的生產、儲存及使用，但實際上，我們不清楚哪些國家目前真的具備使用這些武器的能力，或是有能力在短期內發展出大規模毀滅性武器[15]。

勢不可當的戰爭私有化潮流

> 當時，色薩利人阿瑞斯提普斯與居魯士交好，迫於國內的反對勢力，
> 向居魯士求借大約兩千名傭兵三個月的薪餉，好讓他能擊敗政敵。
> 居魯士給了他四千名傭兵六個月的薪餉，
> 並要求他，在未和他商議之前不要與對方言和。
> ——色諾芬[16]，《長征記》（*Anabasis*）

　　傭兵的概念事實上始於有組織的軍隊。最早的文獻記載可追溯至西元前1457年，埃及法老圖特摩斯三世（Thutmose III）與卡德墟（Kadesh，今敘利亞境內）國王指揮的部族聯盟在米吉多（Megiddo）[17]的戰役。在這場以埃及勝利告終的戰役中，傭兵發揮了舉足輕重的作用。

　　過去幾個世紀以來，傭兵一直不乏用武之地。即使在色諾芬的時代僱用傭兵也十分常見。不過自1648年《西發里亞和約》（*Peace of Westphalia*）之後，武裝和保全部隊漸漸專業化，並且收編在國家政權之下，因此，私人戰鬥團體實質上已經消失。直到1960年，在諸如比屬剛果的衝突及比亞法拉（Biafra，今奈及利亞境內）戰爭中，傭兵團體才重出江湖[18]。

15　根據保加利亞記者蓋坦吉耶娃（Dilyana Gaytandzhieva），五角大廈的實驗室遍布25國，涵蓋烏克蘭、喬治亞及部分非洲、中東和東南亞，由國防威脅減控署（DTRA）的「生物影響合作計畫」（CBEP）投注21億資金。美軍很可能涉及生產致命病毒、細菌和毒素，違反聯合國《禁止生物武器公約》，並利用外交特權掩護非法人體實驗，讓受試者暴露在病原體與不癒之症中。

16　譯注：色諾芬（Xenophon，西元前430～355年），古希臘文史學家、軍事學家，師從蘇格拉底。

17　根據《聖經・啟示錄》（*Book of Revelation*）第16章16節，善惡最終之戰的地點就在米吉多（今以色列境內），「世界末日」一詞正是源自於希伯來語中的「米吉多山」。

18　更多資訊可參見馬里歐・拉波里哀（Mario Laborie）所著《安全的私有化：現今戰略環境中的私人軍事和安全公司》（*La privatización de la seguridad: las empresas militares y de seguridad privadas en el entorno estratégico actual*）一書。

全球兵役制度概況

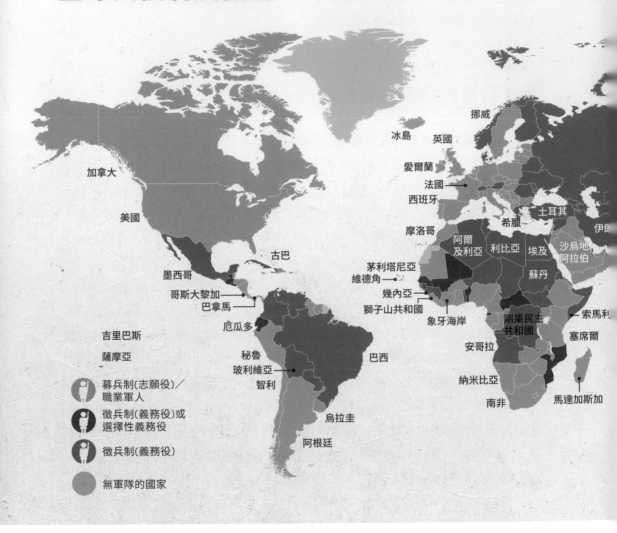

挪威
冰島　英國
愛爾蘭
法國
西班牙
摩洛哥
加拿大
美國
土耳其
希臘
伊朗
阿爾
及利亞　利比亞　埃及
沙烏地
阿拉伯
蘇丹
古巴
墨西哥
哥斯大黎加
巴拿馬
厄瓜多
茅利塔尼亞
維德角
幾內亞
獅子山共和國
象牙海岸
剛果民主
共和國
索馬利
塞席爾
吉里巴斯
薩摩亞
秘魯
玻利維亞
智利
巴西
安哥拉
納米比亞
南非
馬達加斯加
烏拉圭
阿根廷

- 募兵制(志願役)／職業軍人
- 徵兵制(義務役)或選擇性義務役
- 徵兵制(義務役)
- 無軍隊的國家

▲值得注意的是，現在世界各國皆有逐漸恢復徵兵制的趨勢。從軍隊已然專業化的角度來看，這樣的趨勢發展的確令人訝異，尤其今日的軍事行動大多是中低強度，不再需要大批軍人上陣。此外，需要高度養成訓練的軍事技術，也與每年招募新兵的做法不符。

以挪威為例，2014年政府將義務役擴及女性；法國則計畫針對16歲的青少年實施為期一個月、不分男女的普遍國民兵役；義大利和德國也在研擬類似的計畫；摩洛哥則是於2018年8月起，針對16～25歲的國民，不分男女，實施一年期的強制性兵役。

俄羅斯

蒙古

中國　日本

南韓

台灣*

越南

馬來西亞

巴布亞
紐幾內亞

印尼

澳洲

紐西蘭

*編注：截至2022年為止，台灣為「徵募混合制」。

但願這樣的情形只是各國因應社會所需的措施，例如讓人民意識到自身的公民責任，或是促進國內各個地區的人民團結一致，而非為即將發生的戰爭預做準備。

1989年，一家名為「Executive Outcomes」（以下簡稱EO）的私人軍事公司在南非誕生。EO由前南非中校伊本・巴洛（Eeben Barlow）創立，執行長尼克・范德伯格（Nic van der Bergh）清楚闡述了該公司的精神：「我們是一家私人公司，不是人道機構。」EO的業務廣泛，主要為不同國家的特種部隊提供祕密訓練，其餘則包括派遣精銳部隊滲透進控制波札那非法鑽石交易的組織等任務。例如1992年，EO替安哥拉政府訓練部隊，以對抗僱用前南非軍事人員的叛亂分子「安哥拉完全獨立國家聯盟」（National Union for the Total Independence of Angola，UNITA，以下簡稱安盟）。此外，協助盧安達政府收復安盟成員控制的索尤（Soyo）油田也是EO的主要任務之一。據估計，EO為該項行動收取的酬金大約為4,000萬美元，這筆費用由安哥拉半國營石油公司山南戈（Sonangol）支付。

1995年，也就是重創獅子山共和國的血腥內戰爆發四年之後，叛軍組織革命聯合陣線（Revolutionary United Front, RUF）擴大占領區域，距離首都自由城僅僅三十多公里遠。於是，獅子山政府僱用了EO擔任打手。EO出動約200名配有戰鬥直升機的精銳

▶毫無疑問，黑水是最為人所知的私人軍事公司。該公司的創辦人普林斯（Erik Dean Prince）曾是美國海軍主要特種作戰部隊「海豹部隊」（SEAL Team）的成員。黑水因在伊拉克首都巴格達的尼蘇爾廣場（Nisour）屠殺17名平民而聲名大噪❶。2009年，該公司更名為Xe，兩年後，又與創辦人劃清界線，再次改名為阿卡德米。

如今，私人軍事公司儼然成為國際關係的一部分，是強權對外政策的重要一環。這些公司在法律上似乎不受任何政府管轄，而他們的客戶正是看上了這一點才僱用他們。

---

❶ 編注：2007年9月16日中午，在美國與伊拉克官方會面的地點發生汽車炸彈爆炸事件，受美國政府僱用的黑水公司護送美國外交官員撤離，卻在行經尼蘇爾廣場時失控開火，造成17人死亡、約20人受傷。當時開火的4名成員皆遭判刑入獄，並於2020年年底獲川普特赦，引發非議。

士兵，以阻止叛軍前進。據信，該行動讓EO獲得1,500萬美金的報酬，以及獅子山要地極為有利可圖的開礦許可。

此後，受到EO的影響，美國也出現了類似的軍事團體。「傭兵」（mercenary）即是用來指稱這些私人軍隊，不過，自2001年聯合國禁止各國聘僱傭兵之後，這些私人軍隊就失去了正當性。從那時候起，這類型的團體便改稱為「承包商」（contractor），而從事這類活動的公司則叫做「軍事公司」（military company）或「私人保全」（private security company）。然而保全公司涉及的類型繁多，此處將聚焦在專門或主要從事軍事領域活動的公司，亦即訓練從業人員進行戰鬥的私人軍事公司（private military company, PMC）。

目前，在許多國家都可以看見私人軍事公司的身影，尤其是在武裝衝突發生的地點。其中絕大部分是由歐美出資支持，總部主要設在美國或英國。不過，近年來也有其他國家成立這類型的公司，例如俄羅斯。儘管《俄羅斯刑法》（Russian Criminal Code）第348條明確禁止聘僱傭兵，但據信俄羅斯從2011年起便計畫設立私人軍事公司在海外營運，以作為政府不直接介入，卻能保障國家利益的一種做法。然而實際上，俄羅斯當局不過是複製了當時其他國家（尤其是美國）早已透過私人軍事公司所做的諸多事務罷了。除此之外，據傳當時俄羅斯國防部及內政部正計畫縮減人事，而私人軍事公司正好可以接收退役軍人。

其實早在2007年，俄羅斯便朝這個方向邁出謹小慎微卻至關重要的一步，

全球七大私人軍事公司

	國籍	成立年分	專長	特徵
德陽集團 DynCorp International	🇺🇸	1951	安全、航空、作戰行動、諜報等	年收入30億美元(95%的合約來自美國)，母公司為美國私募基金公司博龍資本管理(Cerberus Capital Management, L.P.)*，該基金公司領導人為億萬富翁史蒂夫·范伯格(Steve Feinberg)和美國前副總統奎爾(Dan Quayle)
化險集團 Control Risks Group	🇬🇧	1975	軍事行動、諜報、調查、諮詢、護衛等	
阿卡德米 ACADEMI	🇺🇸	1977		原名：黑水(Blackwater)、Xe Services
Erinys International	🇬🇧	2001	礦物、石油和天然氣的保護與開採	
Triple Canopy	🇺🇸	2003		主要由前特種部隊成員組成，擁有5,500名員工
康思泰集團 Constellis Group	🇺🇸	2004	關鍵基礎設施保護、國防、能源、外交事務等	2014年收購了Triple Canopy及阿卡德米，擁有一萬多名員工(其中半數是軍人)，年收入超過10億美元
GK Sierra	🇺🇸	2007	軍事行動、諜報、調查、加密	據信為美國中情局(CIA)和以色列情報機構摩薩德(Mossad)工作，很可能隸屬於後者

*編注：2020年11月，德陽集團被美國Amentum公司收購。Amentum主要承接政府案件，業務涵蓋國防、安全、科技、能源與環境等領域。

俄羅斯十大私人軍事公司

參與的戰事

	烏克蘭 盧甘斯克 頓涅茨克	敘利亞	其他衝突
RSB GROUP	●	不明	不明
ANTITERROR	不明	●	伊拉克
MAP	●	不明	不明
MSGROUP	不明	●	海上與陸路運輸的護衛
CENTRER	不明	●	伊拉克、南斯拉夫、高加索、阿富汗
ATKGroup	●	●	不明
SLAVCORPS	●	●	不明
瓦格那	●	●	●
E.N.O.T.	●	●	塔吉克、納戈爾諾－卡拉巴赫（Nagorno-Karabakh）
COSACOS	●	●	伊拉克、南斯拉夫、高加索、阿富汗、克里米亞、車臣

▲根據InformNapalm.org於2015年11月提供的數據❶，可能有十幾間俄羅斯私人軍事公司在烏克蘭及敘利亞活動。不過這些數據仍有待商榷，因為該網站是由烏克蘭記者羅曼‧布爾科（Roman Burko）和喬治亞軍事專家伊拉克里‧科馬西澤（Irakli Komaxidze）創建，他們坦承不諱地表示，成立該網站的目的是要「回應俄羅斯在2014年3月對烏克蘭的侵略」，並且「揭露俄羅斯的謊言與俄羅斯混合戰（hybrid warfare）❷的祕辛」。

其實俄羅斯與某些西方強權之間的媒體戰無所不在，烏克蘭就是個例子。2018年2～3月間，許多西方國家運用心理戰術，針對瓦格那在敘利亞內戰的行動發起了一次大規模的宣傳戰。西方媒體不斷使用「傭兵」一詞來形容瓦格那的部隊，其唯一的目的就是要讓瓦格那失去信譽，在大眾心目中留下負面的形象。相反地，那些歐美國家的私人軍事公司則繼續被媒體稱作「承包商」。

❶ Vyacheslav Gusarov. Russian Private Military Companies As Licensed Tool of Terror. *Inform Napalm*. November 24, 2015.

❷ 編注：混合戰不同於傳統戰爭，而是結合了多元多樣的模式與手段，諸如常規與非常規作戰、游擊戰、煽動群眾與操縱輿論，資訊戰、恐怖攻擊，以及外交與經濟戰等。不僅發起與參與者並非總是國家，也可能是非國家的團體，戰時與平時的界線也很模糊。

其下議院「杜馬」（Duma）批准兩間有權有勢能源公司的保全人員攜帶槍枝，以保護公司設施，這兩間公司即俄羅斯天然氣工業股份公司Gazprom和俄羅斯國家石油管道運輸公司Transneft，此舉在某種程度上為私人軍事公司奠定法律基礎。今日，俄羅斯最知名的私人軍事公司是瓦格那集團（Wagner Group）。該公司行事相當詭祕，創辦人德米特里‧瓦列里維奇‧烏特金（Dmitry Valerievich Utkin）為俄羅斯前陸軍中校，曾在普斯科夫（Pskov）的特種部隊第二獨立旅擔任指揮官，2013年退役後，他加入專門為海軍提供打擊海盜服務的莫蘭安全集團[19]，待離開莫蘭後便創立了瓦格那。

2014年，瓦格那集團第一次在烏克蘭的盧甘斯克（Luhansk）部署士兵，並於隔年將觸角深入敘利亞。從一開始這間公司與俄羅斯政府即關係密切，不過俄羅斯政府一貫否認。起初，瓦格那的任務是保護敏感設施，後來卻也參與軍事行動，並且在帕邁拉（Palmyra）之戰中扮演關鍵角色[20]。一些未經證實的消息指出，該公司在敘利亞部署了大約1,600名士兵，其中可能有600名士兵陣亡。這些透過網路招募的士兵會先由前俄羅斯特種部隊進行訓練，而待正式上敘利亞的戰場打仗後，他們的月薪大約是3,000美金。

除了敘利亞之外，其他消息來源指出瓦格那也將士兵部署在非洲。他們向蘇丹強人巴希爾（Omar al-Bashir，1989～2019年掌權）提供軍事支持，以換取對俄羅斯公司更有利的合約，同時也保護蘇丹的礦脈。他們還替中非共和國政府訓練武裝部隊，以保護總統和礦業開採。

根據專門翻譯及分析俄羅斯相關新聞的入口網站「The Interpreter」[21]，瓦格那不是唯一一家在敘利亞行動的俄羅斯私人軍事公司。另一間名為「愛國者」（Patriot）的公司，至少在2018年春天就已參與行動。瓦格那主要專注在軍事行動上，而愛國者則負責保護敘利亞的政府要員。烏克蘭私人軍事公司歐米茄諮詢集團（Omega Consulting Group）負責人安德烈‧凱布卡洛（Andrei Kebkalo）指出，很可能有第三間名稱不詳的俄羅斯私人軍事公司負責保護俄羅斯在蒲隆

19　譯注：Moran Security Group，一家由俄羅斯退伍軍人創辦的私人保全公司。
20　Mark Galeotti. MOSCOW'S MERCENARIES IN SYRIA. *War on the rocks*. April 5, 2016.
21　The independent Russian TV channel TV Rain. Meet Patriot, the New Russian Private Military Contractor Competing with Wagner. *The Interpreter*. July 16, 2018.

地共和國的設施。

　　儘管不太為人所知，但中國也有私人軍事公司在海外活動。從2010年起，私人軍事公司在中國就已合法，其創立目的是要保護位於武裝衝突國家的中國企業利益，主要任務是保護營區、居住區或工作區，但其成員並不配帶武器，而是在發生衝突時，僱用當地的團體處理。如此一來，中國便可避免本國人員涉入意外事件。由於私人軍事公司在中國仍屬於發展緩慢的新興產業，因此只有兩間相關公司：由中國前軍警成立於2011年的德威安保，以及以保護中國主要商業集團海上運輸為主的華信中安。

　　更有甚者，受聖戰主義者啟發的恐怖份子團體，同樣「模仿」了私人軍事公司的模式。最著名的例子就是「Malhama Tactical」（以下簡稱MT），該公司由自稱阿布・拉菲克（Abu Rafik）或阿卜杜勒・穆卡丁・塔塔爾斯坦尼（Abdul Mukadim Tatarstani）的烏茲別克人於2015年5月成立。據推測，他可能是俄羅斯空降部隊的老兵，在2017年俄羅斯轟炸敘利亞伊德利布（Idlib）的行動中被除名。他在失蹤前曾參與知名伊斯蘭聖戰組織的訓練和行動，諸如突厥斯坦伊斯蘭黨（Turkistan Islamic Party）、蓋達組織（Al-Qaeda）在敘利亞的分支「征服沙姆陣線」（Jabhat Fateh al-Sham，前身是努斯拉陣線〔Al-Nusra Front〕）及其後繼組織「沙姆解放組織」（Hay'at Tahrir al-Sham）。2016年，MT曾派出部分成員，幫助聖戰份子在敘利亞阿勒坡（Alepo）南部對抗阿塞德（Bashar al-Assad）的政府軍。

　　儘管這些軍事團體最終在敘利亞受挫，但MT證明了將私人軍事公司模式與聖戰主義相結合是可行的，而且能夠收到實際效果。假如這種模式廣為使用，將會帶來極大的危險[22]。

22　Rao Komar, Christian Borys, Eric Woods. The Blackwater of Jihad: A Consortium of Elite, Well-Paid Fighters from across the Former Soviet Union are Training Jihadis in Syria. Their Business Model Could Go Global. *Foreign Policy*. February 10, 2017.

邁向「軍事機器人」的未來

> 1. 機器人不得傷害人類，或坐視人類受到傷害。
>
> 2. 機器人必須服從人類命令，除非命令與第一法則相互牴觸。
>
> 3. 在不違背第一或第二法則的情況下，機器人可以保護自己。
>
> ——以撒・艾西莫夫[23]

　　1950年，以撒・艾西莫夫在他的短篇小說集《我，機器人》（*I, Robot*）裡提出上述議題，書中描繪的機器之精密，已到了有能力自主做出決定的程度。不過當時只是科幻小說的情節，而現在，不可能已然化為可能，小說裡的虛構即將變成真真切切的現實。

　　2015年4月，聯合國《特定常規武器公約》（*Convention on Certain Conventional Weapons, CCW*）簽署國在日內瓦召開大會，尋求達成未來禁止發展「致命自主武器系統」（lethal autonomous weapon systems, LAWS）的協議。南非籍的聯合國人權事務委員會（United Nations Human Rights Committee）顧問漢斯（Christof Heyns）在致詞中明確指出：「在這個世界發展至機器可以殺人的態勢前，我們必須達成正式的協議。機器人士兵和人類不同，永遠不會有出於憐憫的舉動。」

　　對於紅十字國際委員會（International Committee of the Red Cross, ICRC）而言，這些自主武器的不確定性過高。因為是機械的緣故，自主武器系統無法為自己的行為負責，就算觸犯了戰爭罪也一樣。而且到了這個地步，根本無法釐清責任歸屬，該負責的是機械設計師、程式設計師、工程師，還是製造商？因此，紅十字國際委員會提出質疑：「如果無法依照《國際人道法》（*International humanitarian law, IHL*）釐清責任，部署致命自主武器系統是合法或者合乎道德的嗎？」

　　2018年1月，美國陸軍戰爭學院（United States Army War College）的線上期刊《戰情室》（*War Room*）發表了一篇名為〈使用自主武器系統殺戮〉（*Killing with*

23　譯注：以撒・艾西莫夫（Isaac Asimov，1920～1992年），美籍猶太人，作家暨生化學家。

全球軍事機器人發展概況

272位專家呼籲禁止

2013年10月，來自37國的272位科學家、
工程師、資訊工程師、人工智慧及機器人
專家共同連署，呼籲禁止開發和部署完全
自主武器。

英國

美國

土耳其

以色列

97個國家
公開談論

自從人權事務理事會(OHCHR)
在2013年5月發起辯論以來，已
有97個國家對完全自主武器公
開表達看法*。

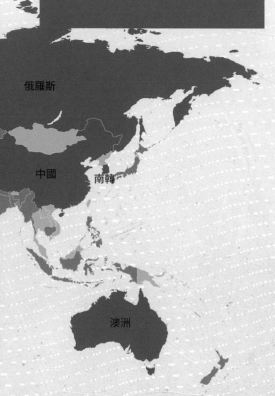

8個國家正在開發

至少有8個國家正在研究、發展和測試完全自主武器，其中包含美國、英國、中國、以色列、俄羅斯、南韓、澳洲和土耳其*。

俄羅斯

中國　南韓

澳洲

*STOPPING KILLER ROBOTS: Country Positions on Banning Fully Autonomous Weapons and Retaining Human Control. Human Rights Watch. August 10, 2020.

◀據估計，到了2023年，全球機器人技術和相關服務支出將高達2,414億美元。大體而言，美國、俄羅斯、中國和以色列是發展此類技術的領先者，也在這個領域進行了最多研究。常言戰爭是不人道的，在不久的將來，戰爭甚至將成為非人的，改由機器來執行。不過，毫無疑問的是，人類將繼續受戰爭所苦。

Autonomous Weapons Systems）的文章[24]。在該篇文章中，同為西點軍校機器人研究中心（Robotics Research Center）研究員的麥可．薩克森（Michael Saxon）與陸軍中校克里斯多夫．科佩拉（Christopher Korpela）認為致命自主武器系統「已經實現且穩健發展」，因為此類系統比人為控制系統具備更多優勢。他們相信，把使用致命武器的責任交付給人腦，會讓作戰人員在某些情況下出現戰術缺失，而在一場戰爭中，若只有一方選擇全面使用自主武器系統，有人為因素介入決定的一方極可能會陷入武器迅速遭到摧毀、連帶危及保護對象的處境。因此，薩克森和科佩拉認為，真正需要決定的是要不要在第一時間就使用自主武器。

另一方面，負責領導美國機器人戰略和自主系統的美國陸軍訓練暨準則指揮部（United States Army Training and Doctrine Command）則認為，2025年時，運輸行動將完全脫離人為干預；到了2035年時，此系統將可以自主執行戰鬥行動。

毫無疑問，機器人的發展開闢了全新的局面，在這種情況下，只有道德和倫理能夠避免人類在不久的將來面臨真正的災難。不過，人類為了掌握權力，絕不會讓彼此好過，因此一場新的軍備競賽指日可待，屆時人類已無用武之地，而掌控機器人的一方將得以勝出。

軍事力量之必要

總體而言，儘管軍事力量直到幾年前才開始備受重視，但很明顯，軍事力量不僅是國家強而有力的支柱，也是讓本國人民及外人印象深刻的「大玩具」。

近年來，歐洲國家不斷削減國防預算，然而，大西洋聯盟的領袖美國，其國防預算卻一直在增加。2018年，川普政府要求北大西洋公約組織（North Atlantic Treaty Organization, NATO）的夥伴也要大幅增加國防預算。換句話說，如果他們還想繼續處於美國的保護傘下，其預算分額就得加倍。川普的論點是，歐洲人把錢花在社會福利而非國防上，導致白宮不得不獨力支撐，亦即美國納稅

24　Michael Saxon. Killing with Autonomous Weapons Systems. *War Room*. January 17, 2018.

人的錢將逐漸被掏空。美國政府很難持續這樣的做法,所以只要歐洲各國不打算多付錢,美國就不會放棄對盟友施壓[25]。

25　編注:2022年俄烏戰爭爆發後,國際局勢緊繃,促使北約各國積極增加國防預算。拜登政府2023財年的國防預算追加至8,133億美元,德國也預計追加千億歐元,並承諾國防支出將超過北約要求水準,即在2024年前達到GDP的2%。而作為美國盟友的日本,也預計在5年內將國防預算提升至北約水準。

第二章

經濟能力
有錢就是正義

$

關於經濟學的每句話，本質上都是錯的。

——英國新古典派經濟學家
阿弗瑞德‧馬夏爾（Alfred Marshall，1842～1924 年）

金錢是獲取權力的最佳助手，也是驅策世界的強大動力。財富永遠可以購得商品、服務和好感，藉此得到影響力與威望、絕對的控制與他人完全的服從，這也是權力真正的目的。

時至今日，金錢的重要性依然沒有改變，經濟手段愈來愈常出現在招致嚴重後果的爭權奪利之中。除此之外，經濟顯然還可以換取另一項力量：軍事。而衡量每個國家的經濟能力時，必須一併考量其生產潛力。別忘了，在某種程度上，同盟國得以在第二次世界大戰獲勝，不僅是多虧了俄羅斯的大量部隊，還得再加上美國的工業力量。

全球化陷阱：遭到歐美強權把持的國際經濟組織

當前的全球化現象著重於市場統一，
卻危害了文化的多樣性及獨特性，
不僅如此，還摧毀了創造力。
——韓國詩人高銀（Ko Un）

全球化顯然是帶有強烈西方色彩的過程，因為西方世界的國家一直將自己的原則強迫推銷給世界上的其他國家：民主、市場經濟、經濟自由主義、私人投資與資本主義。儘管這個全球化的過程包含許多面向，但基本上可以將之視為經濟的全球化，且受到國際貨幣基金組織（International Monetary Fund, IMF）、世界銀行（World Bank, WB）和世界貿易組織（World Trade Organization, WTO）的庇護。在華府的倡議下，1944年7月1～22日，44個國家參與了在美國新罕布夏州華盛頓山飯店（Mount Washington Hotel）召開的會議，達成《布列敦森林協定》（*Bretton Woods Agreement*），世界銀行和國際貨幣基金組織就此成立。從那一刻起，美元就成了國際參考貨幣，以美元本位與黃金掛鉤（每35美元兌換一盎司、約28.35公克的黃金），而美國也成為世界經濟的領袖。自此以後，其他國家不得不將自己的貨幣與美元掛鉤。

此次聯合國貨幣金融會議（又稱布列敦森林會議）的目的，是要建立世界商

▶截至目前為止，歐美一直保持著世界經濟的領袖地位。甚至就歐洲經濟而言，控制歐盟國家經濟的「三頭怪獸」（Troika）也不僅是指兩個歐洲機構：歐盟執行委員會（European Commission）和歐洲中央銀行（European Central Bank, ECB），還包括由美國領導的國際組織：國際貨幣基金組織。要了解美國控制世界經濟的脈絡，只需看看國際貨幣基金組織的結構便一清二楚。該組織由189個國家組成，設有執行董事會，但不完全透明的決策機制常為人詬病；美國、日本、法國、英國、德國、中國、俄羅斯與沙烏地阿拉伯為常任理事國，其他國家則輪流分配剩下的16個席次。然而，關鍵在於華府不僅擁有占比最大的投票權（16.5%），也是唯一擁有否決權的國家。此外，該組織的總裁選舉需要獲得美國的同意。很顯然，國際貨幣基金組織就是白宮掌控世界經濟力量的工具。

業與金融關係的新標準，終結貿易保護主義，建立自由貿易模式。

表面上，《布列敦森林協定》的目標是要維繫世界和平，因為如果世界各國保持密切的貿易關係，就不會輕易相互宣戰。然而，追根究柢，實質上還是那些資本主義強權，尤其是美國，統治著全球市場。在二戰即將結束之際，美國是世界上最大的經濟體，其增長速度飛快，累積了巨量資本。雖然美國人口只占全世界的7%，國內生產毛額（GDP）卻占了全球的一半，擊敗日本及歐洲主要國家等強大競爭對手，成為最終的勝利者。到了1980年代，鼓勵自由貿易政策的態勢加劇，在美英領袖雷根（Ronald Reagan）與柴契爾夫人（Margaret Thatcher）的倡導下，市場私有化及自由化成為創造財富的不二法門。

世界銀行和國際貨幣基金組織的總部都設在華盛頓，距離白宮不遠。世界銀行集團（World Bank Group, WBG）由包含世界銀行在內的五個機構[1]組成，其任務涵蓋向開發中國家提供資金以減少貧窮等；而國際貨幣基金組織理論上的首要目標是確保國際貨幣系統，也就是國際支付清算體系（payment system）[2]與匯率的穩定。

---

[1]　編注：世界銀行集團包含國際復興開發銀行（International Bank for Reconstruction and Development, IBRD）、國際開發協會（International Development Association, IDA）、國際金融公司（International Finance Corporation, IFC）、多邊投資擔保機構（Multilateral Investment Guarantee Agency, MIGA）、國際投資爭端解決中心（International Centre for Settlement of Investment Disputes, ICSID）。IBRD與IDA合稱為「世界銀行」。

[2]　編注：處理經濟交易活動而產生的各項收付及債權、債務清算的系統。

國際貨幣基金組織的
各國分額及投票權

*2022年7月19日數據

各國所占分額

每個國家在國際貨幣基金組織中占的份額，
決定其捐款的數目、有多少投票權，
以及可以請求援助的金額。
由於四捨五入的關係，
圖表中數據的總和
不等於100%。

美國
17.4%

日本 **6.5%**
中國 **6.4%**
印度 **2.8%**
俄羅斯 **2.7%**
加拿大 **2.3%**
巴西 **2.3%**
沙烏地阿拉伯 **2.1%**
墨西哥 **1.9%**
南韓 **1.8%**
澳洲 **1.4%**
瑞士 **1.2%**

歐盟成員
26%

其他國家
25.1%

成員國的投票權

每個國家投票權的占比。
由於四捨五入的關係，
圖表中數據的總和不等於100%。

美國
16.5%

日本 **6.1%**
中國 **6.1%**
德國 **5.3%**
法國 **4%**
英國 **4%**
義大利 **3%**
印度 **2.6%**
俄羅斯 **2.6%**
巴西 **2.2%**
加拿大 **2%**
沙烏地阿拉伯 **2%**
墨西哥 **1.8%**
南韓 **1.7%**

其他國家
39.7%

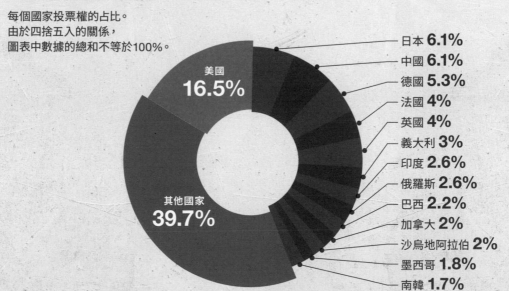

　　華府不斷操控世界銀行。事實上，世界銀行的行長一向由美國提名的美國公民出任，而且美國也是唯一有投票權的國家。在大多數的情況下，世界銀行的決策明顯受到白宮的政策影響。例如1970年阿言德（Salvador Allende，任期1970～1973年）當選智利總統後，因為他實施國有化政策，世界銀行便停止貸款給智利；而阿言德被暗殺後，世界銀行卻繼續貸款給美國的盟友獨裁軍人皮諾契特（Augusto Pinochet，總統任期1974～1990年）。晚近則有伊拉克為例，伊拉克戰爭結束後，伊拉克新政府交由美國派任的行政長官布雷默（Paul Bremer）管理，儘管該國不符合貸款的條件，但由於華府向世界銀行及國際貨幣基金組織施壓，最終伊拉克政府還是取得了貸款。在這兩個案例中，儘管世界銀行的行長都不同意美國政府的做法，但在美國無遠弗屆的影響力之下，超級大國的政治和戰略利益仍戰勝了經濟利益。

　　國際貨幣基金組織也不例外，該機構的總裁一直是由歐洲人出任，同時依照慣例，第一副總裁通常由美國人擔任，特別是近年來，國際貨幣基金組織可以說是已經完全被已開發國家掌控。不過，其中最讓人詬病的是，華府要求其他國家減少相應的赤字及公共支出，作為清償債務或獲得新貸款的條件。簡而言之，就是要將新自由主義政策（強調自由市場機制）應用在經濟自由化（減少政府對經濟市場的干涉）上。許多專家表示，這就是富國和窮國之間差距不斷擴大的原因。

經濟戰爭：從貿易戰到為利益開戰

> 股市的影響力
> 大到可以為保護自身利益而發動戰爭。
> ——毛奇[3]

　　十九世紀末，德國軍事理論家暨將軍戈爾茨（Colmar von der Goltz）確信：

3　譯注：赫爾穆特‧馮‧毛奇（Helmuth von Moltke，1800～1891年），德國陸軍元帥。

「現代戰爭會以國家貿易的形態出現。」半個世紀之後，保羅‧勒沃奎恩（Paul Leverkuehn）在《德國本來可以贏》（*Alemania pudo vencer*，中文書名暫譯）一書中得到相似的結論：「現代戰爭不僅僅是一場士兵和武器之戰，同時也是經濟潛力之戰。」而德國軍事情報機構負責人、海軍上將迦納利（Wilhelm Canaris）最著名的功績之一，就是察覺經濟競爭，並確保二戰期間德軍的燃料供給。

經濟戰爭日益重要，時至今日，利用經濟手段抗衡已是司空見慣，從低強度的行為，到具破壞力的高強度措施不一而足。目前，面對地緣政治問題，諸如實行經濟制裁、凍結資產、徵收關稅、拒絕美元交易，或是使用外匯作為武器，操縱世界金融、阻礙國際市場交易或查封外國銀行帳戶等，都是常見的操作手法。

如此看來，我們不妨把經濟戰爭定義為公司、社會或國家之間爭奪經濟控制權的對抗，其目的是銷售、獲利、控制市場、消滅競爭對手、收集自然資源與能源，以及占據技術的絕對優勢。概括而論，經濟戰爭是在真實或虛擬場所（網路空間或股票市場）的各方使用金融手段相互對抗，以達到經濟目的。用愛德華‧歐利爾[4]的話來說，就是「將經濟變成攻擊和防禦的武器」。

儘管不常發生，但經濟戰爭也可能走向暴力衝突。在正常情況下，軍事只是威脅手段，因此，經濟戰爭原則上都是不流血戰爭（儘管經濟戰爭帶來的某些影響與後果，包括執行方式等，很可能會以流血告終）。

綜觀歷史，有大量各式各樣的經濟戰爭。以英荷戰爭（Anglo-Dutch War，1652～1784年）為例，當時荷蘭東印度公司是世界上最強大的私人經濟勢力，因為該公司運用自己的軍事力量（在1699年擁有40艘船及10,000名士兵）壟斷美洲與印度之間的貿易，並控制主要的貿易路線。不但如此，荷蘭東印度公司還占據了倫敦的殖民地及商業貿易，最終迫使英國開戰，挽救頹勢。

拿破崙戰爭（Napoleonic Wars，1803～1815年）同樣也有強大的經濟動機。由於工業革命的關係，英國想要保持繁榮強盛，就必須出口製造品。但是，法國卻想要保護自己未成熟的工業，因此封鎖歐洲大陸至英倫諸島的貿易航線，並破壞英國的商業信譽，企圖扼殺英國的貿易發展。如此一來，被巨大債務壓得

4　譯注：愛德華‧歐利爾（Eduardo Olier），電信工程博士，現任西班牙智庫Choiseul主席。

喘不過氣的英國為了維持商譽，只能被迫擊敗法國求生。而法國也趁機聯合歐陸的其他國家對抗英國，不讓英國成為海上強權。面對法國阻止英國產品在歐洲大陸銷售的手段，英國的回擊是禁止對法戰爭的中立國與法國同盟國之間的貿易往來。英國以大量黃金買通俄國沙皇倒戈，允許英國商船進入俄羅斯港口，從而迫使拿破崙與俄羅斯交戰（拿破崙最終戰敗）。最後，在1830年，英國儼然成為「世界工廠」。

同樣地，英國發動鴉片戰爭（1839～1842年、1856～1860年）也是想逼迫中國開放國際貿易，目的便是要在香港存放鴉片，並銷往中國。不過某些歷史學家分析這場衝突的原因，認為戰爭實際上的起因是另一項經濟因素：英國想在中國銷售生產過剩的紡織品未果，導致英國以鴉片貿易彌補損失。

在波耳戰爭（Boer War，1880～1881年、1899～1902年）期間，英國人的目標則是控制南非的開普敦，以掌握通往蘇伊士運河的戰略替代路線。此外，還想取得波耳人[5]的領土，因為那裡擁有世界上最主要的黃金礦藏。

第一次世界大戰的經濟意義更加顯著。德國迅速擴張對外貿易，且日益增加商船隊，種種舉措皆對英國貿易構成威脅。德皇一方面強化海軍，以保護其快速增長的國際貿易，並防止法國在經濟上占據優勢；另一方面，為了獲取自然資源以供應蓬勃發展的工業，德國也需要新的殖民地。因此，英國與法國都心知肚明，除了趕在經濟對手變得更強大之前將其摧毀以外，別無他法。

至於第二次世界大戰，其中最鮮為人知的面向也許就是經濟。當時日本正值工業及人口快速成長之際，亟需尋求自然資源及能源（與今日的中國情況很類似，因此從長遠來看，不能排除未來將會出現相似的局面），而幾乎所有的原物料都依賴滿洲（當時位於中國東北的日本占領區）和韓國供應。因為穀物運輸必須穿越日本海及黃海，所以商船便成為日本的戰略重心。面對這樣的情況，美國決定用比較有勝算的方式取勝，亦即向日本打經濟戰，除了在長崎和廣島丟下原子彈之外，真正讓日本屈服的原因是缺乏煤、石油、礦產及穀物。

甚至可以說，美國在二戰期間及戰後的行動都是出自經濟因素。正是由於華府認為英國無法支撐下去，無力償還戰爭借款（倫敦又把錢借給其他國家），美

5　十七至十九世紀，前往南非開墾的荷蘭、法國與德國人後裔。

國這才投入歐洲戰場。

　　我們也可以斷言，從1945年開始的反歐洲及去殖民化（anti-European decolo-nization）進程，是源自美國基於經濟目的的煽動。美國不允許戰敗國或是因其扶持而戰勝的國家擁有可低價出售且蘊含各種可開採資源的廣闊領土，因為這將威脅到美國的經濟利益。最明顯的例子就是比利時與比屬剛果（比利時國王利奧波德二世〔Leopold II〕的私人領地）、法國和阿爾及利亞，以及英國與印度。這些領土一旦從歐洲殖民大國獨立出來，便非常容易受到美國商業的影響，這樣的過程即為「新殖民主義」。

　　在那段時期，俄國政府除了政治宣傳外，還發揮經濟實力，試圖控制西歐國家。為此，蘇維埃的共產黨和工人黨情報局（Information Bureau of the Communist and Workers' Parties, Cominform）還祕密地向共產黨及各種類型的社會運動（從工會到學生、青年和婦女組織皆有）投注大量資金。

◆ 是誰在操盤世界油價？

> 如果石油在今天是個問題，
> 那麼二十年後，將會是場噩夢。
> ——傑瑞米・里夫金[6]

　　油價從2014年年中起崩跌，在某種程度上讓人想起冷戰的最後一幕。那時是1986年，沙烏地阿拉伯厭倦了他們控制伊斯蘭世界的最大絆腳石——伊朗，決定自行增加石油產量，想抽多少油就抽多少油。據說，這是美國在背後下的指導棋，因為美國拒絕承認1979年什葉派學者何梅尼（Khomeini）領導的伊朗伊斯蘭革命（Islamic Revolution），該革命推翻了美國的堅定盟友，亦即當時的伊朗國王巴勒維（Mohammad Reza Pahlavi，1941～1979年在位）。沙烏地阿拉伯的舉動導致石油每桶價格暴跌，蘇聯的原油出口收入銳減，而其他計畫性違反石油輸出國家組織（OPEC）生產配額的國家（像是委內瑞拉）也遭到波及。

6　譯注：傑瑞米・里夫金（Jeremy Rifkin），美國經濟學家。

◀「馬歇爾計畫」（The Marshall Plan），或稱「歐洲復興計畫」（European Recovery Program），是美國為了幫助二戰後西歐國家重建而執行的計畫。華府在計畫期間投入了120億美元，堪稱是一個國家如何利用經濟實力，達成地緣政治及地緣經濟目標的最佳範例。

在1948～1952年四年間，白宮的目標非常明確：一方面，希望提高受援國家公民的生活水準，防止他們受到共產主義運動的影響，特別是當時很多國家差一點就落入共產主義手中；另一方面，藉由繼續為新市場製造產品，美國自身的工業也可以保持活躍，避免像一戰後的大蕭條時期因戰爭推升的大量生產需求戛然而止而陷入窘境。除此之外，歐洲若是在美國的幫助下再次繁盛，華府不僅可以一舉鞏固歐洲市場，還可以確保歐洲未來對美國忠心耿耿。

美國的主要目標是不要讓歐洲大陸太快恢復工業強權的地位，以避免自身受到威脅。在這樣的思考脈絡下，美國的戰略實為消滅歐洲發展軍事工業的可能性，好讓歐洲在軍事領域牢牢依賴美國體系。事實上，幾十年來，歐洲也一直依靠且支撐著美國的軍事工業。

兩年後，伊朗政府尋求和平，結束與伊拉克自1980年以來的戰爭[7]；五年後，蘇聯解體。沙烏地阿拉伯在1985年也曾對戈巴契夫（Gorbachev，1985～1991年任蘇聯總書記、1990～1991年任蘇聯總統）玩過同樣的把戲，沙國在華府的鼓勵下，突然增加石油產量，直到蘇聯破產為止。委內瑞拉這個高度依賴原油收入的國家，也遭受油價下跌之苦。1989年，委國經濟因收入低迷而崩潰，導致人們走上街頭，衝突造成數百人死亡。

油價暴跌也帶來其他後果。1990年7月，伊拉克總統海珊在巴格達會見美國駐伊拉克大使格拉斯比（April Glaspie），並抗議油價太低。格拉斯比回應道：「在美國，有很多人樂見石油價格上揚。」一週後，伊拉克入侵科威特[8]。海珊此舉可以解讀為受到美國慫恿，因為他認為科威特本來就是伊拉克打仗領土的一部分，只是英國為了滿足對石油的渴望，而任意將科威特置於自己的控制之下。伊拉克希望獲得科威特的油井，好增加產出、取得最大的經濟利益，進而支付兩伊戰爭期間產生的債務。伊拉克的債主國更是鼓勵並幫助伊拉克打

7　兩伊戰爭始於1980年，一直持續到1988年。美國在這場衝突中支持伊拉克，許多歐洲國家也是如此，例如：德國出售武器及原物料給伊拉克，而法國甚至授予海珊（Saddam Hussein）法國榮譽軍團勳章。

8　編注：當時科威特超量生產石油，造成伊拉克的石油利潤減少。

人為操縱油價下跌

2007 ～ 2008年布蘭特原油(Brent Crude) 每桶價格 *

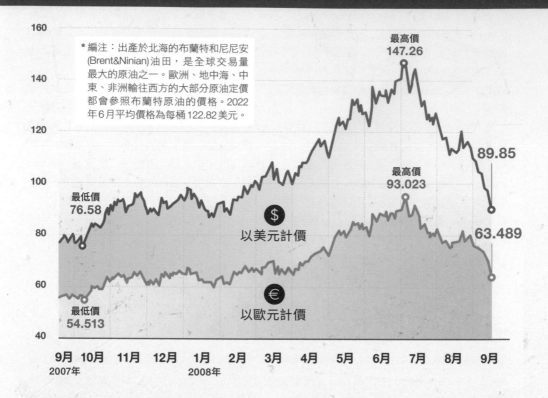

* 編注：出產於北海的布蘭特和尼尼安(Brent&Ninian) 油田，是全球交易量最大的原油之一。歐洲、地中海、中東、非洲輸往西方的大部分原油定價都會參照布蘭特原油的價格。2022年6月平均價格為每桶122.82美元。

最高價 147.26

89.85

最高價 93.023

最低價 76.58

$

以美元計價

63.489

€

以歐元計價

最低價 54.513

9月 10月 11月 12月 1月 2月 3月 4月 5月 6月 7月 8月 9月
2007年　　　　　　　　　2008年

▲最明顯的人為操縱油價案例發生在2008年8月7日。當天，俄羅斯軍隊進入喬治亞❶，以保護南奧塞梯（South Ossetia）的俄國公民。而恰巧在一個月前，原油每桶價格攀升至147.26美元，而且專家預測，油價在該年年底會達到200美元，部分專家甚至認為會達到250美元以上。當時中國和印度對石油的需求大增，使得油價飛漲，但是產油國生產與精煉石油的能力有限，趕不上全球需求。不料，在俄羅斯侵入喬治亞後，儘管中國和印度的石油消費量持平，產油國也沒有因為精煉能力提升而增加石油產量，原油每桶價格卻在幾週內掉到90美元左右，到了2008年年底，油價甚至在某個特定的時間點跌至35美元左右（後來穩定在50美元上下）。

從那時起，急遽下跌的油價導致1999年當選委內瑞拉總統的查維茲（Hugo Chávez，任期1999～2013年）無力完成他野心勃勃的社會計畫。同樣的情況也發生在美國勢力範圍以外的國家，例如厄瓜多。儘管與委內瑞拉相比，厄國受影響較小，因為其收入來源更加多樣化。其中受創最重的還是俄羅斯，若是油價按照預估每桶超過200美元，將會為俄羅斯新一輪的地緣政治野心增添動力。

❶ 編注：喬治亞1991年脫離前蘇聯獨立，1993年加入獨立國家國協（Commonwealth of Independent States）。2003年起積極爭取加入北約及歐盟，因而與俄國交惡。2008年8月因阿布哈茲（Abkhazia）和南奧塞梯獨立問題，喬俄爆發戰爭，最後喬治亞退出獨立國協。2022年初由於俄羅斯入侵烏克蘭，促使喬治亞更積極尋求加入歐盟。

仗，以滿足自身的利益，然而日後與伊拉克反目成仇的也正是這些國家（尤其是美國與英國）。第一次波斯灣戰爭就是因此而起。

與此同時，沙烏地阿拉伯自身的經濟已然崩潰，導致以「純正伊斯蘭」（Islamic purity）為號召的基本教義派（fundamentalism，又稱「原教旨主義」）愈來愈受民眾歡迎，而阿富汗年輕戰士賓拉登（Osama bin Laden）也位列其中。

美國除了能夠或多或少直接影響油價外，還具有能夠操縱美元匯率的巨大優勢，而能源交易是以美元進行，因此美國手中始終握有利器，可以因應各種情況，並減輕油價波動。

同樣地，石油價格從2014年年中的每桶超過100美元，跌至2015年每桶不到50美元，儘管這與美國使用水力壓裂法（hydraulic fracturing，一種開採頁岩油、頁岩氣的方式）增加石油產量，以及全球經濟降溫與歐洲、亞洲的石油需求減少有關；但不容否認的是，美國讓油價暴跌是為了要削弱俄羅斯在烏克蘭、克里米亞及敘利亞議題上與華府作對的力量，連帶也懲罰了像委內瑞拉那樣對抗「美帝」的國家。毫無疑問，和華府結盟的其他石油生產國也遭受低價的衝擊，但據估測，他們已經直接從美國或間接透過國際經濟組織（基本上是國際貨幣基金組織和世界銀行）獲得補償。

控制能源，就能撼動世界

總結來說，不僅高度開發社會為了維持生活條件需要能源，即使是那些開發中的社會也需要能源，且是很多的能源。問題在於能源的稀缺，且很難以划算的方式取得，因而導致各式各樣的衝突，從單純的經濟對抗（不流血並不代表不殘忍）到公然開戰皆有。而致勝的關鍵在於直接或間接地，隨時控制主要能源，無論單一或多種。因為控制能源的人就能撼動世界，而握有金錢的人就可以掌控能源。結論就是，經濟操控了一切，是真正驅動社會的力量。

可以預見的是，隨著可再生能源（風能、太陽能、潮汐能、地熱能……）的快速發展，未來能源的取得將在不同程度上打破地理的限制，想要藉由化石資源「控制世界」會變得更加困難。因此可以說，在能源方面，地緣戰略的挑戰將被高度的技術挑戰所取代，或至少不相上下。

全球頁岩氣礦區分布圖

波蘭
53億

加拿大
110億

美國
244億

墨西哥
193億

阿爾及利亞
65億

利比亞
82億

巴西
64億

阿根廷
219億

南非
137億

110億 主要儲量
(單位：立方公尺)

⬤ 已探勘礦區

⬤ 預估儲量

⬤ 儲量無法預估

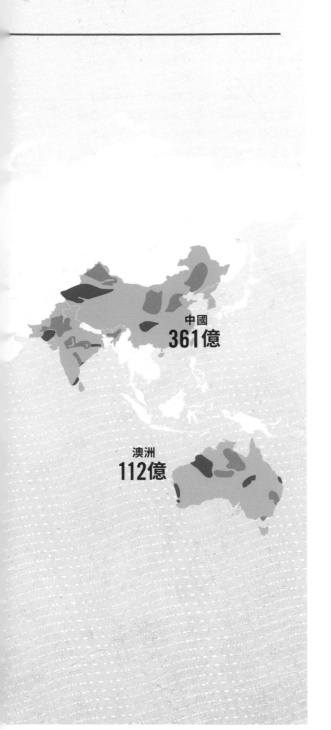

中國
361億

澳洲
112億

◀若以前瞻性的角度來分析，我們必須聚焦在頁岩天然氣（頁岩氣）的主要礦區。毫無疑問，這些儲量豐富的礦區遲早會成為地緣政治的目標，尤其是世界各國如今對天然氣的消費量持續增加。根據某些研究，到了2035年，全球對天然氣的需求將超過對石油和煤炭需求的總和。由此看來，阿根廷是擁有最大頁岩氣儲量的國家之一，因而成為消費和交易頁岩氣大國的注目焦點。

墨西哥也具備得天獨厚的相似條件。如果墨國領袖知道如何適當地管理這份潛藏的巨大資源，將能多掌握一項工具，在短短幾年內躋身全球經濟大國的行列。

▶外債是國家經常使用的戰略經濟工具之一。正如美國第二任總統約翰‧亞當斯（John Adams，任期1797～1801年）所言：「奴役一個國家有兩種方式：一種是劍，另一種是債務。」雖然這麼說有點殘酷，但有時候國家真正在意的是清償債務，因為如果不支付債務，債權人就會像懸頂之劍一樣，藉由控制、指揮負債國獲得好處。

除此之外，說服一個國家舉債來滿足某些需求並不是件難事，甚至有可能是他國故意為之。別忘了英國劇作家蕭伯納（George Bernard Shaw）說過：「債務就像所有陷阱一樣容易落入，而且很難脫身。」

若要論及國債，就必須分析持有者是誰。一個國家（如日本）的公債都是由本國的機構或是公民持有，和由外國人持有大不相同，後者會讓負債國受到嚴重的束縛。以美國為例，該國有一半以上的債務由北美的個人或是機構持有，這讓華府在某種程度上比較安心。

◆ 投資基金：足以動搖國本的戰略布局

> 賭場的系統永遠會讓莊家贏錢。
> ——桑貝德羅[9]

投資基金同樣也可以運用在經濟戰中。投資基金可分為私有（其主要特點是匿名性）與國有，後者即所謂的「主權基金」（sovereign wealth fund, SWF），也就是國家將財政盈餘投資在他國的戰略性資產上，以確保重要部門的營利與安全。然而，缺乏透明度的投資基金，很可能會危及國家的經濟安全。

所有基金中，最容易招致疑慮及批評是「禿鷹基金」（vulture fund）。此類投資者利用某國特定經濟部門的弱點，在短期或中期之內獲利，有時會導致該國社會遭受需要長時間才能恢復的金融損失。

◆ 貨幣之戰：不容動搖的美元本位

美國一直藉由美元控制全球經濟與金融，目前至少有80%的全球貿易是以美元交易。

9　譯注：桑貝德羅（José Luis Sampedro，1917～2013年），西班牙經濟學家暨作家。

美國公債持有者

本國與他國占比

*2021年12月數據

67%	5.5%	5.6%	21.9%
美國的個人與機構	中國 (含香港)	日本	其他國家

信用評等機構

| 穆迪 | 標準普爾 | 惠譽國際 |
| Moody's | Standard & Poor's | Fitch Group |

《布列敦森林協定》讓美元成為與金本位制（gold standard）[10]掛鉤的參考貨幣，因為當時擁有全球70%黃金儲備量的美國對此深感興趣。不過，越戰讓美國支出陡升，尼克森（Richard Nixon，總統任期1969～1974年）政府被迫發行超過國家金庫諾克斯堡（Fort Knox）黃金儲備量的貨幣，以支應戰爭需要。結果導致1971年8月15日，白宮停止以美元兌換黃金，持續讓美元貶值，最後放棄與金本位制掛鉤。從那一刻起，美元就全然仰仗使用者（受強制的）信任支撐，各國在絕大多數的全球交易中被迫使用美元，特別是與自然資源（石油及天然氣）有關的交易。

這樣的做法導致所有國家都累積了大量的油元[11]（占外匯存底的65%），以確保能源及其他基礎資源的流動性。儘管美國債台高築（2018年8月初，其債務已超過213億美元，而且以每秒4萬5,000美元的速度增加），但由於全球大規模工業化，世界各國對原油的需求不斷增長，使美國政府能夠印製更多美元以保持運作，甚至可以按照需求，想印多少錢就印多少錢，而且無須任何背書。

結果，因為各國收集美元和美債以確保能源供應和貿易，再加上外國銀行

10　編注：1921年，由英國首先啟用的貨幣制度，以可兌換的黃金量來衡量貨幣的價值，且黃金可以不受國界限制自由流通，也等於是各國交易及清算的工具。

11　編注：petrodollar，即國家販賣石油獲得的美元。

◀金融風險信用評等機構亦可作為經濟戰的工具。全球最著名的三大信用評等機構是：標準普爾、穆迪和惠譽國際，這三大機構控制了全球95%的金融市場。標準普爾創立於1860年，現隸屬於美國標普全球股份有限公司（S&P Global Inc.），總部設在紐約。穆迪的總部也位於紐約，其最大股東是全球最大的投資人暨資本家華倫·巴菲特（Warren Buffett）。惠譽國際則成立於1913年，在紐約及倫敦皆設有總部，於2018年4月被美國大型媒體集團（報紙、雜誌和電視頻道）赫斯特集團（Hearst Corporation）收購。

就市場發展而言，信評機構擁有無可質疑的權力，可以直接或間接地干預對資產、外匯行情、已發行公債價值及風險溢價的投機性攻擊。不僅如此，由於這些機構的擁有者與大型媒體關係密切，更擴大了影響力。有時信評機構的報告會因缺乏客觀性而招致批評，不僅僅是出於接受評等的對象得要自費，更是因為整個體制都掌握在歐美國家手中。就某種程度而言，即使某國被評鑑為經濟不佳，大眾也會懷疑到底是該國經濟情況真的很糟，或者只是信評機構的片面說詞。然而事實上，信評機構的分析影響極大，不利的評語可能會導致大量投資者外逃。透過傳播、模仿和連鎖效應，信用評等機構便可引發泡沫或危機、刻意獨厚特定對象，或者以不公平的方式摧毀公司和國家（由此看來，倒不如將信用評等機構稱作是「信用掃地機構」）。

依賴美國銀行體系的緣故，讓白宮得以使用美元作為經濟戰的武器。儘管如此，這項優勢也有弱點。有鑑於美國負債極高，假設全球貿易（尤其是石油與天然氣等碳氫化合物）改用其他貨幣交易，將致使各國開始拋棄美元，因為美元沒有任何實物背書（例如黃金），最後很可能導致美國經濟走向崩潰。美國已採取一切手段防止這樣的情況發生，而且如果有必要，美國將不惜發動戰爭，摧毀有此圖謀的人。

人民幣能否終結美元霸權？

近年來，已經有一些人嘗試終結美元霸權。2000年，利比亞獨裁強人格達費（Muammar Gaddafi，1969～1979年掌權）構想出一種以黃金擔保的泛非洲貨幣，迫使華府出手阻止。同年11月，海珊也決定以歐元代替美元交易石油（儘管歐元直到2002年1月1日才開始流通，但自1999年1月1日起，歐元已經是世界金融市場裡的記帳單位），在法國政府及法國巴黎銀行（BNP Paribas）的大力支持下，海珊

將至少100億美元的「以油換糧[12]」基金轉換成歐元。美國在2003年入侵伊拉克以後，採取的第一項措施就是回復美元體系，以防止這項做法蔓延到其他國家，尤其是石油輸出國家組織的成員國。

　　同樣在2000年，伊朗開始接受歐洲及亞洲國家以歐元進行原油交易；不久之後，美國便開始反制伊朗發展核武。六年後，伊朗政府獲得委內瑞拉與北韓的支持，並得到中國策略性的背書（供應中國消費總額15%的石油），企圖設立一個以歐元支付碳氫化合物的國際證券交易所。當時白宮認為伊朗此舉的目的是要發展核武。

　　2006年，有傳言表示俄羅斯盧布可能會和人民幣以及部分東亞國家貨幣組成亞洲貨幣。2009年7月，時任俄羅斯總統的梅德韋傑夫（Dmitry Medvedev）向八大工業國組織（G8，包括德國、俄羅斯、法國、英國、日本、美國、義大利及加拿大）領袖提出共創一種新的國際貨幣，明確呼籲應以之取代美元。同樣在2009年，於玻利維亞中部城市科洽班巴（Cochabamba）舉行的第七屆美洲玻利瓦爾聯盟（Bolivarian Alliance for the Peoples of Our America, ALBA）高峰會期間，委內瑞拉、厄瓜多、古巴、玻利維亞、尼加拉瓜、宏都拉斯，以及三個加勒比海小國的政府，應時任委內瑞拉總統的查維茲要求，一致同意在「區域互補貨幣系統」（Unified Regional Compensation System, SUCRE）中使用虛擬貨幣蘇克雷（sucre），也就是眾所周知的蘇克雷計畫。最初，蘇克雷只是一種以物易物的制度，其最終目的是取代美元，成為美洲玻利瓦爾聯盟各國間的商業交易貨幣；長遠來看，甚至可能成為拉丁美洲的「歐元」。不消說，這項舉措加劇了美國與委內瑞拉之間的對抗，也讓查維茲成為美國首要的打擊目標。

　　2011年，國際貨幣基金組織總裁史特勞斯—卡恩（Dominique Strauss-Kahn）的性醜聞東窗事發，有人認為其中隱含美元的弦外之音。史特勞斯—卡恩似乎堅持成員國的特別提款權（special drawing rights, SDRs）必須採用一種新的國際儲備貨幣公式，而新的公式會減少美元的分額。該措施沒有成功實行，因為性醜聞終結了他的職業生涯。

12　編注：以油換糧計劃（Oil-for-Food Programme），是聯合國於1995～2003年實施的人道計畫，特別允許入侵科威特後受到制裁的伊拉克出售石油以換取食物、藥物等民生必需品，以供應供應人民的人道需求。

　　2015年3月，有消息指出，由俄羅斯、白俄羅斯[13]、哈薩克及亞美尼亞組成的聯盟，很可能會創造一種名為「altýn」的新共同貨幣（該名稱是為了紀念俄羅斯及該地區其他國家歷史上曾使用過的貨幣）。在俄羅斯總統普丁的要求下，俄羅斯中央銀行（Central Bank of Russia）與政府部門合作分析了新貨幣的可行性。此一舉措加深了兩個超級大國間的嫌隙，而這一點也反映在美國對俄羅斯在烏克蘭及克里米亞議題的制裁上。

　　2016年10月1日，人民幣正式加入國際貨幣基金組織的「一籃子貨幣」（currency basket）[14]，中國趁此機會擴大人民幣的使用範圍。短短一年後，在俄羅斯的支持下，中國推出人民幣油元，作為在石油交易中與美元競爭，甚至取代美元的石油貨幣。2018年3月，北京政府開始為原油期貨合約發行人民幣油元。經由這種方式，中國企圖讓伊朗和委內瑞拉等與美方對抗的國家逃過白宮的制裁，並且讓其他的石油生產國迴避來自美元的壓力，尤其是非洲國家。舉例來說，2018年3月，奈及利亞和中國工商銀行（ICBC）簽訂在所有商業交易中使用人民幣的合約。奈及利亞政府因此得以清償積欠北京政府的債務，因為使用人民幣可以降低匯率和幣值波動帶來的風險。不僅如此，2018年5月底，在辛巴威首都哈拉雷（Harare）舉行的非洲南部及東部銀行總裁會議上，有鑑於中國在非洲大陸的經濟影響力日增，辛巴威央行（Reserve Bank of Zimbabwe）總裁更建議與會國採納人民幣作為儲備貨幣。

　　目前，美國為了避免上述舉措對美元造成的風險，因而營造出各國貨幣與美元最大相互依存的環境。此外，很少有國家願意放棄他們的美元儲備（中國和日本儲備了大量的美元，而且超過好幾兆），因為會造成全球性的經濟恐慌，幾乎沒有國家會占到便宜。無庸置疑，以中俄為中心、有黃金背書、或實體或虛擬的共同流通貨幣，最有可能成為美元霸權的重大威脅。事實上，自2006年起，中俄兩國就大幅增加黃金儲備量。根據世界黃金協會（World Gold Council, WGC）的統計，截至2018年5月，俄羅斯聯邦的黃金儲備量達1,890.8噸，是世界黃

13　編注：白國政府於2018年宣布將其華文譯名定為「白羅斯」，以免與俄羅斯混淆，不過許多國家的外交部仍以「白俄羅斯」做為正式名稱。本書從台灣外交部譯名。

14　編注：國家參考不同外幣的組合來決定本國貨幣的匯率，放入此一組合的外幣比重則視國家貿易往來的比重而定，比起參考單一外幣，匯率波動的風險更低。

▶說到貨幣，就不能不提及「虛擬貨幣」。儘管已經有上千種虛擬貨幣，但其中最為人所熟知的就屬由「中本聰」（Satoshi Nakamoto，這是化名，背後可能是一人、多人或組織）於2009年創造，只能在網路上交易的比特幣（Bitcoin）。就理論而言，這種加密貨幣不受國家干涉，也不受傳統銀行系統的控制。儘管比特幣經常出現在駭人聽聞的新聞中，由於其去中心化、不透明以及匿名的特性（至少理論上是這樣）而成為駭客、各種犯罪份子和恐怖分子下手的目標。但其實這種無形貨幣真正的危險之處在於政府在交易的過程中課不到稅，如此一來，社會支出的增長會遠遠超過收入，隨著人口逐漸老化，最終將會惡化到政府無法承受的地步。

在地緣政治經濟方面，像美國和美元那樣，無須大量出口就可倚靠外匯生存的國家，無法接受大規模的國際商業活動使用這類加密貨幣。因此，一旦發生這種情況，便會想盡辦法破壞虛擬貨幣市場，或者至少力求控制。雖然美國至今還沒有出手，但有鑑於虛擬貨幣日益重要，未來真的這麼做也不奇怪❶。

---

❶ 編注：2021年9月，由俄羅斯營運、總部設於捷克的加密貨幣交易所Suex，因涉嫌多起勒索軟體的非法洗錢交易而遭到美國制裁，此為首例。同年10月，拜登（Joe Biden，2021年就任美國總統）政府又宣布將調整經濟制裁用法，目標是涵蓋數位貨幣和替代支付平台。2022年2～3月俄烏衝突期間，美國也計畫將制裁延伸至俄羅斯的加密貨幣領域。

金儲備量第五大的國家，而中國持有1,843噸（美國仍然擁有世界上最大的黃金儲備，超過8,100噸；其次是德國，大約3,400噸；接著是義大利2,450噸和法國2,440噸）[15]。

可以想見，上述種種情況很可能會發生，導致美元的地位遭到取代。然而，即使並非完全被取代，美國仍可能會採取極端手段，以所謂的「北美共同貨幣」（North American Currency Union, amero）取代美元。如此一來，華府將會重創持有美元儲備的國家，因為這些美元將變成毫無價值的廢紙。此外，為了維持經濟主導地位，美國將會邀請加拿大及墨西哥加入使用「北美共同貨幣」，甚至向歐盟提議與歐元合併。無論如何，這對地緣政治和地緣經濟將產生難以估計的重大影響。

不過到目前為止，除了中國這般的超級大國，所有在檯面上試圖終結美元霸權的國家不是不復存在，就是被摧毀或深陷動盪。

15　編注：根據世界黃金協會2022年7月的統計，截至2022年3月，黃金儲備量前五名的國家分別為：美國（8,133.5噸）、德國（3,358.5噸）、義大利（2,451.8噸）、法國（2,436.5噸）、俄羅斯（2,301.6噸）。中國則以1,948.3噸位居第六。

比特幣網絡交易概況

透過比特幣交易所／平台App

購買比特幣

支付／轉帳

經由電子郵件收到比特幣

驗證

比特幣年度交易總值
（以美元計算）

2009年	0
2010年	985,887
2011年	417,634,730
2012年	607,221,228
2013年	14,767,371,941
2014年	23,159,832,297
2015年	26,669,252,582
2016年	58,188,957,445
2017年	375,590,943,877

截至2017年
交易總值
499,402,199,987
美元

美國為什麼要制裁伊朗？

2018年8月6日，時任美國總統的川普宣布重新制裁伊朗，而且從同年11月4日起全面生效。其實美國早在2018年5月宣布退出《伊朗核協議》（*Joint Comprehensive Plan of Action, JCPOA*）時，就已經威脅過要實施制裁。儘管白宮的主要目的是要阻止伊朗政府出口石油與天然氣，但制裁也影響了該國的汽車產業、以里亞爾（rial，伊朗貨幣）進行的貨幣交易、公債、整體工業的部分必要資源（像是鋼鐵、鋁和石墨），還有與伊朗中央銀行（Central Bank of Iran）進行的國際商業談判。此次制裁預估將對地緣政治經濟產生極大的影響，因為有些國家（如俄羅斯及中國）可能選擇和伊朗站在同一陣線，中國甚至已經揚言將無視制裁，繼續購買伊朗原油[16]。

不僅如此，這些制裁措施的目的也包含扼殺伊朗經濟，這讓伊朗的敵國兼美國盟友以色列和沙烏地阿拉伯再開心不過，因為他們決心要阻止伊朗成為中東第一強權。簡而言之，美國運用單純的經濟戰，從內部削弱伊朗當局，畢竟考量到伊朗複雜的地形，以及國防能力、物資和心理素質，傳統作戰勢必得付出龐大的代價。此外，一旦制裁伊朗，原油價格無可避免會大幅上漲，便能讓目前靠新稅制[17]與豁免法[18]才有辦法獲利的美國水力壓裂產業坐收漁翁之利。與此同時，沙烏地阿拉伯因葉門戰爭與近年來的低油價而惡化的財政也獲得緩解。

更何況，伊朗無疑是令人垂涎的戰利品，某些國家非常樂見伊朗政權更替。美國戰略暨國際研究中心（Center for Strategic and International Studies, CSIS）指出[19]，伊朗碳氫化合物（石油與天然氣）的蘊藏量在全世界算是數一數二。

16　編注：2021年3月，中國與伊朗簽訂長達25年的合作協議，以4,000億美元的投資換取伊朗優惠的石油供給。

17　編注：美國許多州政府為了吸引水力壓裂業者前往開採該州的頁岩油（以提升州經濟及增加財政稅收），紛紛祭出減免稅收的方案。

18　編注：《2005年能源政策法》（*Energy Policy Act of 2005*）豁免美國水力壓裂業者不受《空氣清淨法》（*Clean Air Act*）、《淨水法》（*Clean Water Act*）、《安全飲用水法》（*Safe Drinking Water Act*）與《全面性環境對策、賠償及責任法案》（*CERCLA*，又稱《超級基金法》〔*Superfund Act*〕）的管制。

19　Sarah Ladislaw, Frank A. Verrastro, Andrew J. Stanley. *Iran Sanctions at the Halfway Point*. CSIS.

美國與歐洲檯面下的經濟戰爭

歐美之間的競爭由來已久。曾任美國國家安全顧問的布里辛斯基（Zbigniew Brzezinski）在其1997年的著作《大棋盤：全球戰略大思考》（*The Grand Chessboard: American Primacy and Its Geostrategic Imperatives*）[20]中指出，華府最大的地緣政治危機，就是歐洲變成一個強硬的經濟技術競爭對手，且歐洲在中東及世界其他地區的地緣政治利益很可能與美國相左。該書同樣指出，為了獲取國際影響力，歐洲必須和俄羅斯關係正常化，特別是出於俄羅斯這個廣人的人陸國家擁有豐富的自然資源，而這也是白宮不惜一切想要極力阻止的原因。

1962年5月15日，法國總統戴高樂（Charles de Gaulle，任期1959～1969年）在新聞發布會上說明法國正遭受「外部聯邦」（即美國）的掌控；密特朗（François Mitterrand，任期1981～1995年）也曾於1997年向法國及歐洲發出明確警告，且講得更為直接：「法國沒有察覺，但我們正在跟美國交戰。是的，這是一場永久的戰役，一場關鍵的戰役，一場經濟的戰役，一場看似沒有死亡的戰役。是的，美國人很強硬又貪得無厭，他們想要掌握全世界的權力……」

情報單位也發出同樣的警告。其中最有力的聲音，來自法國前祕密軍事單位行動處（Service Action, SA）的成員，亦即對外安全總局（General Directorate for External Security, DGSE）的局長朱伊業（Alain Juillet）。2018年2月21日，他在法國國民議會（Asamblea Nacional）召開的工業決策委員會中表示：「法國已經因為美國的利益，喪失了國家主權。」這位經驗豐富的前祕密幹員提到，2014年4月，法國公司阿爾斯通（Alstom）將能源部門賣給美國奇異公司（General Electric），讓法國政府大感意外。朱伊業曾是法國經濟情報的主要負責人，根據他的說法，在這次交易中，法國政府喪失很大一部分的能源和軍事自主性。從那時候起，美國企業就掌控法國核威懾戰略的重要基礎，即核子潛艇渦輪機的生產。此外，由於美國實施《國際武器貿易條例》（*International Traffic in Arms Regulations, ITAR*）規範國際武器交易，法國海軍集團（Naval Group）便無法在沒有美國政府的授權下將潛水艇出售給其他國家。朱伊業以法國出售飆風戰鬥機

---

20 譯注：中譯本可參見《大棋盤：全球戰略大思考》，林添貴譯，立緒出版，2021年。

伊朗根據和亞塞拜然、土庫曼及
哈薩克的交換協議，
每天從內卡(Neka)出口
5萬桶原油

其他歐盟國家
8.3萬桶

法國
9.4萬桶

義大利
15.4萬桶

西班牙
11.9萬桶

希臘
6.6萬桶

土耳其
17.6萬桶

亞塞拜然

土庫曼

伊朗

4%

6%

3%

5%

3%

7%

5%

出口站

阿聯
12.7萬桶

▲美國2018年提出的制裁，也就是禁止伊朗出口碳氫化合物（石油和天然氣），導致伊朗經濟產生巨大動盪。當時伊朗政府的第六個五年發展計畫的成敗，主要取決於販售石油的獲利。一旦少了這些資金，伊朗領導人的處境就變得十分艱難，已經衰弱不振的經濟也就繼續下沉。除此之外，如果美國進一步加強制裁與禁令，伊朗民眾很可能會像「阿拉伯之春」（Arab Spring）那樣，上街示威要求改善社會經濟，接著，美國以及部分西方媒體便會（往壞的方面）加以詮釋和宣揚，尋求更換政權，以建立更進步的民主制度。

■ 進口伊朗石油的主要國家
→ 輸出石油佔比

伊朗石油輸出地圖

伊朗原油及液體天然氣的輸送量
2018年上半年的統計*，單位：每日桶數

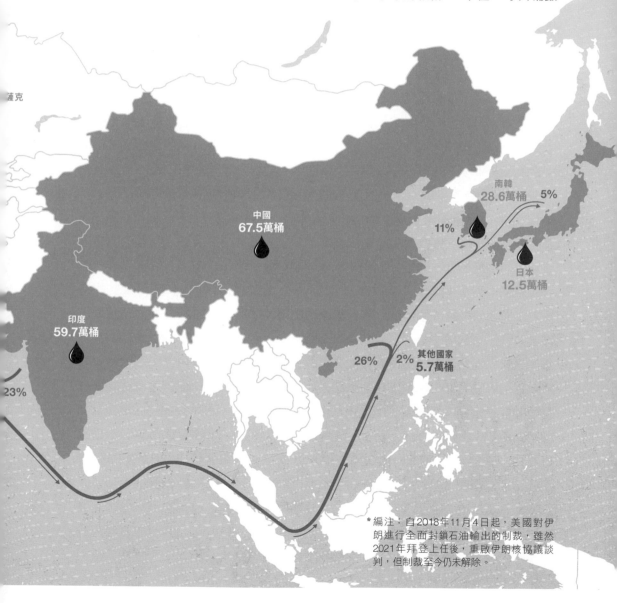

薩克

中國
67.5萬桶

印度
59.7萬桶

南韓
28.6萬桶　5%

11%

日本
12.5萬桶

23%

26%　2%　其他國家
5.7萬桶

*編注：自2018年11月4日起，美國對伊
朗進行全面封鎖石油輸出的制裁，雖然
2021年拜登上任後，重啟伊朗核協議談
判，但制裁至今仍未解除。

（Dassault Rafale）失敗為例：由於戰鬥機中含有美國零件，在白宮拒絕授權的情況下，達梭航太（Dassault Aviation）便無法販售給埃及。華府的意圖明顯是想讓埃及購買美國企業製造的戰鬥機。

　　時間和貿易戰足以證明上述警告並非虛假，最好的例子就是美國前總統川普隨著經濟競爭持續白熱化，對歐洲產品加徵關稅。為此，歐洲政治領袖的對抗聲浪也愈來愈高。法國經濟財政部長勒梅爾（Bruno Le Maire，2017年就任）與德國外交部部長馬斯（Heiko Maas，任期2018～2021年）在2018年8月27日舉行的會議上雙雙表示，歐盟應該考慮擁有獨立於美國之外的支付系統。勒梅爾十分具體地表達了他的期望：「歐洲是一個主權大陸，不是附庸國。這表示歐洲必須擁有完全獨立的金融工具，不過這樣的工具現今並不存在。」並補充道：「我們決定研發一種歐洲或是法德之間的獨立金融工具，可以避免自身成為美國實施境外制裁的附加受害者。」而就在會議結束幾天後，德國總理梅克爾（Angela Merkel，任期2005～2021年）與法國總統馬克宏（Emmanuel Macron，2017年就任）一同鼓勵歐洲減少對美國的依賴，也不要隨著川普起舞。其中一個解決方法，是建立能夠確保歐洲自主的金融體系。問題在於，要建立這樣的金融獨立性，前提是擁有一種足以取代美元世界貨幣地位的新貨幣，而且歐洲經濟環境將來勢必要與華爾街在同樣的條件下競爭。想要在這兩方面獲得實質的進展，不僅曠日廢時，還會激化華府與歐盟現有的經濟戰爭，導致無法預測的後果。

　　因此，讓歐盟成為由單一領袖主導的政治主體，並擁有自己的軍隊、統一的情報機構與堅實的金融工具等想法，如今已成空談，華府絕對不會允許這種事情發生。正如資深法國政治家暨歐洲議會議員卡羅（Marie-France Garaud，任期1999～2004年）慷慨激昂的發言：「美國人想要的是一個歐洲經濟體，不是政治體！他們從來沒有過歐洲政治體的念頭！而這個想法就體現在他們如今的所作所為上。」事實上，白宮不會同意跟著自己半個世紀的隨從突然搖身一變成為騎士，拿著相同的武器在世界經濟的決鬥場上與自己一較長短；更不會同意他們與已經成為歐洲糧倉的俄羅斯結盟，因為兩者一旦聯手，將會成為美國最大的地緣政治威脅、一場真正的噩夢。美國政府將繼續藉由這十年來植入歐洲社會和國家機構的「特洛伊木馬」，阻止這種情況發生。

新絲綢之路：中國掠奪世界經濟的野心

　　「絲路」指的是連接漢代中國與中亞、印度，運輸絲綢及其他商品的路線，由德國地質學家李希霍芬（Ferdinand von Richthofen）於1877年命名。李希霍芬考察了中國清代（1644～1911年）十三個省分的地理與地質特徵，並親自探索原始的絲綢之路，最後得出此名。

　　這條連接東西方的古老路線在過去即意義重大，到了今日，更是因為其帶來的巨大經濟交流而別具意義。新的絲綢之路又稱「一帶一路」，是中國在外交、經濟與政治上的重大投資，激起沿線超過60個國家對於發展商業及文化的萬般期待。中國國家主席習近平於2013年9月提出「一帶一路」計畫，反映出其地緣政治經濟的長期戰略構想。受舊有路線的啟發，新的路線分為兩路：一條是陸路，由連接亞洲與歐洲的數條走廊構成；另一條是海路，由亞洲連接至非洲大陸與南美洲，再透過未來穿越巴西到秘魯的鐵路，將大西洋與太平洋串聯起來。如果最終該計畫完全實現，則真的可以說是「條條大路通中國」。

　　根據中國規畫的路線，「一帶一路」所需資金高達數兆美元。截至2016年為止，北京已成立法定資本額1,000億美元的亞洲基礎設施投資銀行（Asian Infrastructure Investment Bank, AIIB），並且投入400億美元至絲路基金，用於發展基礎建設，又另外投入3,000億美元用於基礎設施貸款和貿易融資[21]。「一帶一路」擘畫出亞洲巨人經濟能力的藍圖[22]。

21　編注：根據華府智庫「美國企業研究院」（American Enterprise Institute, AEI）粗估，截至2022年7月，中國在「一帶一路」計畫上累積總投資金額已達8,853億美元，其中5,311億投注於建設工程，3,542億用於其他形式的投資。

22　編注：「一帶一路」計畫發展至2022年，接連受到資金短缺（中國投注的資金也逐年減少）、全球減碳、中美貿易戰及新冠肺炎疫情等影響，不少合作國家的建設計畫延宕、停擺，甚至終止或轉往歐美尋求資金，也導致中國的海外債務高築（借出的款項難以回收），並引發外交危機。而今中國將一帶一路的發展重心漸轉往高科技（如5G）、綠能、疫苗外交等層面。

▶美國並不樂見新的絲綢之路誕生，因為美國將中國視為競爭對手，以及經濟利益與地緣政治上的威脅❶。印度也對「一帶一路」計畫感到不滿，因為印度認為中國的目的是加強其在歐亞大陸的影響力，尤其是透過中國—巴基斯坦經濟走廊❷。中巴經濟走廊（China-Pakistan Economic Corridor, CPEC）穿越了具爭議性的喀什米爾地區（印度與巴基斯坦皆宣稱擁有此地區主權），讓印度當局無法接受，莫迪（Narendra Modi，2014 年就任）政府進而提出替代方案，同時加強與美國以及該地區盟友日本和澳大利亞的合作關係❸。

　　不過，印度的區域聯合計畫還只是一個想法，目前沒有資金可以執行。另一方面，中國規畫的海上航線並不需要經過印度的港口，因為有北京政府出資興建、位於斯里蘭卡的漢班托塔（Hambantota）港就已足夠❹。同樣值得注意的是，自2014年4月起，連接中國浙江義烏到西班牙馬德里、全程僅需行駛21天的貨運火車已開始營運。這條世界最長的火車路線，全長1萬3,052公里，橫跨中國、哈薩克、俄羅斯、白俄羅斯、波蘭、德國、法國和西班牙。

❶ 編注：美國拜登政府於2021年與七大工業國集團（G7）共同發起「重建更好世界」計畫（Build Back Better for the World, B3W），旨在幫助開發中國家建設基礎設施，以對抗中國的「一帶一路」。歐盟也於同年年底提出「全球門戶」（Global Gateway）計畫，預計於2027年之前投入3,000億歐元，似有意加入此一行列。

❷ 為了建設這條中巴經濟走廊，中國在巴基斯坦投入巨額資金。中巴經濟走廊將連接中國新疆西部的喀什市和巴基斯坦的深水港瓜達爾（Gwadar），該計畫預計興建鐵路、輸油管和通訊網路，總投資達516億歐元。

❸ 編注：諸如美印日澳的「印太戰略」（Indo-Pacific Strategy）、日印共同倡議的「亞非增長走廊」（Asia-Africa Growth Corridor, AAGC）等。

❹ 編注：2017年斯里蘭卡因無力償還積欠中國的債務，而將漢班托塔港租借給中國198年，普遍被國際間視為中國以「一帶一路」設下債務陷阱的案例。

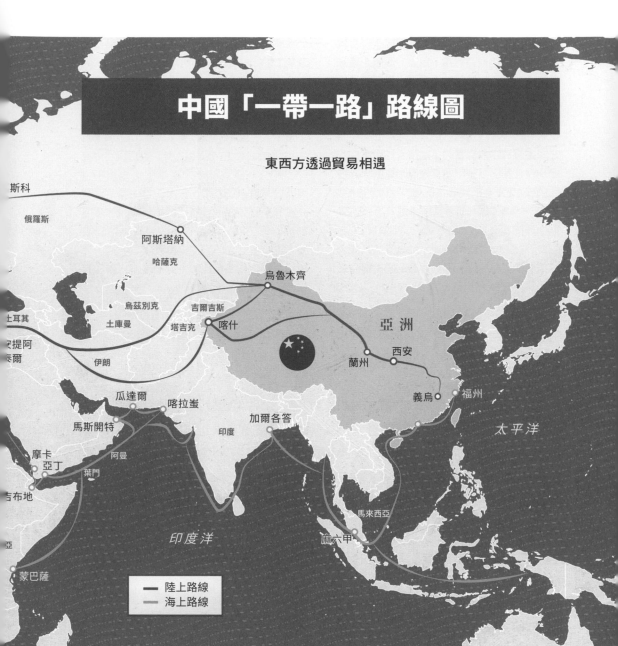

中國「一帶一路」路線圖

東西方透過貿易相遇

斯科
俄羅斯
阿斯塔納
哈薩克
烏魯木齊
烏茲別克
吉爾吉斯
亞　洲
土耳其
土庫曼
塔吉克
喀什
西安
提阿
伊朗
蘭州
爾
義烏
福州
瓜達爾
喀拉蚩
馬斯開特
加爾各答
太平洋
摩卡
亞丁
阿曼
印度
葉門
布地
馬來西亞
麻六甲
亞
印度洋
蒙巴薩

— 陸上路線
— 海上路線

▶所謂資本無祖國，跨國企業自然不會直接為任何國家的利益行事。但是，跨國企業也是由人所主導，評估時不得不考量其領導者的出身及情感，畢竟在有疑慮的時候，人總是會傾向自己的出身之處（祖國、種族、宗教……）。因此，要正確評估跨國企業在特定國家經濟中的影響力，則不管該企業在哪裡納稅，都必須要考量其領導階層的忠誠度和情感（通常這些領導階層會與公司的真正擁有者來自同一個國家），而且還要考量其原籍國真正的歷史責任（在某種程度上，可能會對評估草創階段的跨國企業有所幫助），或考量該跨國企業是否在其最初進行商業活動的國家繼續參與研發投資與活動。

撇開這些方面不談，值得注意的是那些被政府（特別是某些政府）利用的大型企業，他們藉由商業活動潛入投資國，將影響力滲透到該國的各個階層。

最明顯的例子，或許就是極具爭議的軍事工業公司（無解的問題：軍事工業公司到底是為了因應戰爭而存在？還是因為有了這些公司才製造出戰爭？）在世界前十大軍事工業公司中，美國公司就占了六家，三家來自中國，還有一家是英國公司。這無疑給予華府另一樣控制世界的工具，因為美國政府會視情勢需要，毫不遲疑地公開支持本國企業，藉由與情報單位合作或是採取外交、經濟施壓的方式，讓本國企業獲得合約。

足以左右世界的跨國企業

跨國企業在全球經濟中扮演的角色極為重要，因為其行動將直接影響所處國家已經或預計實施的政治與經濟措施。此外，這些企業也控制了絕大部分的戰略領域，無論是金融、能源、基礎建設還是媒體，一旦有機會便可以輕鬆地跨越不同領域。綜觀世界經濟，儘管這些公司的存在帶來許多好處，但也不能忽視其令人不快的行徑，因為這些行徑經常造成無人樂見的社會或環境衝擊。

◆ 最具爭議的「旋轉門」：北溪天然氣管道工程

大企業與政治之間的相互關係與影響毋需多言，只要綜觀全球，就可以發現許多前政治人物受聘於某些大公司。政治人物可以在卸任後轉向私營企業工作，但前提是，這些企業經營的必須是非國家管控的產業才行，反之則會受到限制，例如天然氣或電力等能源產業。

德國前總理施洛德（Gerhard Schröder）加入俄羅斯天然氣工業股份公司（Gazprom），就是個極其引人注目的案例。他於1998 ～ 2005年間擔任德國總

全球十大軍事工業公司

2020年營業額

單位：美元

	公司	營業額
🇺🇸 LOCKHEED MARTIN	洛克希德·馬丁	582.1億
🇺🇸 Raytheon Technologies	雷神技術公司*	367.8億
🇺🇸 BOEING	波音	321.3億
🇺🇸 NORTHROP GRUMMAN	諾斯洛普·格拉曼	304.2億
🇺🇸 GENERAL DYNAMICS	通用動力	258.4億
🇬🇧 BAE SYSTEMS	英國航太系統公司	240.2億
🇨🇳	中國兵器工業集團(Norinco)	179.3億
🇨🇳	中國航空工業集團(AVIC)	169.8億
🇨🇳 CETC	中國電子科技集團(CETC)	146.1億
🇺🇸 L3	L3哈里斯**	141.9億

* 2020年4月，聯合技術公司(United Technologies Corporation)與雷神公司(Raytheon Company)合併為雷神技術公司(Raytheon Technologies)

** 2019年6月，L3通信(L3 Technologies)與哈里斯公司(Harris Corporation)合併為L3哈里斯(L3Harris Technologie)

糧食壟斷

▲儘管通常是政府為了自身利益利用企業，就像俄羅斯❶，或像美國利用好萊塢，但並非總是如此，大公司也會利用自己強大的力量來影響政策。尤其特定權力集中在少數人手裡時格外危險，而且在各種領域，無論是經濟、政治、媒體……都可能發生這樣的情事。

2018年6月初，德國化學和製藥巨頭拜耳（Bayer）以660億美元的價格收購了全球最大的基因改造種子製造商孟山都（Monsanto），全世界皆對如此集中的農產控制權抱持疑慮。孟山都以基因改造玉米、大豆、棉花、小麥和甘蔗種子而聞名，卻也因此而廣受批評。透過這次收購，拜耳得以控制從種子到肥料，再到除草劑和殺蟲劑的完整農業生產鏈。由於所有的權力都掌握在同一家企業手上，該企業便可制定價格汰除競爭者，而這種做法真正的風險在於，企業將會停止投資新產品，換言之就是停止研發。

此等規模的企業權力甚至大過某些國家，因為公司的營收已超越該國的GDP。此外，由於這些企業在全球市場上占有一席之地，所以會試圖影響國家政策以符合自身利益，獲取更多盈餘。如果有必要的話，他們甚至會毫不猶豫地直接槓上可能阻礙公司目標的政府。

---

❶ 一些最知名的俄羅斯大型企業，像是俄羅斯天然氣工業股份公司、盧克石油（Lukoil）與俄羅斯石油公司、俄鋁（Rusal）、俄羅斯國防產品出口公司（Rosoboronexport）或俄羅斯國家原子能公司（Rosatom Corp.）等，足跡遍布世界各地。蘇聯解體後，俄羅斯的存在感與影響力不再；如今，在這些大公司默默努力下，俄羅斯的產品打進世界各地，逐漸恢復影響力，尤其是在非洲和拉丁美洲。除此之外，俄羅斯主要藉由兩種途徑逐步增強影響力：一是透過經濟上的合作，二是透過出售軍事武器。在經濟與合作方面，俄羅斯在各種能源領域（包括石油、天然氣、水力發電和核能）皆擁有豐富的資源與經驗，可供拉美各國借鑑，正好符合拉美國家想要擴大經濟和科學發展的需求。

理，大選失利後，便加入與俄羅斯天然氣工業股份公司相關的國際財團「北溪天然氣管道」（Nord Stream AG）。該財團的主要工作即是興建一條通過波羅的海下方的天然氣管線，而這條管線正是在他擔任總理期間授權進行的計畫。如今施洛德不僅是北溪公司的董事長，更從2017年9月起擔任俄羅斯石油公司（Rosneft）董事會主席。老實說，這樣的特殊情況還有另一種非常有趣的解讀，那就是德國與俄羅斯之間不變的穩固關係。這樣的聯繫甚至超越歐盟的範疇，也不受針對俄羅斯的制裁影響[23]。美國對此大為不滿，因為美國更希望由自己販售天然氣給德國政府。

沒有錢萬萬不能

由上述實例可以看出，經濟指揮、引領著其他的地緣政治行為，而且少有例外。因此，任何一個聰明的國家都應該建立一個位於政府組織中最高層級、專責地緣政治經濟的部門，具有協調所有政府部門各種要求的能力。同樣的，這個不可或缺的部門，應該要有足夠的經濟情報，隨時了解全球金融關鍵。毫無疑問，國家經濟的底線，就是國家安全最首要的威脅。

23　編注：2014 年，「北溪二號」工程一度因國際制裁俄羅斯而停擺，但2018 年德國依然發出興建許可。2022年，美國與歐盟再次對俄羅斯祭出制裁，德國也因此停止核可北溪二號管道正式啟用。後隨著英國石油（BP）與殼牌（Shell）等公司紛紛撤資，「北溪二號」陷入營運危機。

第三章

外交
不戰而屈人之兵

Uncorking the Volcano.

外交就是一門讓他人樂於按照你的意思行事的藝術。

——卡內基

「**外**交」一詞既可以指活動，也可以指機構。前者的定義為國家之間的關係與互動；後者則是指國家機構以及其中的工作者，透過與其他國家的關係來維護本國的利益[1]。

外交始終被視為建立政治實體（無論是帝國、王國還是國家）之間和平關係的手段。儘管這個政府部門的目的，是要以非暴力的方式解決國家之間的歧見，不過外交和武裝部隊並不牴觸，且外交與和平也沒有直接關係。事實上，外交官也能挑起武裝衝突。

外交的誕生與演變

> 大使的任務是在不發動戰爭的情況下，
>
> 為統治者取得想要的東西。
>
> ——色諾芬，《居魯士的教育》（*Cyropaedia*）

「diplomacy」（外交）一詞可追溯至古希臘，確切地說，是來自「diploun」（後來依序演變為拉丁文「diploma」、法文「diplomatie」、英文「diplomacy」），意思是「對摺」，用來指稱憑證。在古希臘時代，「diploun」是一種信件形式的官方文書，官方使者於出使途中以此來確保自身的安全。這種信件的特徵是摺疊起來，並以一種特殊的方式彌封，因此只能由收件人拆開，而收件人通常是另一個國家的官方代表。如此一來，攜帶憑證的人就成了「外交官」。

漸漸地，「diploma」一詞演變為泛指與外交機構有關的文件，甚至擴及官方文件的保存與檔案館。自十六世紀初起，「diploma」也被用來指稱用以驗證教會所發出之文憑的書面彙編。

現今普遍認為，第一所外交學校是在教宗克勉十一世（Clement XI，任期1700～1721年）的倡議下，於1701年在教廷設立的「宗座學院」（Pontifical Acad-

---

1　本章部分內容出自2018年3月21日，筆者發表在西班牙國家級智庫「戰略研究中心」（Spanish Institute for Strategic Studies, IEEE）網頁上的〈外交的地緣政治：從古典到數位〉（*Geopolítica de la diplomacia: de la clásica a la digital*）一文。

emy of Ecclesiastical Nobles）。這使得梵蒂岡不僅擁有全世界最廣泛、保存最完好的外交檔案，而且在其效率極高的情報機構協助下，藉由教會無遠弗屆的影響力累積了寶貴的外交經驗。

但是直到十八世紀末，「diplomacy」一詞才開始用以表示今人所認知的「外交」，也就是由代表國家的公務員，處理國與國之間的關係與談判。率先提出的是英國議員艾德蒙・柏克（Edmund Burke），他提議用「外交」（diplomacy）一詞取代「談判」（negotiation），而當時外交的目的的確就是談判。

從那時候起，外交就成了貴族的領域，直到二十世紀，資產階級才得其門而入。儘管稍微降低了門檻，但外交人員依然自成階級，堅信自己是唯一能夠處理關係國家存亡問題的人，並自詡是最重要的國家機構。在二十世紀緊張動盪的國際政治情勢下，外交成了強權進行「和平戰爭」的工具，更強化了外交人員是國家中流砥柱的概念。

為什麼外交對國家至關重要？

> 外交就是以其他手段進行的戰爭。
> ──周恩來

一個良好的外交單位會為國家帶來巨大優勢。國家安全的關鍵之一，即是在世界上取得正面的影響力，換言之，就是營造一個從經濟出發、有利於國家利益的良好形象。這樣的影響力可以吸引其他相似的國家及國民，藉此嚇阻潛在敵人。

外交也在操控世界決策的國際組織中發揮作用，無論這些組織是有關經濟、地緣政治還是軍事。正如路易十四（Louis XIV，1643～1715年在位）的外交官法蘭索瓦・德・卡里埃（François de Callières）在《論與諸王談判之道》（*De la manière de négocier avec les souverains*）中所說的：「那些大國的命運，有時取決於談判人員行事的好壞與能力。」

善用外交可以達成武力無法實現的目標。外交可以讓頑固的意志屈服，也

可以撬開緊閉的大門。外交擁有足以影響全球結構以及擴張國家權力的力量，因此所有國家都力求擁有優秀的外交單位。那些在遴選外交人員及團隊過程中犯錯，或是忽視外交的國家會發現，面對已經花費數百年努力，有著強大、活躍又高效外交實力的國家，自己明顯處於劣勢；即使擁有其他優勢可以遂行國家目的，這些企圖也可能窒礙難行。

　　貧弱的外交無法阻止戰爭發生，而戰爭的結果往往充滿不確定性。德意志帝國總理比羅（Bernhard von Bülow，任期1900～1909年）曾萬分痛苦地說道：「如果所有大國的外交官沒有在1914年那個不祥的夏天失去理智，就能避免幾世紀以來前所未見的驚人災難：第一次世界大戰。」

靠說謊吃飯的正直之人

▲路易十四的外交官卡里埃認為，在外交上「必須讓對手心服口服」。擁有一群能力強、談判手腕高明、口才敏捷、聰明機警、令人折服，而且外表出眾又擅長交際的外交人員，是國家無形的資產。正如曾受大不列顛王國詹姆士一世（James I）派駐海牙、維也納和威尼斯的外交官亨利・沃頓（Henry Wotton）爵士於1604年所言：「大使就是被派到國外，為了維護本國利益而撒謊的正直之人。」所以說，這個工作並不是誰都能勝任的。

▶除了軍事力量，外交還可以透過經濟手段（制裁、禁運、凍結資產、驅逐出國際經濟組織等）施加壓力。事實上，這樣的情況愈來愈常見，畢竟歸根究柢，使用經濟手段的目的與傳統的「侵略性」談判並無不同，皆是意圖嚴重損害對手國的利益。時至今日，隨著社群網路興起，阻止或傷害外國投資的抹黑行為也算是一種威脅。

明顯結合了軍事威脅手段的強制外交又稱為「暴力外交」（diplomacy of violence），其主要目的是要改變對手國的行為和態度，而且通常非常有效。之所以使用軍事威脅是為了充分向對手表明，如果談判失敗，本國將不惜採取更強烈的措施。在外交領域，威懾手段粗暴的程度可能達到圖表中所提及的極端情況，而且不是只有美國會這樣做。

強制外交：武力脅迫之必要？

> 外交可以達成很多事情，
> 但如果外交有公正和武力的支持，
> 則可以做更多的事情。
> ──科菲・安南[2]

　　一般普遍認為，為了讓外交發揮基本作用、使國家獲得好處，武力支持是不可或缺的。在談判的過程中，無論強制性手段與外交是多麼背道而馳，能發揮的作用有限，但光是提及就能達到恫嚇的目的。武力的威嚇可以賦予外交可信度、威望與說服力，如同二戰時期的比利時外交官雅克・德・勞內（Jacques de Launay）所言：「沒有武力基礎的談判，就是沒有保障的談判，因為會被敵人合理解讀成軟弱的表現。」普魯士國王腓特烈一世（Friedrich I，1701～1713年在位）也堅信「外交必須以武力為後盾」。

　　這種行使外交職能的方式稱為「強制外交」（coercive diplomacy，又稱脅迫外交），在歷史上屢見不鮮。強制外交的操作方式就是仗著可靠的軍事能力，在談判桌上對另一方施加足夠的壓力，從而改變其態度或目標。如此一來，外交與武力便能在相同的前提下運作。武力可以僅僅作為一種廣泛的威懾手段（或

2　　譯注：科菲・安南（Kofi Annan，1938～2018年），迦納人，聯合國第七任祕書長，2001年獲頒諾貝爾和平獎。

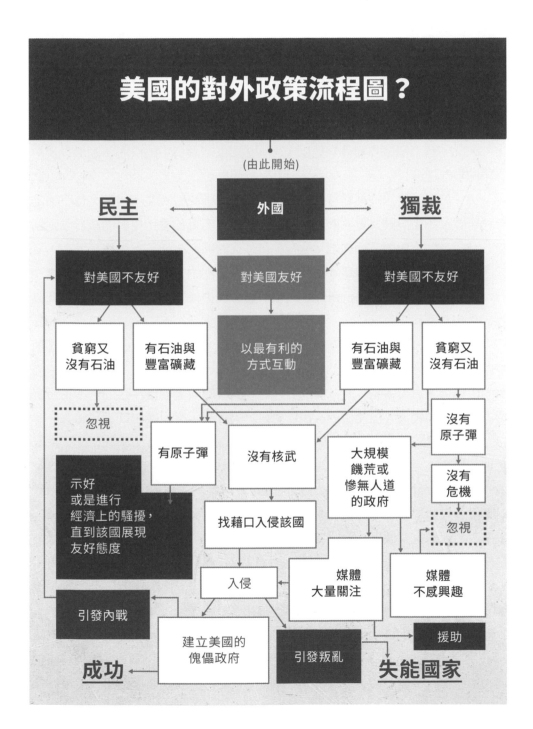

多或少地公開使用），也可以在特定的期限與範圍，用以針對非常明確的目標。如同前美國國務卿季辛吉（Henry Kissinger，任期1973～1977年）所說：「在外交領域，有時候上了膛的武器比法律文件更有說服力。」

顯然，強制外交的效力因國而異，依據決策領導者的個性與該國人民的特質，這種方法可能有效，也可能適得其反，加劇緊張情勢，甚至導致正面衝突。因此，為了確保強制外交得以成功，必須先了解對手的決心、動機以及對風險的容忍程度。

另一方面，從過往經驗可知，長期使用這種外交方式並不容易，也不總是有利可圖，如果該國民眾在面對外國壓力時，反而更加支持自己的政府，則強制外交只會強化對手。同樣地，執行強制外交的國家，如果行動拖延太久，又缺乏實際成果，可能會導致本國民眾、甚至是盟邦的支持度下降。要是最後沒有達到目的，最糟糕的情況可能是施壓的國家喪失信譽，對於未來再採取類似的行動相當不利。

法國地緣政治與經濟學家羅候（Pascal Lorot）與杜艾（François Thual）在《地緣政治》（La géopolitique，中文書名暫譯）一書中提到，美國會使用所有可用的經濟手段施壓，進行強制外交。美國對付伊朗的策略就是個活生生的例子：白宮透過擊垮伊朗經濟，促使伊朗人民反對自己的政府，從而讓伊朗當局屈服。

強制外交也包括所謂的「炮艦外交」（gunboat diplomacy），十九至二十世紀初期，帝國主義和殖民主義大國經常使用這種外交手段。其手法通常是以有限、甚至是十分受限的海軍武力威脅較弱小的國家，只要有利於大國的談判失敗，便會以此迫使小國的領導者與人民讓步。雖然有時候會進行炮擊，不過一般來說，大國只要派出一艘或數艘那個年代常見的炮艦露臉就足夠了。炮艦外交至今仍被視為透過「展示武力」（show of force）實現地緣政治目的的同義詞。

然而，外交也是謹慎的代名詞，所以我們應該謹記路易十四的外交官卡里埃的箴言：「所有的基督教君主都應該試著以理服人，以不依靠武力鞏固自己的權利為最高原則。」當然也不能忘記西班牙作家費洛西歐（Rafael Sánchez Ferlosio）在《論戰爭》（Sobre la guerra，中文書名暫譯）中所指出的：「外交技巧最重要的精髓，就是要了解如何以合理的方式制定最後通牒的條件，以超越高傲敵方所能忍受的限度。」

同生或是共死

▲歷史上強制外交的案例，通常有兩種下場：一種是策略奏效，另一種則是一敗塗地。1962年古巴飛彈危機（Cuban Missile Crisis）期間，美國總統約翰‧甘迺迪（John F. Kennedy，任期1961～1963年）使用強制外交的做法即被視為成功案例。在當時的情勢下，此舉也很可能會造成美蘇兩國開戰的後果。面對蘇聯在加勒比海島嶼上安裝導彈的行徑，甘迺迪實行海上封鎖，並且威脅要摧毀這些飛彈。甘迺迪的施壓達到了目的，當時的蘇聯總書記赫魯雪夫（Nikita Khrushchev，任期1953～1964年）最終撤回了部署在島上的武器。上圖即描繪甘迺迪（圖右）和赫魯雪夫（圖左），兩人手中都掌握核彈發射鈕。

第一次波斯灣戰爭（Gulf War，1991年）則是不得不提及的負面案例，當時強制外交無法促使伊拉克總統海珊（Saddam Hussein，任期1979～2003年）自願從科威特退兵。其實無論是經濟制裁還是武力威脅，都無法扭轉海珊的決心。這樣的結果是可以預期的，因為早在幾年前，美國以巡弋飛彈空襲伊拉克領土，企圖阻止海珊屠殺伊拉克庫德族人時，海珊便不為所動。這位態度強硬且心有定見的伊拉克領導人甚至阻止美國搜查其彈藥庫，不僅學會預測華府的行動，也學會如何將受到他國襲擊的損失降到最低。

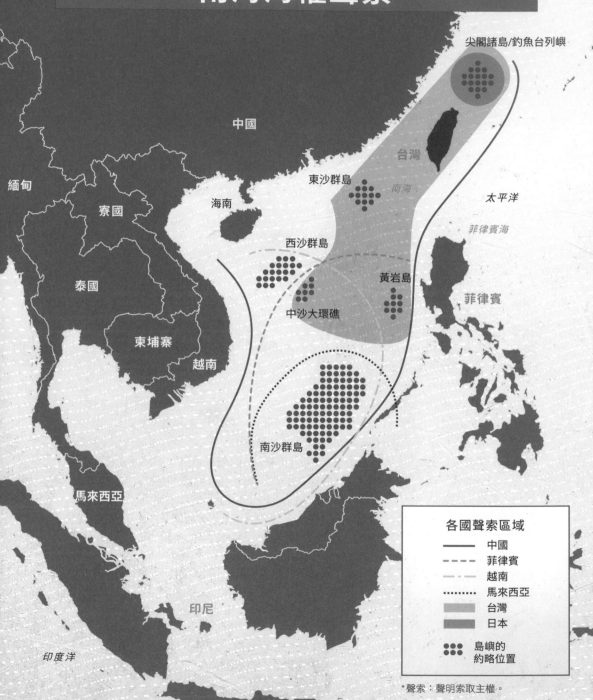

南海海權聲索

尖閣諸島/釣魚台列嶼

日本

中國

東沙群島

台灣

南海

太平洋

緬甸

海南

菲律賓海

寮國

西沙群島

黃岩島

菲律賓

泰國

中沙大環礁

柬埔寨

越南

南沙群島

馬來西亞

印尼

印度洋

各國聲索區域

———— 中國

------ 菲律賓

—·—·— 越南

·········· 馬來西亞

台灣

日本

●●● 島嶼的
●●● 約略位置

*聲索：聲明索取主權。

◀在南海當前的情勢下，從經濟方面施壓，也能夠產生外交影響力。相關案例顯示，經濟施壓比單單採取軍事威脅來得有效，儘管有時兩者是相互呼應的。中國和日本為了釣魚台列嶼（或稱尖閣諸島）而長期對立就是一例，兩國都宣稱擁有此列島的主權，導致微幅的衝突事件頻傳，例如2010年中國漁船遭東京政府扣留一案。在本案中，北京政府採取的第一措施就是減少對日本稀土的供應，因為日本工業迫切需要稀土（中國有大量的稀土礦藏，而日本則是中國稀土的最大買家）❶。

---

❶ 編注：2010年9月7日，中國漁船「閩晉漁5179號」在釣魚台列嶼周遭海域與日本海上保安廳巡邏船發生衝撞，中國船員遭日本政府扣留，其後東京方面雖釋放了船員，卻延長扣押船長詹其雄的時間。《紐約時報》（New York Times）表示，中國政府以禁止對日本出口稀土為手段對日本政府施壓，但北京當局並未承認，僅稱是民間企業自發的行為。

數位時代的多邊外交革新

> 外交是披著晚禮服的政治。
> ──拿破崙

　　在現代社會裡，國際關係領域充斥著前所未有的大量參與者，科技的進步使許多人都能參與政治及社會生活，並且產生影響力。因此，外交的概念正在轉變，甚至擴及一系列更加廣泛的活動。這些活動可以由傳統的政府參與者執行，也能由不久前才剛加入這個領域的其他參與者運作，而後者既可能是極具影響力的個人，也可能是跨國公司、社會團體或國際組織。

　　另一方面，經濟因素對國力的影響日益重要，意味著外交也得向經濟靠攏。為此，某些國家採取特殊的外交手段來支持國家工業，因為唯有發展本國的經濟與金融，才能提升並維持國家地位。

◆ 公眾外交：大力行銷國家魅力，籠絡他國民心

　　公眾外交（public diplomacy，又稱公共外交）包括使用適當的傳播手段散布新聞和訊息，用以向外國政府及某些特定族群解釋國家的外交政策，從而增加他們對本國政策的支持。

　　通訊技術的進步改變了傳統的外交方式，然而重要的是，最終目的並無不同，也就是促進對國家及其文化的正面看法，產生對國家有利的輿論，最終的戰略目標即是提升國家的全球影響力。光靠政府之間的對話和夥伴關係來採取外交行動已經不夠了，因為公民前所未有地在國際決策上擁有干預和影響的能力，這使得公民也成為政府操作的對象，以獲取自身的外交利益。因此，當一個國家想改善自己的形象並增加全球影響力時，就不得不考慮大眾輿論。

　　一個國家能夠以不經意的訊息來取得他國民眾的心理認同，並且讓他國人民做出有利於行動國的反應。在這樣的脈絡下，大國一方面強化傳統外交行動，另一方面也探索社群媒體和數位平台對於大眾輿論與日俱增的影響力。

　　外交領域的行動通常是長期且低調的，例如透過推廣國家的價值觀和文化來改善雙邊關係，從而產生一種親密感，未來或許可以派上用場。因此，教育及文化活動更顯重要。從出國留學的機會到跟團旅遊，目的皆是讓在交流中受益的外國人不自覺地成為遍布世界各地的大使。公眾外交通常會運用在友好或是中立的國家上，而非明顯的敵對國。

　　以美國為例，華府顯然想方設法確保自己能主導社交媒體上的資訊。例如2011年，美國國務院國際資訊計畫局（Department of State's Bureau of International Information Programs, IIP）透過一場聲勢浩大的活動，在短短三個月內，讓臉書的粉絲人數增加了四倍，達到400萬。另一個例子是2011年底至2012年初，美國駐突尼西亞文化和教育事務辦公室（Office of Cultural and Educational Affairs of the US Government in Tunisia）推出以手機學習英語的計畫，在短時間內即招攬到每個月50萬名使用者。考量到這個北非國家的人口也不過一千多萬，這個成績確實相當驚人。

　　就某種意義而言，公眾外交是另一種脈絡下的行銷，因為最終目的皆是讓大眾「埋單」企業或國家想傳達的資訊。毫無疑問，外交與傳播策略息息相關，但傳播策略只是外交的一小部分而已。

　　公眾外交領域的關鍵之一在於評估執行方案是否真的成功。不僅必須定期評估以調整行動議定書，或至少確保不會浪費納稅人的錢在無謂的活動上，無論這些活動多麼時尚、多麼吸引人；同時和其他國際關係一樣，在公眾外交領域也有合作和競爭的國家，必須確認、持續追蹤這些國家的立場，察覺對方是

否可能轉換陣營。

在公眾外交領域使用說服策略，可以打造國家聲譽。如果成功，將會產生非常重要的影響，尤其是在經濟面。健全、穩定和法治的國家形象能吸引投資和觀光業，同樣也會影響出口，以及本國企業在其他國家的待遇，甚至吸引外國學生前來本國的教育機構。從某種意義上來說，公眾外交即「媒體外交」。

不過，公眾外交要確實發揮效果，就必須致力於達成中長期目標，而此一目標必須得到國家政策的保護與領導，以防受到政治競爭的影響。同時，公眾外交的各個階段也必須由固定的專業人員負責，因為不停更換官員，很容易破壞多年累積的工作成果。

◆ 數位外交：每個國家都需要一支網軍？

雖然現行外交的主要目的仍維持不變，如代表、談判和確保國家的具體利益，但實現這些目標的管道正逐漸發生變化。通訊技術、廣大的網路世界、網際網路和社群媒體的大量使用、即時通訊服務和其他數位平台等，為達成傳統外交目標提供了嶄新且重要的管道，也就是所謂的「數位外交」（digital diplomacy），或者稱為「網路外交」（cyberdiplomacy），其中包括將傳統外交概念置入網路空間，特別是社群媒體，以作為國家與非國家之間互動的新舞台，藉由網路影響國際關係，為國家營造有利的社會政治環境。

毫無疑問，社群媒體和其他數位平台，已經躋身影響公眾輿論的特權領域之一，特別是在世界人口中占據近半數的年輕族群之間（據估計，世界上有將近一半的人口年齡不到25歲）。因此，無論是對個人還是國家而言，建立和維持有威望的正面形象十分重要。同時也必須注意，雖然贏得好名聲可能需要花費很長的時間，但在這個變化迅速的時代，單單一句話、一個行為、一個不恰當或被誤解的簡單手勢，便可能讓你在瞬間身敗名裂。因此，各國也積極在數位領域採取行動。

數位外交成功的關鍵之一是確知目標受眾的利益，如此才能以符合大多數公民思維與期望的方式發送簡單卻有效的資訊，而且不見得需要和政府政策一致。

　　美國在科技領域始終領先一步，例如於2009年啟動世界上第一個數位外交計畫「二十一世紀治國能力」（21st Century Statecraft）。雖然美國國務院將這種外交形態稱為「科技驅動型外交」（technology-driven diplomacy），而其他國家則使用「電子外交」（e-diplomacy）、「網路外交」、「科技外交」（techno-diplomacy）或「虛擬外交」（virtual diplomacy）等術語，但無論怎麼稱呼，都反映出這種新型外交概念在全球的重要性，且將隨著技術發展而日漸增強，勢不可當。

◆ 俄羅斯的大外宣與資訊戰

　　對俄羅斯來說，數位外交是向國際受眾傳播政府資訊的重要工具，是對外政策宣導資訊系統（Information Support for Foreign Policy Activities）的一部分。莫斯科當局察覺到透過這個方法能在外交政策上獲得潛在優勢，便竭盡全力運作數位外交。

　　對俄羅斯政府而言，資訊戰是一場非贏不可的戰爭，如此才能引導公眾輿論偏向俄羅斯希望的方向。面對當前西方國家在資訊領域的優勢，俄羅斯充分體認到自己必須加倍努力，因為誰掌握了資訊，誰就掌握了全世界。在這樣的思維模式下，俄羅斯大使館已學會如何有效利用社群媒體和即時通訊系統提升國家的形象。

檯面上的外交官與檯面下的情報員

> 在艱難的局勢下，對話不重要，
> 真正重要的是實力。
> ——俾斯麥

　　法國外交官卡里埃說：「人稱大使為可敬的間諜，因為他的主要職責之一就是發現祕密。」毫無疑問，外交與情報機構之間的關係一直非常密切。儘管彼此也會相互猜疑，但兩者皆是國家的基本支柱，且有著一致的目標：獲取資

哪個外交使館擁有最多推特追蹤者？

外交代表機構	追蹤人數*	推特帳號
美國駐北京大使館與領事館	132.4萬	@USA_China_Talk
美國駐利比亞大使館	62.4萬	@USEmbassyLibya
俄羅斯駐北約代表團	57萬	@natomission_ru
美國駐巴基斯坦大使館	46.6萬	@usembislamabad
美國駐喀布爾大使館	46.4萬	@USEmbassyKabul
美國駐奈洛比大使館	44.5萬	@USEmbassyKenya
美國駐尼泊爾大使館	44.1萬	@USEmbassyNepal
美國駐聯合國大使館	43.1萬	@USUN
英國駐利比亞大使館	42.9萬	@UKinLibya
美國駐雅加達大使館	33.7萬	@usembassyjkt
美國駐委內瑞拉大使館	30萬	@usembassyve

*2022年8月1日數據

▲大國的外交官竭盡全力在社群媒體（特別是推特）上表現自己。數位外交可以用公開的方式進行，隨時明確表示自己是屬於哪個國家的外交機構，也可以不揭露自己的身分，以不透明的方式進行。如今表明身分的情況愈來愈多，但匿名的做法更是司空見慣，因為網路是大眾參與社會與政治辯論非常有效的方式，且發言者能在人們不知不覺間，刻意將輿論引導往往某個思考脈絡或是觀點。然而，只要稍具基礎的分析能力，就能意識到是誰為了國家利益在社群媒體上帶風向，他們不是試圖賦予本國正面的形象，就是企圖在各種領域傷害競爭對手的形象。

每每談到數位外交，最大的問題就是它竟公然成為一種資訊或心理操作，且操作範圍涵蓋全球。顯然，每個國家都可以根據自己的利益任意行事。和其他地緣政治領域一樣，實力較弱的國家希望加強克制和監管，而霸權國家則不希望受到任何形式的控制。事實上，有鑑於數位世界的影響日益重大，沒有任何一個國家願意毫無防備地暴露在敵人的攻擊下，且彈指間就能傳遍全球，讓自身的政治或經濟聲譽受損，例如國家的主要產業或公司可能遭到抹黑。

訊。他們具體關注的面向可能有所不同，以不同的角度蒐集情報，但如果外交和情報部門想為自己的國家提供應有的服務，雙方就必須相互了解。

就像其他機構一樣，外交和情報機構兩者關係的改善或惡化取決於從業人員的個性，不過雙方的關係始終非常密切。一個缺乏專業眼線的外交代表團，就不是一個完整的機構。有時候兩者之間的通訊不是那麼順暢（如同數年前的情況），外交官甚至得自己指揮情報活動；而有時候，儘管理想的狀態是兩者緊密合作，但祕密情報員在工作現場必會有更高的自主權。某些情報員會隱身在外交代表團中（這種情況十分常見），以受益於外交使節的護照和豁免權。不過也有情報員的行動是祕而不宣的，即使是外交使團團長都毫無所悉。

根據美國戰略家魯瓦克（Edward N. Luttwak）所言：「無論經濟或軍事政策領域的任何重大戰略計畫，都需要在外交、宣傳和祕密行動上採取一致的對外行動。」除此之外，卡里埃也認為：「保密是談判的核心。」在外交上，「必須少說多聽，並且保持冷靜、謹慎及不受動搖的耐心。」這些特質與情報工作息息相關。此外，無論是外交人員還是情報人員，都必須非常精確地了解駐在國各領域（政治、軍事、社會、工會、新聞、宗教等）的領袖，因為唯有洞悉對方的個性與弱點，才能成功地進行談判，甚至大膽地預測他們的下一步行動。

如同西班牙政治人物佩德羅・赫蘭茲（Pedro Herranz，1889～1973年）曾在《戰爭狀態》（*Status belli*，中文書名暫譯）一書中所斷言：「直到宣戰以前，甚至是宣戰之後，欺騙戰術都會在外交上一再被使用。」無須懷疑，情報單位正是執行外交欺騙行動的不二人選。

◆ 外交活動的「紅線」：以色列外交官馬索特做錯了什麼？

以色列駐倫敦大使館和以色列戰略事務部官員馬索特（Shai Masot）的案例證明了外交的局限性，以及外交是如何與間諜活動和純粹的政治操作混為一談。2017年1月中旬，據英國媒體報導，半島電視台（Al-Jazeera）的一名記者以偷拍的方式，揭露馬索特試圖毀掉一位英國高級官員的職業生涯，而該名官員以親巴勒斯坦的立場及批評以色列屯墾區著稱。此外，這位以色列外交官似乎還參與了一個更大的陰謀：企圖影響英國政壇偏袒以色列。

　　儘管外交官為了履行政府交付的任務，不得不在活動國與某些特定人士保持聯繫，但是，馬索特一案暴露出自法國國王路易十三（Luis XIII）的紅衣主教黎胥留（Cardinal Richelieu）擔任第一位外交官以來便一直存在的問題：外交官在海外官方派駐地的外交活動紅線，到底在哪裡？原則上，外交活動不應干涉其他國家的內政，但是實際上，在大量的案例中情況往往相反。通常情報部門人員會隱身在大使館中，他們不僅蒐集資訊，有時也會進行損及駐在國經濟或政治方面的行動。

　　由此可知，情報人員資助駐在國反政府的組織或個人也很常見，他們希望這些人上台掌權後，可以支持自己國家政府的利益。事實上，在外交的掩護下，情報機構往往透過不同的手法（無論是以傳統或數位的管道），試圖干涉其他國家的選舉過程。當然，操控者也可能來自傳播領域，因為他們有能力影響公眾輿論。

　　正如英國前外交官尚恩・里奧丹（Shaun Riordan）在荷蘭國際關係學院（Netherlands Institute of International Relations, Clingendael Institute）網站上所言：第一次世界大戰以前，法國駐莫斯科及倫敦的外交官是形塑俄羅斯和英國外交政策的主要角色。另一個例子是蘇聯大使邁斯基（Ivan Maisky），他在1930～1940年間深刻影響英國的政治和社會生活，一直致力於影響政治家與記者，特別是鼓吹反對首相張伯倫（Neville Chamberlain）的綏靖政策（appeasement，即姑息主義）。因此，馬索特一案令人意外之處不在於其意圖，而是此案的手法拙劣，導致被狡猾的記者揭穿。

外交新趨勢：競爭外交與經濟外交

> 所謂的外交官就是三思而後保持沉默。
>
> ——邱吉爾

　　美國前總統川普在2017年12月18日簽署的《國家安全戰略》報告（National Security Strategy, NSS）中，不僅極力呼籲外交的高度重要性，甚至其中有一章

強權如何進行外交？

1 辨識問題

2 尋求解決方法

3 向外國提出解決方法

4 如果對方接受解決方案，就會成為**盟友**

5 **如果解決方案遭拒**，則有兩種選擇：

A **判定對方愚蠢**（外國人獨有的標籤）

B 判定對方邪惡

6 **如果判定對方愚蠢**，可向他們再次解釋解決方案，但是講得更慢、更大聲（因為他們是外國人）

7 如果解決方案持續遭拒，那麼**對方就是邪惡的**

8 如果他們是邪惡的，那就必須**轟炸他們！**

▲套用擁有豐富國際經驗和敏銳現實世界觀的英國外交官尚恩‧里奧丹的話：傳統的國際關係模式，也就是傳統意義下的外交，包含了圖示中的步驟，當然也不排除一些比較無恥的手段。

基本上，因為強權希望其他國家順從自己的決定（這些決定只對強權有利），所以拒絕接受的國家就會成為強權必須立刻拔除的眼中釘，甚至不惜透過武力來解決。這又一次證明了擁有主宰權力的強權，是多麼自大且占據絕對優勢。

的內容專門針對外交。文中提到兩種類型的外交：競爭外交（competitive diplomacy）和經濟外交（economic diplomacy）。前者是辨識和解決衝突不可或缺的戰略，為此，國家需要有效利用有限的資源、專業的外交使團、現代化且安全的設施，並且積極接觸當地人民。此外，報告中清楚表明，科技無法取代人際關係。而後者則是指美國必須在國際金融論壇中保持核心地位，美國將以經濟制裁、反洗錢、反貪腐措施及其他武力行動施加壓力，作為經濟外交的手段。

外交是地緣政治的王牌？

> 如果戰爭是外交失敗的下場，
> 那麼雙邊和多邊外交就是我們的第一道防線。
> ——科菲·安南

　　歷史告訴我們，在地緣政治的脈絡下，外交是行使權力極其重要的基本工具。時至今日，隨著通訊領域的技術進步，外交的重要性更大過於以往。對於任何一個國家而言，無論其規模、能力和潛力如何，擁有良好的外交機構，無疑會為國家帶來地緣政治優勢。如果這種優勢又能結合堅實的軍事支援，那麼該國勢必能在任何國際談判中掌握主導地位。

第四章

情報機構

「監控資本主義」的時代來臨

知彼知己，百戰不殆。

——孫子

情報：國家權力中心的基石

耶和華曉諭摩西說：
「你打發人去窺探我所賜給以色列人的迦南地，
他們每支派中要打發一個人，都要做首領的。」
摩西就照耶和華的吩咐，從巴蘭的曠野打發他們去。
他們都是以色列人的族長。
——〈民數記〉13章1-3節 [1]

正如《聖經》（*Holy Bible*）中十二名間諜探查迦南（Canaan）所揭示的，早在摩西的時代，人們就意識到必須利用各種管道獲取資訊。獲得有用且即時的資訊（也就是現今所謂的「情報」）對於執行任何計畫都無比重要。對國家來說，從建立的那一刻起，獲取這些資訊就是國家存亡的關鍵。據傳，英國哲學家暨政治家法蘭西斯・培根（Francis Bacon）曾說過：「知識就是力量。」儘管這句經典名言有許多不同的詮釋方式，但涵義總是相同。英國哲學家湯瑪斯・霍布斯（Thomas Hobbes）的《利維坦》（*Leviathan*）一書也清楚地勾勒出資訊與權力的關係 [2]。

當今世界重大事件層出不窮，而且以前所未有的速度變化，幾乎任何事件都可能無預警地影響周遭環境，且範圍日益廣闊，甚至足以影響全世界；而資訊與權力的關係自古至今從未改變，已經成為一種真正的典範。這個道理同樣適用於許多投身國際化進程的公司，雖然還有其他因素的影響，但情報可以讓這些公司從不同的市場獲利，度過本土經濟危機。對國家來說也是如此，尤其是那些具有較大國際影響力的國家。以武裝部隊為例，因為他們必須在本國邊

---

1 譯注：本書《聖經》譯文參考自新標點和合本。

2 本章部分內容參考自我以下的文章：〈地緣政治與情報〉（*Geopolítica e inteligencia*），發表在《情報就是科學訓練》（*La inteligencia como disciplina científica*）一書。〈真實的經濟間諜〉（*La realidad del espionaje económico*），發表於《全球安全》（*Seguridad Globa*）雜誌第二期，由法國智庫Choiseul於2011年秋季出版，全文請見QR code 2-1。〈網絡間諜、政治影響和假資訊（I）〉（*Ciberespionaje, influencia política y desinformación (I)*），2017年12月20日發表在「全球秩序」（El Orden Mundial）網站，全文請見QR code 2-2。〈網絡間諜、政治影響和假資訊（II）〉（*Ciberespionaje, influencia política y desinformación (II)*），2017年12月27日發表在「全球秩序」網站，全文請見QR code 2-3。

2-1　　2-2　　2-3

境以外進行大量維和與傳統任務，所以情報至關重大。當然，武裝部隊也會為情報部門提供服務，並執行各種前所未有的任務，他們必須面對不同戰線與行動場域，為此更需要深入了解當地的歷史、文化、特質、習俗、地形或少數民族語言。

　　情報機構無疑是國家權力的基石之一。時至今日，情報機構持續活躍在其獨有的日常戰場上，程度不亞於或甚至更勝於武裝部隊。而面對新的領域，例如網路空間，他們則須以新的方式作戰，但目標從未改變。

　　為了盡可能獲取最佳資訊，所有的情報機構都在增強所謂的「情報庫」，也就是擴展「情報社群」。此類社群由不同領域的專家組成，通常來自學界及商界，這些專家學者不隸屬於任何情報機構，而是向情報機構提供自身的知識。他們的報告極具價值，因為可以讓情報機構深入了解其無法即時、廣泛處理的議題。不過，「情報社群」不可與「情報圈」（intelligence community）混為一談，因為情報圈是由軍事、警察或民間提供情報的國家機構或部門組成。另一方面，政府愈來愈傾向使用私人企業從事情報工作，因為在經濟和運作上都極具優勢[3]。

3　有關私人情報公司的更多資訊，可參考我的文章：〈當代安全挑戰脈絡下的私人情報公司光譜〉（*El espectro de las compañías privadas de inteligencia en el contexto de los retos contemporáneos a la seguridad*），2015年9月發表於西班牙國家級智庫「戰略研究中心」的「私人安全公司」（Private Security Corporations）文件中。全文請見QR code。

一體兩面的情報與反情報

> 我們不應該將反情報與情報蒐集分開看待，
> 而應該將其視為無處不在的情報蒐集中最重要的元素。
> ——馬克・洛文塔爾[4]

　　所有的情報部門都耗費大量的時間與資源在反情報工作上，反情報的任務是利用偵查、預防等手法，避免遭到其他國家的情報機構、團體或個人祕密侵略，進而非法獲取資訊，以維護本國戰略、經濟與政治上的利益。尤其是網路空間的新科技，對反情報領域的專家來說，是嶄新且巨大的挑戰。

　　基本而言，世界上所有的情報機構可分為兩種類型。有些國家的情報機構會區分為內部情報與外部情報，前者也負責反情報工作，而後者則專門負責從本國感興趣的所有國家中獲取資訊；有些國家則是單一情報機構，同時處理內部與外部的風險與威脅。選擇哪種類型取決於各個國家不同的考量及利益，如戰略、經濟、政治，甚至是傳統等因素。

從軍事轉向經濟的間諜活動

> 間諜必須像魔鬼一樣，沒有人可以相信他，
> 甚至是他自己。
> ——史達林（Joseph Stalin）

　　情報機構的業務範圍相當廣泛，無論是透過國家部門或外包單位進行，基本上都屬於間諜活動。間諜活動在電影和小說中十分常見，而實際上的諜報工作遠比大眾想像得還要多，不僅在對手之間，就連對盟友也會使出諜報手段

4　譯注：馬克・洛文塔爾（Mark M. Lowenthal），美國公共事務安全專家，曾任國務院情報研究局局長與助理國務卿等職。

電影中的真實間諜

▲以下簡單列舉一些間諜活動的經典案例。例如：美國的羅森堡夫婦（Julius and Ethel Rosenberg），他們被指控向俄羅斯提供美國原子能計畫的資訊，於1953年雙雙遭處死刑。還有公認是英國最大間諜醜聞之一的「劍橋五人組」（Cambridge Five），其中安東尼・布朗特（Anthony Blunt）於1979年坦承，從第二次世界大戰起，他便為前蘇聯國家安全委員會（Committee for State Security，後來泛指俄羅斯情報組織的KGB即由此而來）從事間諜工作。其他四人分別為約翰・凱恩克羅斯（John Cairncross）、金・費爾比（Kim Philby），以及曝光後逃往蘇聯的唐納・麥克林（Donald Maclean）和蓋・柏吉斯（Guy Burgess），麥克林甚至還被KGB授予勛章。

另一個有趣且引人注目的案子是安娜・查普曼（Anna Chapman），她的本名是安納・庫斯琴科（Anna Kushchenko），1982年生於伏爾加格勒（Volgograd），由於替俄羅斯聯邦對外情報局（Foreign Intelligence Service of the Russian Federation, SVR）非法工作，而在美國與其他九人一同被捕。這些違法者都是派往第三國的情報機構探員，他們以虛假身分和精心設計的掩護進行祕密行動，因此很難識破他們。2010年，查普曼透過交換情報員的方式被驅逐回俄羅斯，並就此轉換跑道，開始了模特兒和電視節目主持人的職業生涯。此外，她還擔任莫斯科一間銀行總裁的顧問，甚至在推特上向史諾登（Edward Snowden）求婚。

另一起近代的事件發生在2018年5月，以色列前能源部長塞吉夫（Gonen Segev）被捕，遭控替伊朗從事間諜活動，向伊朗提供能源議題、安全設施，甚至是以色列政治家和官員的相關資訊。據傳塞吉夫是2012年於奈及利亞的阿布加（Abuja）擔任醫生時被伊朗情報機構招募的。

（至少理論上是如此）。除了傳統的、著眼於當前或潛在敵人軍事能力的間諜活動外，與經濟相關的間諜活動也愈來愈重要，尤其常見於商業領域。

　　間諜活動始終是非法的（或是不太合法，端看每個國家的法律而定），而且還是以不公開、不透明且未經授權的方式進行。情報機構試圖透過非常規的手段獲取資訊，是因為無法以其他方式獲得，或者是正規手段太過曠日廢時。在絕大多數的案例中，這些資訊後續都還需要請專家來評估與分析。儘管一般普遍認為大多數的情報活動不需要間諜，或是很少使用間諜，但事實上，在整個情報蒐集的過程中，間諜算是必要之惡。據估計，當前情報部門所取得的資訊，至少有80%是出自公開來源，即使如此，某些國家依然更偏好使用間諜。

◆ 當今最猖獗的經濟間諜

　　經濟間諜是最常見的間諜，任務目的主要是取得足以造成敵人損失（無論是企業還是國家）的資訊，以獲取經濟利益。除了把總體經濟（macroeconomics，整個國家的經濟活動）和個體經濟（microeconomics，家庭或企業的經濟活動）的間諜活動區分開來之外，同樣也必須區分隸屬同一國家的企業之間的間諜活動，以及隸屬不同國家的企業之間的間諜活動；當然，也得區分由外國祕密機構探員執行的間諜活動。在國與國之間，此類間諜活動可以說是欺敵戰術的一部分，因為某些行動可能會對國家造成巨大損害，如果政府沒有採取明確的預防及補救措施，甚至可能摧毀整個社會金融體系。

　　經濟間諜其實是項古老的活動。自古以來，人們就致力於尋找奢侈品或利潤豐厚商品的生產祕密。間諜活動的目標可能是生產掛毯、陶瓷、瓷器或玻璃製品，也可能是建造金字塔、引水道或大教堂，甚至是改進農業生產的方式，例如葡萄酒、油或是食物的保存。

　　生產與金融過程中的每一個步驟（規畫、設計、生產、市場、銷售等）以及所需的一切（原料、能源和科技）都可能引發間諜活動，尤其是科技產業，因為在許多情況下，間諜活動關係到產品能否具備適當的市場滲透率（market penetration rate）[5]。顯然，在當今快速發展的世界裡，產品汰換的速度愈來愈快，特別是與高科技有關的產品（如手機、電腦或汽車），企業必須率先向消費者提供最新的產品。許多企業因而在愈來愈需要搶占市場，且急需看到初步成果的情況下，踏上了刺探對手之路。

基於上述原因，商場上的間諜案件層出不窮，數量直線飆升。然而，據估計，那些浮上檯面的案件只是冰山一角。絕大多數的公司、工廠、金融機構或任何類型的企業，都不會公開表示自己是間諜活動的受害者。很顯然，承認資安漏洞將會傷害這些企業的名聲，所帶來的經濟損失甚至大過間諜活動本身。

即使是國家受害，除非該案件在媒體上引發一定程度的迴響，或者出於任何原因引起公眾的興趣，否則政府當局更傾向把那些骯髒事留在情報機構的地下室，在暗地裡用特定的方式來處理問題。再加上，許多管理人員與雇員不認為有必要對間諜活動施以有效的威嚇或採取預防措施，導致經濟間諜繼續恣意妄為，因為他們知道一旦東窗事發，只要運氣沒那麼差，他們就幾乎可以全身而退。據估計，有八成的經濟間諜被發現後，政府會以最低調的方式達成「友好」協議。

偷了美國三十年的中國經濟間諜

雖然經濟間諜活動的案例眾多，但不見得總是為人所知。令人驚訝的是，經濟間諜活動也發生在友好國家與軍事同盟之間，甚至是歐盟與北大西洋公約組織的成員國之中。因為檯面上的良好關係，盟國間往往無法避免殘酷的經濟競爭。

1993 年，當時的美國中情局局長蓋茨（Robert Gates，後又擔任美國國防部部長）指控法國在工業和商業領域對美國進行間諜活動。兩年後，法國驅逐了五名中情局探員，罪名是從事商業、科學以及政治方面的間諜活動，間諜活動的重點包括視聽和通訊產業。該年，面對兩國之間日益激烈的商業對抗，法國反情報機構開始將中情局視為主要對手。根據維基解密（WikiLeaks），早在 2009 年，美國駐柏林大使館就認為法國是對盟友（尤其是德國）進行最多科技間諜活

5　編注：用以評估市場潛力的指標，可以一種產品或服務的現存需求量在潛在需求量中的占比表示。

動的國家。

2010年，一名美籍華裔公民在美國被判處十五年徒刑，因為他替北京政府蒐集波音公司的機密情資。該名間諜很可能三十年來一直向北京政府傳送有關太空梭、火箭、直升機和戰鬥機的情資。同年，時任德國內政部長的德梅齊埃（Thomas de Maizière）表示，政府預計在不久的將來，經濟間諜活動將會成為組織犯罪的重心，而這也是德國聯邦保護憲法辦公室（Federal Office for the Protection of the Constitution）最關心的議題之一。德梅齊埃同時指出，某些國家在經濟、科學和研究領域積極從事間諜活動，像是俄羅斯和中國。

2011年初，法國雷諾（Renault）汽車集團指控其三名管理人員向中國汽車產業出售公司的電動車開發資訊，特別是電池的設計。儘管最後雷諾表示是他們搞錯了，並且撤銷對三名員工的工業間諜指控，但此案依然顯得疑雲重重。同年10月，一名美籍華裔科學家坦承竊取商業機密長達四年，出售給中國和德國。2012年10月初，美國眾議院情報委員會（House Permanent Select Committee on Intelligence）主席羅傑斯（Mike Rogers）公開指控中國以無恥的方式竊取商業機密及智慧財產權。

◆ 以投資之名，行剽竊之實

在經濟領域中，工業間諜經常以非法方式取得新產品的規畫、研究和製造等資訊。受害最嚴重的部門通常是高科技、高價值或產品生命週期（product life cycle, PLC）非常短的產業，如製藥、汽車、生物技術、通訊、電腦等。

2018年4月，有消息指出[6]，德國國家情報局負責人警告，中國直接投資德國及歐盟企業會產生安全疑慮。該局發現來自亞洲國家的網路間諜攻擊，與中國公司收購德國科技公司之間呈反向關係。換句話說，雖然間諜活動正逐漸被法律手段取代，但仍是獲取機密資訊的一種管道。

中國透過美的集團收購德國機器人巨頭庫卡（Kuka）的大部分股份，就是

6　Joseph Fitsanakis, *German spy chief warns against Chinese investment in German hi-tech firms*, intelnews.org, April 12, 2018.

絕佳的案例。在這之後，德國政府在情報部門（以及美國情報機構）的壓力下，撤回了福建宏芯投資基金收購德國半導體公司愛思強（Aixtron）的授權，因為擔心北京政府會利用愛思強的產品發展核子計畫，而後來中國公司併購德國照明公司歐司朗（Osram）[7]失敗也是出於同樣的原因。不過，德國之所以能這麼做，是因為德國的法律允許柏林當局限制可能會影響國家安全的行動。

◆ 山寨還是創新？現代的軍事科技間諜活動

> 故明君賢將，所以動而勝人，
>
> 　　成功出於眾者，先知也。
>
> ──孫子

　　軍事科技間諜活動是工業間諜活動的一部分，目的為獲得一國公私營企業擁有的科學技能和潛力的資訊，以便開發新的軍事裝備、軍事原料及武器。在這個領域，間諜活動的例子不可勝數。

　　1889～1890年間，西班牙發生了一起引人注目的間諜活動，該事件疑雲重重，但卻從未被仔細調查過。這起事件是關於西班牙海軍軍官佩羅（Isaac Peral）發明的潛水艇。他的曾孫哈維爾・桑馬戴歐（Javier Sanmateo）運用祖父傳授的知識，再加上家族檔案以及其他資料，在其著作《佩羅的潛水艇：大陰謀》（*El submarino Peral : la gran conjura*，中文書名暫譯）中，講述了政治陰謀、詭計與破壞如何使得西班牙無法擁有無疑能扭轉歷史的水下武器。在該書中，桑馬戴歐指出當時一位西班牙政治及軍事界的幕後大佬查哈洛夫（Basil Zaharoff）策畫了這樁陰謀。查哈洛夫是一位希臘裔的俄羅斯軍火商人，顯然是為英國及美國的特勤局工作，他的任務有二：一是確保西班牙政客不支持建造佩羅的潛水艇，二是獲取潛水艇的必要資訊，賣給英國人。

　　冷戰期間，蘇聯在西方國家進行了大規模的間諜活動，並且獲得像是太空

7　編注：2021年3月，感測器公司奧地利微電子（ams）收購歐司朗，兩間公司正式整併為艾邁斯歐司朗（ams OSRAM）。

梭、戰鬥機及微波爐等產品的關鍵資訊。其中最典型的案例是蘇聯的超音速客機圖波列夫 Tu-144（Tupolev Tu-144），因為與法國協和號客機（Concorde）太過相似，不可能是蘇聯完全獨立研發的機型。另一個引起關注的案例是以色列的幼獅戰鬥機（Kfir，又稱 F-21A Lion），其研發基礎是以色列情報局摩薩德從法國達梭公司取得的幻象五（Mirage 5）原始藍圖。

　　近年，日本的部分主要軍火工業公司揭露曾遭人未經授權，竊取高度敏感的資訊，包括潛水艇、導彈和核能電廠的數據，例如三菱重工業（Mitsubishi Heavy Industries, MHI）和 IHI 公司（Ishikawajima-Harima Heavy Industries，前稱為「石川島播磨重工業」）。三菱重工業承認在八十多個伺服器上發現了八種病毒。一如往常，一些日本媒體將矛頭指向中國，而中國也立即撇清關係。

　　中國政府涉嫌盜竊美國航太工業洛克希德・馬丁公司製造第五代 F-35 閃電戰鬥機（F-35 Lighting）和 F-22 猛禽戰鬥機（F-22 Raptor）的計畫[8]，是最引人注目且影響最大的軍事科技間諜案之一，被許多人認為是史上最嚴重的侵權行為。中國商人蘇斌（音譯，Stephen Subin）坦承在 2007 ～ 2014 年間，與其他和北京政府有往來的中國籍公民合作，獲取大約 50 TB 的軍事檔案。其中包括上述轟炸機的數據，以及一種可用於太空的雷射武器和波音公司 C-17 運輸機的資料。

　　憑著獲取的情報，當時才剛剛突破第三代戰鬥機技術的中國，竟開始建造自產的匿蹤戰機（stealth aircraft），從中國成都飛機工業集團的殲-20 轟炸機與美國同類型戰鬥機的高度相似性，可以看出是將美國戰鬥機優化後的版本。值得一提的是，2012 年，在成都殲-20 問世之後，中國瀋陽飛機工業集團還推出了殲-31，意味著至少有兩家中國公司取得這項技術。殲-20 與 F-22 相似，而殲-31 則與 F-35 相似，不過這兩款戰機的結構都是以 F-35 為基礎。

　　此外，解開 F-22 的奧祕，也可能有助於中國使用量子雷達探測此一型號的飛機。透過間諜行動，在短短幾個月內，中國的研發單位只要稍加努力就可以獲得超過 25 年跳躍式的成長。目前普遍認為中國是透過入侵負責保護機密

8　有消息指出，中國只竊取了 F-35 的計畫。同樣的消息來源也表示，中國很可能竊取了俄羅斯蘇愷航空集團（Sukhoi）第五代戰鬥機 T-50，也就是蘇愷-57（Su-57）的數據。

▶美國動輒將矛頭指向中國、俄羅斯和伊朗，把西方塑造成大規模間諜活動受害者的作為早已見怪不怪。然而就經濟間諜活動來說，無論是對敵人還是理論上的盟國，美國向來是最積極獲取情報的國家。許多專家認為，梯隊系統（Echelon）是世界上最大的經濟間諜網絡。儘管華府否認此事，但專家認為梯隊系統不僅存在，而且有能力攔截所有透過電子媒體（電話或網路）進行的通訊，甚至是商業交易。

這個間諜網絡由美國國家安全局（National Security Agency, NSA）掌控，該局總部設在馬里蘭州米德堡（Fort Meade），位於華盛頓特區東北方30公里處，僱有至少4萬名遍布全球的員工。除了美國，梯隊系統成員還包括英國、加拿大、澳洲及紐西蘭。雖然該系統的主要功能一直和恐怖主義等安全問題相關，但時至今日，商業利益也成為梯隊系統關注的焦點。

部分人士認為，此一間諜網絡可能跟以下幾個事件脫不了干係：1994年，法國湯姆笙公司（Thomson-CSF）❶與巴西的數百萬美元合約泡湯，讓美國雷神公司❷漁翁得利；同年，空中巴士（Airbus）與沙烏地阿拉伯談判失敗，讓波音與麥道（McDonnell Douglas）這兩間美國公司撿了便宜；此外，1994～1995年間，德國風力發電機製造公司艾納康（Enercon GmbH）遭梯隊系統監視，目的是要幫助其競爭對手，美國的肯奈科技風力公司（Kenetech Windpower Inc.）。

儘管沒有確切證據可以證明梯隊系統的存在與行動，但2001年，歐洲議會（European Parliament）曾公開表示：無庸置疑，世界上存在一個擴及全球的軍事、私人和商業通訊攔截系統。而此處所說的就是梯隊系統。

---

❶ 編注：該公司於2000年底改名為達利思集團（Thales）。
❷ 編注：該公司於2020年的變動，可參見p.77注解。

資訊安全的RSA公司的電腦竊取資料，不過該公司是世界上公認最有能力的安全公司之一，在許多安全和間諜領域與美國軍方合作。中國侵入RSA有兩種可能的管道：要不是他們破解了RSA的演算法，就是RSA公司內部有人洩漏機密（最有可能是後者）。

◆ 防不勝防的網路間諜

美國國家反情報與安全中心（National Counterintelligence and Security Center, NCSC）於2018年夏天公布一份全面性的報告[9]，詳細說明近年來美國的主要對手在地緣政治上對其進行的大量間諜活動。具體而言，中國和俄羅斯分別占了

9　*2018 FOREIGN ECONOMIC ESPIONAGE IN CYBERSPACE.* NCSC. July 26, 2018.

全球電子監控裝置「梯隊系統」

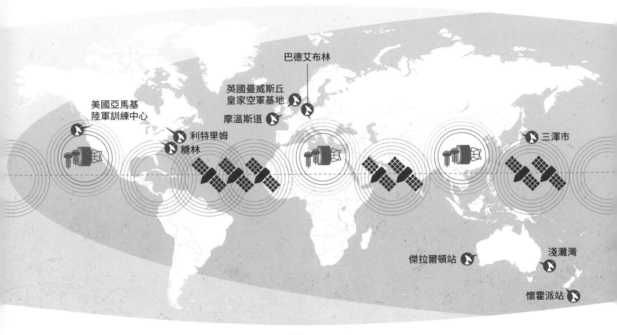

監控者

美國
國家安全局(NSA)

英國
政府通訊總部(GCHQ)

加拿大
通訊安全局
(Communications Security
Establishment, CSE)

澳洲
國防部通訊局
(Australian Signals Directorate, ASD)

紐西蘭
政府通訊安全局
(Government Communications
Security Bureau, GCSB)

 追蹤與監聽站

美國亞基馬陸軍訓練中心
(Yakima Training Center)
位於西雅圖西南方200公里處

利特里姆(Leitrim)
加拿大

糖林(Sugar Grove)
位於華盛頓特區西南方
250公里處

英國曼威斯丘皇家空軍基地
(RAF Menwith Hill)
位於約克郡(Yorkshire)

摩溫斯道(Morwenstow)
英國康沃爾郡(Comwall)

巴德艾布林
(Bad Aibling)
德國巴伐利亞邦

傑拉爾頓站
(Geraldton Station)
西澳大利亞州

淺灘灣
(Shoal Bay)
澳洲北領地

三澤市
日本

懷霍派站
(Waihopai Station)
紐西蘭

 梯隊系統衛星

通訊衛星

四項，而伊朗則占了八項。其中最引人注目的案例，是2017年11月中國公民吳英卓（音譯，Wu Yingzhuo）、董浩（音譯，Dong Hao）和夏磊（音譯，Xia Lei）遭控於2011～2017年間駭入美國政府雇員的電腦、竊取機密文件、密謀及身分盜竊等罪行。

至於俄羅斯，則被指控至少從2007年以來一直贊助駭客集團APT28進階持續性威脅（advanced persistent threat, APT）方案，以獲得美國和西歐在地緣政治及國防方面的情報。除此之外，該報告還指出，2017年3月，美國司法部指控俄羅斯聯邦安全局（Federal Security Service of the Russian Federation，前身為蘇聯情報局KGB）的兩名探員及其俄羅斯網路犯罪同夥入侵美國和歐洲金融機構的電腦，以獲取電子郵件。

有趣的是，報告中提到最多次的國家是伊朗。2017年7月～2018年3月，共計有十幾名伊朗駭客遭指控多項罪名，諸如偷竊軟體、侵害智慧財產權等。影響最鉅的是2018年的一樁案件：九名與馬布納協會（Mabna Insititute）有關係的伊朗人偷走美國36間公司與144間大學的智慧財產，金額估計高達34億美元。根據報告，該項行動是伊斯蘭革命衛隊（Islamic Revolutionary Guard Corps, IRGC）的委託，受益者包括伊朗政府及其他伊朗組織，甚至是某些大學。

◆ 瑞士：全球最常遭經濟間諜入侵的國家？

> 民主在一夕之間腐敗，
> 緣於由一個社會階級制定稅率，
> 卻由另一個階級繳稅。
> ——威廉・英吉[10]

稅收是間諜活動清單上的另一種新型目標，國家主要針對海內外可能的資金外逃及逃稅執行間諜行動。儘管在這類稅收間諜活動之中，針對銀行的間諜活動已經有八十多年的歷史，但自從2008年金融海嘯以來，許多國家紛紛加

10　譯注：威廉・英吉（William Ralph Inge，1860～1954年），英國作家。

強打擊稅務詐騙與資金外逃，甚至連境外資金也不放過。這樣的做法其實也不是什麼新鮮事，歐洲國家早在1929年全球經濟大蕭條期間就不得不面臨這樣的挑戰。

2010年10月，德國北萊因－西發里亞邦（North Rhine-Westphalia）政府聲稱支付了200萬瑞士法郎，以換取瑞士寶盛銀行（Julius Bär）200名客戶的資料。可能正因為如此，瑞士情報部門在在體認到，經濟間諜活動是瑞士必須面對的主要戰略威脅，因此，瑞士政府的優先任務是保護本國大型銀行的機密資訊。不過，瑞士也極有可能從事間諜活動。最明顯的例子是2007年，瑞士最高法院裁定伯恩（Bern）稅務機關使用了透過列支敦斯登信託機構（Liechtenstein Trustee）非法獲得的資訊。

揭露避稅天堂祕辛的法爾恰尼名單

從稅收間諜行動的角度來看，瑞士很可能是最常被滲透的國家，因為該國是全球資金的傳統避難所。2009年12月即發生了引起極大關注的事件，法國政府承認掌握一份透過非法手段取得的滙豐銀行（HSBC）資訊，其中包括13萬名涉嫌逃漏稅者的姓名。

這份銀行帳戶清單被稱作「法爾恰尼名單」（Falciani list），因為從日內瓦的滙豐私人銀行內部洩漏帳戶數據的人，是出生於蒙地卡羅的資訊工程師埃爾韋・法爾恰尼（Hervé Marcel Daniel Falciani）。2012年，他因洩漏瑞士金融機密（即法爾恰尼名單）在巴塞隆納被捕，卻於同年12月18日被西班牙國家法院釋放。據他本人表示，他是受到美國的指示才決定逃往西班牙；許多西班牙消息來源則指稱，他受到西班牙國家情報中心（National Intelligence Centre, CNI）的「保護」。

耗資一億歐元的查稅行動

2018年9月初，德國擱置了一樁讓德國與瑞士關係陷入低迷的可疑間諜案。柏林當局指控瑞士聯邦情報局（Federal Intelligence Service, FIS）的副局長保羅・辛尼克（Paul Zinniker）批准了一項監視德國稅收部門的行動。

這一切始於2017年5月，日耳曼的反情報單位在法蘭克福逮捕瑞士間諜丹

▶談到稅收間諜活動，就不得不提及遍布全球的避稅天堂。對情報機構而言，想從這些避稅天堂取得資訊是場艱鉅的持久戰，但事實上，情報機構也利用這些避稅地點管理他們自己的儲備資金。

如圖所示，大部分的避稅天堂位在盎格魯撒克遜（或者更準確地說是英國）的領土上，其中最典型的例子就是直布羅陀。

直布羅陀這個英國小殖民地的生存方式，是提供經營直布羅陀海峽航線的航運公司維護服務、發展博弈旅遊業及銷售稅率極低的產品（尤其是菸草，每年進口1億5,000萬包）。根據西班牙政府未經歐盟背書的指控，該地已經成為全球最主要的避稅天堂之一（在這片小小的領地裡，已有超過5萬5,000家不透明的公司）。儘管該地至今仍是包括核子潛艦等艦艇駐紮的海軍戰略基地，但直布羅陀巨巖（Rock of Gibraltar）的軍事意義已不若以往，而該地避稅天堂的角色，卻恰好成為西班牙與英國交惡的主要癥結。

在直布羅陀，當地政府既不直接對自然人或法人徵稅，也不課徵所得稅，企業稅只須繳納10%（西班牙稅率的1/3），而且兌換貨幣沒有任何限制。在這個歐洲自詡秉持社會經濟正義原則與價值觀，且公民要求領導者全然透明、誠實的時刻，卻仍然存在一些無須繳稅或是只需繳納極低稅金的地方，被不透明的銀行與金融交易所主宰，又不懲罰或是縱容洗錢行為，使得西班牙政府完全無法接受直布羅陀的現況。

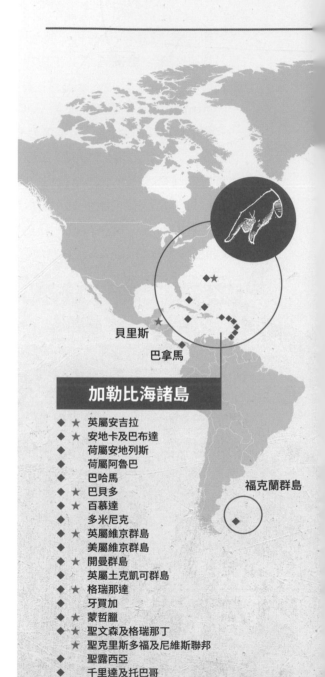

貝里斯

巴拿馬

福克蘭群島

加勒比海諸島

◆ ★ 英屬安吉拉
◆ ★ 安地卡及巴布達
◆ 　 荷屬安地列斯
◆ 　 荷屬阿魯巴
◆ 　 巴哈馬
◆ ★ 巴貝多
◆ ★ 百慕達
◆ 　 多米尼克
◆ ★ 英屬維京群島
◆ 　 美屬維京群島
◆ ★ 開曼群島
◆ 　 英屬土克凱可群島
◆ ★ 格瑞那達
◆ 　 牙買加
◆ ★ 蒙哲臘
◆ ★ 聖文森及格瑞那丁
　 ★ 聖克里斯多福及尼維斯聯邦
◆ 　 聖露西亞
◆ 　 千里達及托巴哥

「避稅天堂」全球分布圖

中東、非洲及亞洲

- 黎巴嫩
- 約旦
- 巴林
- 阿拉伯聯合大公國
- 阿曼
- 馬爾地夫 ★
- 塞席爾 ★
- 模里西斯
- 香港 ★
- 澳門
- 汶萊 ★
- 新加坡
- 賴比瑞亞

馬里亞納群島

歐洲

- 安道爾
- 賽普勒斯
- 直布羅陀
- 根息島
- 澤西島
- 曼島
- 馬爾他
- 摩納哥
- 列支敦斯登
- 盧森堡
- 聖馬利諾

太平洋諸島

- ★ 庫克群島
- 斐濟
- ★ 諾魯
- ★ 紐埃
- ★ 馬紹爾群島
- 索羅門群島
- ★ 萬那杜

◆ 西班牙避稅天堂名單*
★ 歐盟避稅天堂名單**

*編注：這份名單於1991年公布後不斷更新，目前已有15個國家在與西班牙簽署稅務協定後被移出。
**編注：自2017年起，歐盟每年公布「稅務不合作」黑名單，並針對名單上的地區或國家進行制裁。

尼爾‧M（Daniel M.），他涉嫌獲取德國稅務調查人員核實瑞士銀行活動的資訊。三個月後，又有三名瑞士聯邦情報局探員因同樣的原因受到調查。作為他們的上司暨行動負責人，辛尼克因此受到責難，而這項行動極有可能從2011年就已經開始執行。

不過，事件到此還未結束。德國政府認為，知道哪些德國公民存了數十億歐元在列支敦斯登、摩納哥或瑞士等低稅率國家的銀行，對國庫而言十分重要。為此，柏林當局可能至少從2006年起，便以賄賂這些金融機構人員的方式取得若干內部檔案，其中包含在德國財政部眼中隱瞞資金者的姓名。而且，德國政府在這項行動上很可能耗費一億歐元。

很明顯，這是一場間諜遊戲。瑞士當局在發現此事後，除了因德國鼓勵其銀行員工竊取機密資訊、違反瑞士《隱私法》，而向柏林當局提出正式抗議以外，還下令聯邦情報局反過來監視德國稅務調查人員，阻止他們吸收瑞士銀行的員工。

最後，在瑞士當局完全不合作的情況下，德國聯邦檢察官不得不草草結案，因為根本無法證實辛尼克為該行動的主謀。簡而言之，這是一場發生在鄰國，甚至理論上是友好國家之間，相互監視的間諜陰謀。

◆ 政治間諜活動：水門案與明訊銀行案

> 監視與安全無關，而是與權力有關。
> ──史諾登（Edward Snowden）

任何團體的領袖或管理者都很關心一個議題，那就是徹底了解國家統治者（無論是已經手握權力或是即將上位）的個性、習慣、愛好、弱點、缺點等各個方面。法王路易十四的樞機主教馬薩林（Jules Mazarin，任期1642～1661年）在《政治家摘要》（*Bréviaire des politiciens*）一書中建議：「必須知悉一切，聆聽一切，讓間諜無處不在。」

根據保羅‧勒沃奎恩在《德國本來可以贏》中的敘述，政治情報部門於羅馬帝國時期就已經存在，為的是保護國家免受意料之外的政治運動影響。同樣

的機構在拜占庭帝國時期繼續發揮作用，之後也被鄂圖曼帝國所採用，甚至在國家組成充滿多樣性的奧匈帝國也有此類機構，而英國在殖民帝國時期也是如此。

政治間諜活動的例子不可勝數，水門案就是最知名的典型案例。事件發生於1972年，五名嫌犯因偷竊位於華盛頓特區水門綜合大廈的美國民主黨全國委員會（Democratic National Committee, DNC）辦公室中的文件，而遭到逮捕，尼克森政府卻企圖掩蓋肇事者。隨之而來的調查更揭露尼克森及其內閣涉及多起祕密非法活動，尼克森也於1974年被迫辭職。

在法國，明訊銀行（Clearstream）一案於2004年躍上媒體版面，法國前總統沙柯吉（Nicolas Sarközy，任期2007～2012年）和其他政治人物遭多人匿名指控收受賄賂，出售軍艦給台灣，而且把資金存在金融機構盧森堡明訊銀行——該機構早在1983年就曾捲入安保信銀行（Banco Ambrosiano）的醜聞。後來的調查更發現，就連沙柯吉的政敵、法國前總理德維勒班（Dominique de Villepin，任期2005～2007年）也牽涉其中，最後卻只把錯誤推到祕密機構的線人，以及歐洲航太防衛公司（European Aeronautic Defence and Space Company，現已改名為空中巴士集團）前副總裁葛果韓（Jean-Louis Gergorin）的頭上。

雙面間諜：將納粹玩弄於股掌之間？

> 五間俱起，莫知其道，
> 是謂神紀，人君之寶也。
> ——孫子

若要說最了解間諜活動的人，那就非馬倫切斯（Alexandre de Marenches）伯爵莫屬了，他在1970～1981年間是法國祕密機構對外情報和反間諜局（External Documentation and Counter-Espionage Service）的負責人。在《王子的祕密》（*Dans le secret des princes*，中文書名暫譯）一書中，馬倫切斯說：「間諜活動不只存在於敵人之間，在朋友之間也是如此。」這是每天擺在眼前的現實，事實上，可能會

有友好的國家（至少是暫時的），但絕不會有友好的情報機構。因此，國家應該培養雙面及三面間諜。馬倫切斯曾表示，二戰期間一些傑出的法國抵抗運動（French Resistance）成員，其實是蓋世太保或義大利情報部門的特務。

西班牙的賈西亞（Juan Pujol García）則是另一種雙面間諜的典範。他在英國方的代號是嘉寶（Garbo），在納粹方則是阿拉貝爾（Arabel）。這位加泰隆尼亞人蓄意提供納粹假情報，以協助1944年的諾曼第登陸行動。納粹從未察覺幹練的賈西亞是雙面間諜，而且在他於英國受勛後，納粹也頒發了勛章給他。

除了這些例子外，從2007年開始，無論是維基解密還是史諾登交給記者葛林華德（Glenn Greenwald）與紀錄片導演柏翠絲（Laura Poitras）公布的檔案，或者法國《世界報》（*Le Monde*）和eBay創始人歐米迪亞（Pierre Omidyar）出資的新

維基解密披露的情報其實是
華府刻意洩漏？

▲部分歐洲重要的情報專家懷疑，由朱利安‧亞桑傑（Julian Assange）主導的維基解密所洩漏的資訊，其實是美國國家安全局推動「透明度」的進程，藉此向歐洲情報機構釋出信號，表明華府充分了解歐洲反情報部門致力於打擊美國間諜網在舊大陸進行大規模間諜活動的決心。如果真是如此，美國政府便會表示他們發覺歐洲不願再做華府戰後的殖民地，且歐洲的反間諜活動已漸漸削弱美國的力量，並在最後以這些理由讓中情局退出歐洲舞台。白宮希望藉此讓大西洋兩岸的情報部門首次在平等和尊重的基礎上（至少在表面上如此），重新調整自二戰結束以來的關係。總之，維基解密的披露或許不是偶然，而是為了「撤除」那些被歐洲反間諜組織發現且不再有用處的美國間諜網絡。

聞網站The Intercept，都揭露了近年來的多起間諜案，甚至是盟國之間的間諜活動。

◆ 間諜大國的祕密行動

> 故明君賢將，能以上智為間者，必成大功。
>
> 此兵之要，三軍之所恃而動也。
>
> ——孫子

美國針對盟友的監視行動

2015年夏天，維基解密揭露一份文件並公布在巴黎《解放報》（*Libération*）和法國新聞調查網站Médiapart上，其中顯示美國至少從2006年至2012年5月（很可能持續到2015年）對歷任三位法國總統——席哈克（Jacques Chirac）、沙柯吉、歐蘭德（François Hollande），連同他們最親近的顧問及合夥人進行間諜活動。根據美國國家安全局（以下簡稱國安局）的報告《全球訊號情報亮點》（*Global SIGINT Highlights*），該局在一項以法國總統府「艾里賽宮」（Élysée Palace）為名的間諜活動中，透過攔截法國總統與高層官員的通信來獲得情報。這項間諜活動在該局的五份報告中皆被列為「極機密」。

此一竊聽活動執行於美國駐巴黎大使總館，該館距離艾里賽宮僅300公尺，距內政部400公尺，離司法部600公尺。據估計，分布在全球各地的美國大使館中，最少有一半安裝了中情局和國安局特殊情報蒐集單位（Special Collection Service, SCS）的通訊攔截系統。

這項間諜活動提供了一些有趣的數據。自2006年起，法國國防部總祕書處（Secretariat-General for National Defence and Security, SGDN）為艾里賽宮及各部會的高層人員購置了黑莓機（BlackBerry），因為他們認為黑莓機的先進加密系統安全無虞。不過，他們沒有發現，黑莓機傳輸的資料會儲存在加拿大行動研究公司（Research in Motion, RIM）[11]的伺服器上，而美國情報單位可以輕易訪問這些伺

11　編注：該公司於2013年更名為「黑莓」（BlackBerry Limited）。

服器。2010年，在測試其他型號的手機後，法國高官開始使用法國航天與國防企業達利思集團（Thales）製造的Teorem手機。儘管這款手機理論上已提供最大程度的安全防護，但維基解密仍揭露總統沙柯吉和外交部長居貝（Alain Juppé，任期1993～1995年、2011～2012年）於2011年6月一場談話的細節。

　　2017年2月16日，維基解密再次公開檔案，證明中情局在2012年法國總統選舉期間持續監視其主要政黨及候選人[12]。遭揭露的三項中情局任務指令中，詳細指出該局透過人工情報（human intelligence, HUMINT）及訊號情報（signals intelligence, SIGINT）[13]，對社會黨（Socialist Party）、民族陣線（National Front，2018年更名為國民聯盟〔RN〕）、人民運動聯盟（Union for a Popular Movement，2015年更名為共和黨〔LR〕）及其領導者進行間諜活動，諸如歐蘭德、雷朋（Marine Le Pen）、沙柯吉，以及當時同為候選人的歐布里（Martine Aubry）與史特勞斯—卡恩。

　　這些任務指令的目標是獲得關於政黨和候選人的各種資訊，例如：贏得選舉後，他們會如何維持權力？候選人如何與他們的顧問互動？他們與其他候選人進行了哪些私人對話、競選期間用了什麼策略、能獲取多少經濟與政治菁英的支持？還有，對美國有什麼看法，又會如何介入他國事務，像是德國、英國、利比亞、以色列、巴勒斯坦、敘利亞及象牙海岸的內政？另外，面對歐盟經濟危機，特別是處理希臘的債務危機，連同可能對法國政府和銀行造成的影響等，他們採取的金融策略與態度為何？

　　這項行動從2011年11月21日執行到2012年9月29日，也就是說，從法國大選的六個月前持續到選後四個月為止。取得情報的目的，是要協助美國中情局、國防情報局（Defense Intelligence Agency, DIA）歐盟分部與國務院情報研究局（Bureau of Intelligence and Research, INR）的活動。

　　2012年，中情局又發布另一項命令，企圖獲取法國任何出口合約或業務的詳細訊息，估計這些合約的價值很可能超過2億美元。有鑑於其高度敏感性，這項間諜命令被列為「機密」，僅限美國人能夠得知，因為他們正在監視「朋友」。

12　*CIA espionage orders for the 2012 French presidential election*. WikiLeaks. February 16, 2017.
13　編注：前者泛指探員偵察與間諜活動，後者指透過衛星或交通工具等取得電子傳輸資訊。

日本幫美國監視自己人民？

2015年夏天，維基解密披露，美國國安局自2006年起針對日本首相安倍晉三（任期2012～2020年）與其內閣官房長官，以及某些主要企業與銀行的領導者進行間諜活動。國安局除了關注政治領域外，也沒有忽視軍事友邦的經濟領域。事實上，三菱天然氣部門、三井（Mitsui）石油部門和經濟產業大臣都是美國監視的對象。

不僅如此，根據電影導演奧利佛・史東（Oliver Stone）在紀錄片《普丁專訪》（The Putin Interviews）中的說法，他在籌備有關史諾登的電影時，史諾登告訴他，美國國安局曾要求日本人監視自己的人民。但日本政府沒有答應，於是美國情報單位就自己下海，美國間諜一旦成功駭入通訊系統，就會積極將惡意程式植入日本民用基礎設施中，以防日本哪天不再是盟友。史諾登向史東表示，華府理論上的盟國，如巴西、墨西哥及許多歐洲國家，都曾遭遇類似的情況[14]。

在這樣的情況下，華府也會和其主要盟國，即五眼聯盟（Five Eyes, FVEY）分享獲取的情報。此一情報聯盟由美國、澳洲、加拿大、紐西蘭與英國組成（這些國家在其他領域也相互結盟），起源於二戰期間，美英兩國為分享訊號情報而建立的《英美協定》（United Kingdom-United States of America Agreement, UKUSA），隨後聯盟又納入上述其他三個盎格魯撒克遜國家，且該聯盟極可能與梯隊系統[15]有關。

無差別監視行動

史諾登於2013年洩漏的監視機密任務檔案（德國《南德日報》（Süddeutsche Zeitung）於同年10月公布）顯示，梅克爾的手機遭到美國駐柏林大使館監聽，而同一份檔案也揭露美國國安局曾攔截、儲存、分析當時的巴西總統羅賽芙

14　史諾登還向史東透露，美國曾在2008年與2009年對中國發動網路攻擊。
15　編注：現今普遍認為梯隊系統是五眼聯盟使用的一種情報蒐集與分析系統。啟用於1960年代，原本是冷戰時期監視蘇聯及東方集團（Eastern Bloc）的軍事及外交動向，時至今日已成為大規模監視與攔截全球私人與商業通訊的系統。但此一系統的存在並未獲官方承認。

（Dilma Rousseff，任期2011～2016年）以及墨西哥前總統卡德隆（Felipe Calderón，任期2006～2012年）的電子與電話通訊。

　　經過這次醜聞，美國總統歐巴馬（Barack Obama，任期2009～2017年）於2014年2月公開宣布已鄭重向國安局下令，不可對盟國與友好國家濫用監視行動。當然，沒有任何人會承認自己是複雜情報世界裡的老手。實際上，監聽從未停止，因為2018年1月美國眾議院還獲得總統川普的全力支持，將國安局在美國境外進行無差別間諜活動的時間延長六年。此項授權讓國安局得以在世界各國監控各種電子通訊（無論任何裝置），對象不僅止於外國人，甚至包括美國公民（理論上，如果沒有法院命令，該局不能攔截美國公民通訊）。

預測與預防犯罪？美國的全球監視計畫

　　2002年1月，美國國防部的高科技機構「國防高等研究計畫署」（Defense Advanced Research Projects Agency, DARPA）成立了「資訊通告局」（Information Awareness Office, IAO），由該局展開「總體資訊認知專案」（Total Information Awareness），以回應2001年的911恐怖攻擊事件。這項計畫始於2003年，並於同年更名為「反恐資訊認知專案」（Terrorism Information Awareness，以下稱TIA），好讓公眾將之視為特別針對防範美國境內恐怖攻擊的計畫。

　　該計畫由時任國防高等研究計畫署署長的海軍上將約翰‧波因德克斯特（John Marlan Poindexter）負責，他曾是雷根總統的國家安全顧問，在1980年代捲入伊朗門事件（Iran-Contra Affair）[16]而請辭，直到911事件之後才被前國防部長倫斯斐（Donald Rumsfeld，任期1975～1977年、2001～2006年）再次重用。

　　TIA計畫的目的是蒐集個人的詳細資料，以便在犯罪發生前加以預測和預防。透過這種方式，每個人在政府手中都會有一個不斷更新的龐大檔案，沒有任何數據可以逃出政府的掌控，包含電子郵件、以任何裝置撥打的電話、網際網路存取、醫療紀錄、銀行和稅務資訊、信用卡消費⋯⋯

16　譯注：1985年發生黎巴嫩恐怖份子綁架美國人的事件，雷根政府計畫透過以色列出售武器給伊朗，讓伊朗政府逼迫恐怖份子放人。然而波因德克斯特及其部屬私下跳過以色列，直接販售武器給伊朗（違反美國法令），省下的仲介費則來資助尼加拉瓜反抗軍「康特拉」（Contra）。康特拉是一個親美反共的右翼組織，原本受雷根政府資助，但由於康特拉行事過於偏激，後遭美國國會嚴令禁止繼續資助。1986年11月此一非法販售武器案曝光，即為「伊朗門事件」，波因德克斯特因而請辭。

從一開始，TIA計畫就因為美國政府企圖將之應用在一般大眾身上，而飽受公眾和媒體的抨擊，最後致使國會在TIA啟用當年年底就決定終止計畫。但這並不妨礙美國政府換個單位及手法繼續發展該計畫，並為其另取新代號「籃球」（Basketball）。維基解密創辦人朱利安·亞桑傑認為國安局仍在執行TIA，以作為全球監視計畫的一部分。

維基解密讓美國中情局無所遁形？

2017年3月23日，維基解密揭露一份提及中情局數個計畫的檔案，這些計畫的目標是用強大的病毒感染蘋果設備（包括Mac和iPhone）的韌體（firmware，設定控制電子電路邏輯的電腦程式），就算重新安裝作業系統，病毒仍不會消失。

一週後，維基解密又公布一個名為「大理石」（Marble）的中情局祕密計畫，其目標是讓外國同領域專家從事安全檢查時，無法將病毒、木馬程式或駭客的源頭指向自己的「框架」（framework，由特定軟體模組定義的輔助概念和技術結構）。操作方法包括把中情局的文字片段隱藏在「惡意軟體」（malware，一種刻意滲透、造成電腦或資訊系統損害的軟體）中，以規避目測檢查。另外也可以使用雙重歸因（attribution）欺騙檢查人員，亦即假裝程式設計師使用了別種語言，最好是美國敵對國的語言，像是俄語或漢語；同時企圖隱藏攻擊行為，讓調查人員誤以為是栽贓行動（false flag）。

五個月後，維基解密證實，中情局透過暗中蒐集存儲在系統的數據，更進一步監視聯邦調查局（Federal Bureau of Investigation, FBI）和國安局等美國機構的全球情報合作夥伴。中情局提供這些合作夥伴一種經過適當調整的生物識別儲存系統，理論上，該系統的功用是分享團體中每個成員自願提供的數據，但由於中情局懷疑合作夥伴是否真的完全分享已掌握的數據（因為從來沒有任何情報機構會這麼做），於是其技術服務部門（Office of Technical Services）又開發一種工具軟體，可以祕密地從友好機構的系統中提取數據。這個設計高明的程式名為ExpressLane，可以在安裝六個月之後自動解除，且完全不留痕跡。

維基解密還發現ExpressLane有更多功能，且中情局曾利用此程式監控或攻擊其他電腦設備。其中最引人注意的是，ExpressLane可以透過即時影像系統進行遠端監控、挾持並操控網路鏡頭和麥克風；使用惡意程式感染各種類型

的電腦，包括據稱刀槍不入的蘋果電腦；監視、限制、破壞其功能或追蹤位置；從手機蒐集和轉發資訊；或是透過無線連接控制系統的網路活動。

2017年11月，維基解密揭露，中情局冒充俄羅斯跨國電腦資安產品供應商卡巴斯基（Kaspersky）的身分，將惡意程式植入用戶的電腦，以便美國情報機構騙取數據。中情局還添加Hive勒索軟體的原始碼（source code），遠端控制已感染裝置中的程式。為了掩蓋他們的行為，中情局更使用遍布全球的虛擬網域（virtual domain）和從屬伺服器（slave server）偽裝成真實的公司。

被中國反將一軍？中情局的最大挫敗

在《外交政策》（*Foreign Policy*）雜誌發表的一篇文章中[17]，卡內基國際事務倫理委員會（Carnegie Council for Ethics in International Affairs）的高級研究員多夫曼（Zach Dorfman）表示中情局遭遇近幾十年來最大的挫敗。在2010～2012年間，中國反情報單位摧毀了美國在該國建構多年的情報網路，且中國當局的反應出乎意料，處死大約30名情報員。

對於中國是如何清楚獲悉美國建構的情報網，現在仍不得而知，不過非常可能是經由雙面間諜的協助，進入中情局用來聯絡消息來源的通訊系統。該系統使用數位加密程式，之前曾在中東的其他任務中成功運作，卻無法抵擋中國老練的情報行動，而且中國很可能和俄羅斯分享他們的調查成果。

瑞士公司的加密傳輸騙局

1993年，專門生產加密通訊設備的瑞士公司克里普托（Crypto AG）解僱了漢斯・布勒（Hans Buehler）。布勒在一本書[18]中揭發前東家在加密設備留後門的內幕，且自1957年起，美國國安局便可藉此後門訪問該加密設備傳輸的所有訊息。這項醜聞無疑在全球投下一記震撼彈，因為大約有120個國家固定使用該加密設備，透過傳真、電傳、無線電或電報，傳輸大使館與軍事單位之間最敏感的訊息。

---

17 Zach Dorfman. Botched CIA Communications System Helped Blow Cover of Chinese Agents. *Foreign Policy*. August 15, 2018.

18 編注：Res Strehle. *Verschlüsselt: Der Fall Hans Bühler*. 1994.

美國國安局如何進行網路監視？

稜鏡計畫數據蒐集細項

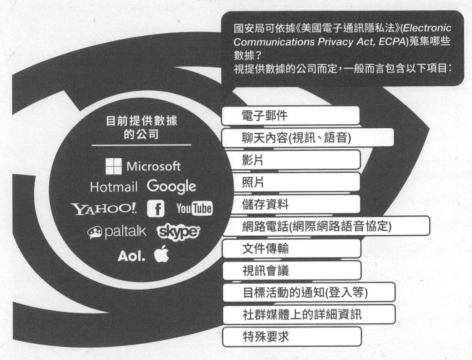

國安局可依據《美國電子通訊隱私法》(Electronic Communications Privacy Act, ECPA)蒐集哪些數據？
視提供數據的公司而定，一般而言包含以下項目：

目前提供數據的公司

Microsoft
Hotmail **Google**
YAHOO! f YouTube
paltalk skype
Aol.

電子郵件
聊天內容(視訊、語音)
影片
照片
儲存資料
網路電話(網際網路語音協定)
文件傳輸
視訊會議
目標活動的通知(登入等)
社群媒體上的詳細資訊
特殊要求

* 本圖表資料源自2013年《華盛頓郵報》披露的國安局機密簡報內容。該頁投影片下方另有一行文字寫道：「完整名單及詳細資訊，請見稜鏡計畫網站：Go PRISMFAA」

▲稜鏡計畫（PRISM）涉及多數主流網路公司，例如：谷歌、雅虎、微軟、臉書、PalTalk、美國線上、Skype、YouTube和蘋果。透過在軟體中安裝後門、獲取破解加密的金鑰，這些網路公司便無可避免地成為美國國安局私下蒐集數據的共犯。這項極機密的監控計畫允許該局訪問上述公司伺服器傳輸的音頻、影片、照片、電子郵件和檔案資訊。該計畫於2007年啟動，自此個人便受到永久性的密切監視。

「MUSCULAR」則是另一個不受美國涉外情報監控法庭（FISC）[1]節制的明星計畫。藉由將監視系統暗中植入谷歌位於美國境外的數據中心，國安局便可以任意訪問用戶存儲在雲端上的資訊[2]。

為了實時監控網路，國安局使用以作業系統Linux為基礎的XKeyscore系統，分布在全球700個伺服器，藉此得以獲取網路上的所有訊息，並偵測到任何他們認為在網路上進行可疑加密或搜索的人士。

[1] 編 注：United States Foreign Intelligence Surveillance Court。政府要對外進行監控行動前，須向此單位申請核准。
[2] 編注：根據史諾登與知情人士的揭露，此一計畫英國政府通訊總部（GCHQ）也參與其中，且可能由英國主導。除谷歌外，雅虎也遭到入侵。

　　一切始於1992年，布勒代表克里普托前往伊朗，卻遭到長期懷疑該公司的伊朗反情報單位逮捕。伊朗政府指控他經由販賣裝有後門的加密設備，替美國和德國情報機構進行間諜活動。克里普托為此向伊朗政府支付一百萬美元以釋放布勒，隨後便解僱了他，並且要求布勒償還公司這筆贖金。

　　諸如此類的案件經常發生，但司法機構往往沒有做出任何結論。本案亦是如此做結，儘管有證據（像是某些情報部門，不可思議地以高超的技巧破解一些極度敏感的資訊）顯示，美國國安局、德國聯邦情報局（Federal Intelligence Service, BND）與以色列情報局摩薩德皆是這場科技騙局的始作俑者與幫凶。

任何一通電話都不放過

　　2018年8月4日，自認為是「吹哨者，並非極端主義者、恐怖份子，也不是激進份子」的麥可・霍特（Michael Holt）在他的LinkedIn頁面上發表了一篇文章，詳細介紹美國國安局的多項監視科技。

　　如果這位前美國政府網路安全專家所描述的項目屬實，那情況確實令人擔憂。霍特十分肯定地表示，絕無例外，只要你是地球上的居民，就不可能逃過美國國安局的掌控，因為該局擁有的電子設施可以攔截經由任何方式傳輸的所有通訊。

　　此外，美國國安局還與聯邦調查局合作，有能力下載所有的通話紀錄。透過分析獲取的元資料（metadata，又稱後設資料），該局可取得發送與接收通訊的資訊，得知誰和誰交談、從何處以及使用哪種設備交談等。理論上，美國國會於2015年年中已終止這種行為。

　　霍特也揭露聯邦調查局其他的計畫，像是「猛鴞」（Hawk Owl），該計畫是由數百架西斯納（Cessna）飛機組成的機隊，配備先進的相機、夜視系統和紅外線熱像儀，不間斷地在美國主要城市上空飛行。其中某些飛機還配有擴增實境（augmented reality, AR）等設備，能夠攔截上千部手機的訊號。

　　不過，最引人注目的行動，是攔截海底電纜訊息流的各種系統。文章中甚至提到一艘經過改造，可以容納技術人員及特殊設備的核子潛艦，在全球網絡中最具戰略意義的地點刺穿海底電纜。同時，與這些電纜連接的幾個大陸上的地面站也遭到入侵。如此一來，美國政府便可以獲取所有經由這些海底電纜傳

輸的重要資訊，例如金融與銀行資訊。

◆ YouTube 意外洩漏的法國間諜行動

2016年6月2日，法國情報機構的主要行動遭到曝光。那天，在一場面對著名的中央理工高等電力學院（Centrale Supélec）學生的非正式會議上，同樣於1976年畢業於該校、曾任法國情報機構對外安全總局（DGSE）訊號情報部（SIGINT）負責人的貝爾納‧巴比耶（Bernard Barbier，任期2006～2013年），非常輕率地發表了一番令聽眾大感吃驚的言論。巴比耶不曉得他的言論被錄了下來，又在幾天後被放到YouTube上。儘管起初沒有引發關注，但法國《世界報》的一名記者在同年九月初無意間發現這段影片，並且四處傳播。巴比耶的輕率發言中有一部分格外引人矚目，而他的言論同時也證實維基解密與史諾登先前所揭露的事實。

根據巴比耶的說法，對外安全總局監視了非常多個國家，包括法國理論上最堅實的盟友。其間諜活動或網路攻擊不僅針對中國及伊朗（例如2013年，法國企圖影響這兩國的核子設施），也針對阿爾及利亞、加拿大、象牙海岸、西班牙和挪威等國家。沒有人比巴比耶更了解這些數據，因為在他擔任訊號情報部負責人的七年裡，他將對外安全總局完全改造成足以進行大規模電子監視的組織，人員占對外情報部門總人數的1/3。

在同場會議中，巴比耶也提到美國從距離法國總統府幾百公尺遠的大使館，竊聽艾里賽宮工作人員的電話。據了解，知道己方的電話被美國情報機構監聽，讓巴比耶及其部門更容易傳播「毒害」美國人的假訊息。

巴比耶同樣證實，2012年，美國國安局利用艾里賽宮工作人員的臉書帳號，將惡意軟體植入法國總統府的電腦，而對外安全總局也偵測到這個軟體。根據巴比耶的說法，該惡意軟體與2010年攻擊歐盟執委會的是同一款。據史諾登的說法，這兩起案件都使用了「量子嵌入」（Quantum Insert）程序。事實上，巴比耶洩漏的資訊只是坐實了維基解密揭露的資料——美國國安局在2006～2012年間，大規模攔截了三任法國總統、其他歐洲國家領袖和諸多部長及高階官員的手機通訊。

◆ 德國是美國監視歐洲的眼線？

2015年初，有消息指稱，德國聯邦情報局曾協助美國國安局監視歐洲，甚至包括德國本國的機構及企業。消息曝光是否代表聯邦情報局不再協助美國，而後者便以「走漏」消息作為報復？問題還不僅止於此，幾個月後，2015年11月，極具影響力的德國《明鏡週刊》（*Der Spiegel*）披露聯邦情報局曾監視盟國及友好國家。

德國對外情報單位不僅會攔截來自其他歐洲國家的官方通訊，還會攔截非政府組織的通訊，例如：日內瓦紅十字國際委員會、國際關懷協會（CARE International）與樂施會（Oxfam）等。這些間諜行動充分反映出情報機構長期運用的三面與雙面手法，因為聯邦情報局監視的其中一個國家就是美國，確切地說，是美國的內政部及國務院，還有美國駐布魯塞爾以及在紐約聯合國總部的外交機構；而德國的祕密機構也一直幫助美國在歐洲進行間諜活動。

說到歐洲，聯邦情報局也監視許多歐盟國家的內政部長，像是奧地利、克羅埃西亞、丹麥及波蘭；同時也攔截許多大使館與領事館的電子郵件、傳真與電話，例如：奧地利、美國、西班牙、法國、希臘、義大利、葡萄牙、英國、瑞典、瑞士，甚至是梵蒂岡。

2017年2月底，《明鏡週刊》披露德國聯邦情報局監視外國記者的電子郵件、傳真及電話。這項大規模間諜活動至少始於1999年，對象涵蓋部分全球最權威的媒體記者，像是路透社（Reuters）、《紐約時報》及英國廣播公司（BBC）。

2018年6月，奧地利政府正式要求柏林當局就多年來德國情報機構監控奧地利通訊的指控做出解釋。受該間諜活動影響者，從外交使團、商業人士到恐怖份子嫌疑人，再到駐維也納的國際機構與外國公司，不一而足。消息指出，德國至少在1999～2006年間進行過間諜活動，在此期間，德國掌控了2,000則通訊，監視範圍擴及大約75個外國機構，包括石油輸出國家組織、歐洲安全暨合作組織（Organization for Security and Cooperation in Europe, OSCE）、國際原子能總署（International Atomic Energy Agency, IAEA）、聯合國毒品和犯罪問題辦公室（United Nations Office on Drugs and Crime, UNODC）以及聯合國工業發展組織（United

Nations Industrial Development Organization, UNIDO）。維也納當局懷疑德國可能打算藉由間諜活動，從奧地利手中獲得經濟上的好處。

兩個月之後，德國又把球丟回奧地利身上。曾於1998～2005年擔任德國聯邦情報局局長的奧古斯特‧漢寧（August Hanning）在接受德國日報《畫報》（Bild）採訪時，警告西方各國當局不要和奧地利的特勤機構分享資訊，因為他們已經被俄羅斯情報機構滲透。

◆ 英國，當之無愧的「監視帝國」

2016年底，歐洲主流報紙呼應史諾登所披露的資訊，報導英國政府通訊總部（Government Communications Headquarters, GCHQ）於2008～2011年間進行的大量間諜活動。政府通訊總部是英國三大情報機構之一，另外兩個分別是負責對外情報、俗稱軍情六處（MI6）的祕密情報局（Secret Intelligence Service），以及負責國內情報、俗稱軍情五處（MI5）的英國安全局（Security Service）。政府通訊總部位於喬汀翰（Cheltenham），區域情報中心則設在布德（Bude）、哈羅蓋特（Harrogate）、曼徹斯特（Manchester）及史卡博羅（Scarborough）。其職責主要是訊號情報與資訊安全（InfoSec）。政府通訊總部對外交大臣負責，但並不隸屬於外交部，約有4,500～6,000名員工。

2009年，倫敦舉辦二十大工業國G20高峰會期間，政府通訊總部不僅監視法國社會黨成員，同時也監視自2005年以來擔任世界貿易組織總幹事的拉米（Pascal Lamy），企圖在與其他代表團的談判過程中取得優勢。當時，拉米正全力說服參與高峰會的國家不要實施保護主義措施。除此之外，政府通訊總部也在不同的場合監視法國政府機構，例如外交部、內政部、發展局及外貿部，間諜活動甚至還擴及許多國家駐巴黎的大使館及工作人員。

該機構也密切注意西班牙人阿爾慕尼亞（Joaquín Almunia），他在2004～2010年間擔任歐盟執委會經濟和財政事務專員，接著於2010～2014年間擔任副主席暨競爭專員。受監視的人員及機構名單愈來愈長，近十年來，受到監視的國際組織還包括聯合國開發計畫署（United Nations Development Programme, UNDP）及非洲聯盟（African Union）。

以色列的外交人員也無法逃過英國嚴密的電子監控，無論其派駐在耶路撒冷或者其他國家（尤其是非洲國家）皆是如此。以色列由於強勁的國防與高科技工業，再加上蓬勃發展的科學訓練中心與國際合作發展署（MASHAV），使得該國的利益成為他國關注的重要目標。

另一方面，2009～2010年間，政府通訊總部曾攔截20多個非洲國家主要政治及經濟領袖的通訊，其中某些國家還是英國長久以來的盟國。透過干擾通訊衛星，該機構可監視國家元首、總理、軍事將領、情報機構負責人及外交人員（無論是其他國家派遣到非洲國家，或者非洲國家派駐國外者），還有傑出企業家、重要商人、銀行家，以及他們的主要顧問和信賴人士。在某些情況下，甚至整個總統府或政府總部都受到監視。英國大規模監控的對象超過20個國家，包括肯亞、安哥拉、奈及利亞（前英國殖民地和英聯邦成員國）、剛果民主共和國、迦納、獅子山、幾內亞、辛巴威、蘇丹、利比亞、厄利垂亞、阿爾及利亞，這讓身為英國兄弟國的美國也從中獲利。

法國是英國在非洲從事間諜活動最大的受害者之一，因為法國外交人員正是英國的首要目標，而核能是英國間諜最關切的項目。受益於與尼日及剛果民主共和國的鈾礦開採協議，法國阿海琺（AREVA）公司[19]在核能方面領先全球。很顯然，法國其他的戰略性公司，像是達利思國防集團與石油公司道達爾能源集團（Total），也無法逃過間諜活動的侵擾。不僅如此，英國還監視了法國的非政府組織，例如無國界醫生（Médecins Sans Frontières）的電子郵件就曾經遭到攔截。

為了執行這些大規模的間諜行動，英國政府通訊總部使用像是「時代計畫」（Tempora）這類的電子監視系統來儲存大量攔截到的資訊，以便後續檢索。根據西班牙記者哈莫內（Ignacio Ramonet）在其著作《監視帝國》（*El Imperio de la Vigilancia*，中文書名暫譯）中的說法，僅僅在2012年，政府通訊總部便利用單日可「過濾」192次、過濾總字數相當於《大英百科全書》（*Encyclopædia Britannica*）4000萬單字量的超級電腦，每天監控約6億通電話。

---

19 編注：阿海琺於2016年因財務危機重組，成立聚焦於核燃料循環的新阿海琺（New AREVA），而新阿海琺又於2018年改名為歐安諾（Orano）。

◆ 間諜活動的魔法師：俄羅斯情報員

> 我們俄羅斯人在監控方面做得沒有美國好，
> 原因很簡單，那就是我們不具備相同的能力。
> ——普丁，摘錄自《普丁專訪》

　　任何間諜活動研究都無法略過俄羅斯不談。俄羅斯很可能是全世界擁有最優秀情報人員的國家，與古巴、以色列及梵蒂岡並駕齊驅。這並不是因為他們缺乏或是不懂得運用科技，而是他們在運用情報人員領域有非常豐富的經驗。除此之外，從蘇聯共產主義時代開始，便有許多人被這個國家及其文化和生活方式深深吸引，部分甚至渴望重拾過去的社會主義制度。這使得莫斯科在世界各個角落都有情報員，其中不乏安插在政治、軍事與經濟高層的人手。如果再加上他們逮捕告密者及竊取機密資訊的能力、「和諧」不聽話與礙眼者的手段，以及「沉睡」在世界各地，只要一聲令下隨時可以展開行動的情報員，俄羅斯情報機構的效率堪稱奇高無比。

　　俄羅斯間諜的案例多到可以寫成好幾本書，例如2018年7月中旬，時年29歲的布提娜（Maria Butina）因涉嫌替俄羅斯從事間諜活動在美國被捕。她被指控多年來與有影響力的美國公民建立關係，好讓俄羅斯從中獲利[20]。而且就在她被捕幾天前，美國司法部才起訴數十名俄羅斯情報員，罪名是在2016年總統大選中，以駭客手法攻擊民主黨成員。

　　布提娜曝光十五天後，8月2日，有消息指稱，美國反情報機構在美國駐莫斯科大使館發現一位疑似間諜的雇員，該人員隱藏十幾年未被察覺。這名偽裝的情報員是俄羅斯公民，受僱於特勤局（United States Secret Service, USSS），因此可以接觸到機密資訊與資料。自美國反情報機構起疑以來，跟監者觀察到她定期與俄羅斯聯邦安全局（FSB）的人員會面。連續好幾個月，美國的反情報機構放手任由她採取行動、建立聯絡網，好抓出其他的涉案人員。

20　編注：布提娜於2019年4月遭美國政府判刑18個月，並於同年10月獲釋，遣返莫斯科。現為俄羅斯下議院（杜馬）議員。

◆ 監視資本主義的時代來臨

> 情報分析師最大的敵人是自身的意識形態。
> ── 中情局手冊

　　只要有一個持續連接網路的設備[21]（電腦、手機或平板，或者汽車及任何家用設備[22]，甚至是整套「智能家居」），任何個人或多人團體就可以蒐集到各種資訊。這就是肖莎娜・祖博夫（Shoshana Zuboff）教授定義的「監控資本主義」（surveillance capitalism），旨在獲取資訊以預測和改變人類行為。

　　這並不意味著擷取資訊者（或從第三方接收該資訊的人）必定會立即使用該資訊。這些資訊將成為一把懸頂之劍擺盪在被監視者的頭上，而受到威脅的人永遠無法確定這把劍會在何時造成多嚴重的傷害，以及影響範圍有多大。除此之外，連帶產生的顯著風險還有受到操縱、駭客攻擊或干擾連接網路裝置等，在某些情況下，甚至可能威脅到個人及團體，以至公司和國家的生存。

　　監視資本主義還擴及電子支付領域，用以詳細了解人們的消費習慣。若是哪天我們只能使用「塑膠貨幣」，也就是僅能使用電子系統（記帳卡、信用卡或是手機）支付商品和服務的費用，就會產生一種可預期的風險，亦即陷入強制推行的特定消費模式，假借健康或生態等理由，建議或是禁止購買某些商品。簡而言之，電子支付旨在絕對控制人民。雖然在對抗恐怖主義、犯罪、詐欺、地下經濟或洗錢方面是合理的，但在絕大多數的情況下，這些措施只會影響到一般民眾，因為有意違反法律的人永遠會找到逃避法律的方法，即使不讓他們使用傳統貨幣交易，他們也會用其他實體商品（諸如寶石、貴金屬、毒品等）、賣淫或是保護服務來進行交易。

21　事實上，只要具備連接功能就足夠了，因為設備往往會在連接後儲存傳輸的資訊。
22　拜維基解密之賜，人們終於知道美國情報單位可以透過聯網電視進行監視。

暗殺、恐攻、黑牢——情報機構策畫的祕密行動

> 不知敵之情者，不仁之至也。
>
> ——孫子

　　情報機構會直接或間接地，為了各種權力、政治或經濟目的而策畫、指揮和執行祕密行動。就如同馬倫切斯伯爵所說：「情報部門經常試圖從事道德敗壞、法律禁止的活動，而這也是這類機構成立的目的。他們為了執行任務而藉助於傀儡、劍客、刺客、小偷，如今甚至還僱用犯罪組織，諸如黑幫、土匪和皮條客。」

◆ 歐洲運動組織：美國暗中控制的政宣傀儡？

　　冷戰期間，為防止蘇聯向西歐國家擴張，中情局在1949～1959年向泛歐（pan-European）運動人士捐助相當於今日5,000萬美元的資金，以促進歐洲一體化。根據2000年解密的美國檔案，福特基金會（Ford Foundation）及洛克斐勒基金會（Rockefeller Foundation）提供的資金有部分流向成立於1948年、白宮用來形塑新歐洲的工具——促進歐洲聯合委員會（American Committee on United Europe, ACUE）。該委員會在當時負責金援推動歐洲聯邦主義（European federalism）的主要組織「歐洲運動」（European Movement），而其分支機構之一的「歐洲青年運動」（European Youth Campaign）則完全由白宮提供資金並負責運作。

　　華府把這些歐洲組織當成傀儡控制，稍有異議就威脅要解散他們，其指導原則就是：他們必須在歐洲民眾之間，推動某種特定的思維並消除異議，因此根本沒有商量的空間。

◆ 遭中情局暗殺上百次的卡斯楚

　　中情局企圖殺害古巴領導人卡斯楚（Fidel Castro，1965～2011年掌權）的多次行動，是中大型強權情報部門祕密行動的絕佳案例。古巴情報機構宣稱，美國

最少試圖暗殺卡斯楚638次，不過其中大多數行動甚至沒有完成規畫和準備階段，實際上大約只執行了100多次。這些暗殺行動絕大部分集中在卡斯楚執政的前二十年，也就是1959～1979年。專責研究政府情報活動、眾所周知的「丘奇委員會」（Church Committee）[23]1975年的一份報告指出：「有確切的證據顯示，在1960～1965年間，中情局參與至少八起暗殺古巴領導人的陰謀」。

　　除了專門針對卡斯楚個人的行動外，中情局也有針對古巴的計畫及其他祕密行動，單是獲得證實的就超過20起。1960年3月17日，總統艾森豪（Dwight David Eisenhower，任期1953～1961年）同意了對抗卡斯楚主義政權的地下行動計畫，此計畫預計藉由暗中軍事干預，以另一個美國更能夠接受的政權取代卡斯楚政權。不久之後，甘迺迪總統成立特設綜合小組，負責構思對抗卡斯楚的計畫，而該小組計畫了一系列名為「貓鼬作戰」（Operation Mongoose）的祕密行動。當時蘭斯代爾（Edward Lansdale）將軍身為武裝部隊特別行動負責人及國安局局長，負責協調國務院、國防部與中情局之間的合作。中情局內部也成立了一個祕密行動小組，稱為「W小組」，由威廉·哈維（William King Harvey）指揮。

　　為了說服國際社會卡斯楚會對西方和平構成威脅，美國籌畫了傷害自身利益的行動，甚至包括危及本國的恐怖襲擊，然後嫁禍給古巴政府。一支自二戰以來專門從事祕密情報行動的特種部隊，意圖替甘迺迪製造軍事入侵古巴的政治藉口，從而催生「諾斯伍德行動」（Operation Northwoods）。該行動計畫於1962年3月13日正式提交至特設綜合小組。

　　其中設想的行動包括：讓古巴傭兵身穿卡斯楚政權制服攻擊關達那摩（Guantanamo）美軍基地，並破壞、炸毀彈藥庫，造成美軍傷亡及財物損失；在古巴領海炸毀美軍軍艦；針對居住在美國邁阿密及華盛頓的流亡古巴人士進行恐怖攻擊；鼓動古巴周邊國家作證古巴有入侵的意圖；利用摧毀載人太空梭激起國際輿論；以可信的方法證明古巴戰鬥機意外擊落美國飛往牙買加、瓜地馬拉、巴拿馬或委內瑞拉的民航商用機。不過，最後諾斯伍德行動並未付諸實

23　正式名稱為「參議院情報特別委員會」（United States Senate Select Committee to Study Governmental Operations with Respect to Intelligence Activities）。

行。

美國至少還規畫了20起類似的祕密行動。除此之外，古巴還有消息指稱，華府甚至利用生物戰終結卡斯楚政權。在尼克森主政時期，中情局曾於1971年將帶有豬瘟的貨櫃運進古巴，迫使古巴撲殺50萬頭豬隻。1981年，美國再次使用登革病毒（Dengue virus）二型攻擊古巴，導致35萬人感染，185人死亡（其中101名為兒童）。在1980年代，他們使用一種叫做「藍霉」（blue mold; Peronospora tabacina Adam）的寄生菌打擊古巴的菸草種植產業，也運用一種不知名的真菌讓最好的甘蔗品種「巴貝多4362號」（Barbados 4362）收成銳減90%，另外還用了甘蔗薊馬蟲害（Trisanoptera）對付其他甘蔗種植園。

由某些特定國家所策畫的祕密恐怖主義活動，好比美國對抗古巴，正逐漸取代「個人恐怖份子」或像蓋達組織這類非國家武裝團體的傳統概念。時至今日，沒有國家的干預與推動，恐怖主義的概念是絕對站不住腳的。

◆ 英國「龐德」的戰後黑歷史

英國女王伊莉莎白二世（Isabel II）的情報員一定不會喜歡羅里·科馬克（Rory Cormac，英國國際關係學教授）在其著作《顛覆與否認：間諜、特種部隊與英國外交政策的祕密目標》（*Disrupt and Deny: Spies, Special Forces, and the Secret Pursuit of British Foreign Policy*，中文書名暫譯）中揭露的內容。在本書中，科馬克詳細說明了二戰後的70年間英國間諜（有時還有協力的特種部隊）如何干涉許多國家的內政。

在他揭露的眾多祕密行動中，最引人注意的是在東歐（阿爾巴尼亞與波士尼亞）、亞洲（阿富汗、沙烏地阿拉伯、伊朗、敘利亞、阿曼和葉門）以及非洲（埃及和剛果）執行的任務，內容涵蓋企圖發動政變（有些成功）、煽動革命、支持暴動者或「購買」領導者的支持率，以符合英國的利益。為了實現這些目標，英國政府毫不猶豫地大量使用假新聞（勾結、收買記者）或採取經濟手段消滅共產主義。當然，他們也會非常果決地剷除任何妨礙其計畫的人。

◆ ISIS崛起其實是美英的中東布局？

　　解密英國（Declassified UK）網站的創辦人馬克‧柯提斯（Mark Curtis）在其著作《祕密事務》（Secret Affairs，中文書名暫譯）中，提供了英美情報單位及其盟友（北約盟國或中東國家）執行祕密行動的驚人細節。自2011年以來，倫敦經常與美國及沙烏地阿拉伯合作，包括支援激進份子與聖戰主義者，以驅逐敘利亞總統阿塞德（Bashar al-Assad，2000年就任）政權。為此，他們鼓勵許多國家的穆斯林志願者加入，並且藉由第三地運送武器支援。

　　大約在2011年年底，英國軍情六處的祕密情報員偕同法國特種部隊，共同訓練敘利亞反抗軍的地面部隊，同時美國中情局也提供反抗軍通訊及情報設備。2012年11月，根據柯提斯的說法，華府在英國的協助下借道克羅埃西亞，向敘利亞自由軍（Free Syrian Army）大規模空運由沙烏地阿拉伯支付購買的武器，總計提供3,000噸前南斯拉夫時期的武器。這些武器以75架貨機，從札格雷布（Zagreb）的機場經約旦運送。據信還有更多武器經由其他國家運至敘利亞。

　　2013年4月，美國在英國的幫助下於敘利亞執行中情局的祕密行動，即訓練並武裝反對派團體。此行動名為「梧桐木」（Timber Sycamore），估計花費了十億美元。至該年年底，中東地區的幾個國家，特別是沙烏地阿拉伯和阿拉伯聯合大公國，皆與中情局合作武裝、訓練小規模的反叛軍，並將其安插在敘利亞境內。該行動持續至2017年，直到美國總統川普喊停為止。

　　根據柯提斯揭露的內容，伊斯蘭國（ISIS）被視為維繫西方在中東利益的戰略工具，至少在草創初期是如此。該組織可用作削弱阿塞德政權的力量，並阻止伊朗在中東地區擴張戰略勢力，因此某些大國毫不猶豫地鼓勵薩拉菲運動（Salafi movement）激進份子進入敘利亞。在這樣的前提下，華府起初十分樂見伊斯蘭國的崛起與擴張。根據遭洩漏的部分機密會談，當時的國務卿約翰‧凱瑞（John Kerry）曾建議白宮對伊斯蘭國的壯大持樂觀態度，因為這樣能對阿塞德施加壓力，逼迫他上談判桌。

　　然而，柯提斯更進一步證實其他國家在伊斯蘭國發展的過程中扮演了更重要的角色，如沙烏地阿拉伯、卡達與土耳其。就像他們對中東其他遜尼派

（Sunnites）激進團體提供幫助一樣，這些國家私下提供伊斯蘭國經濟與物流援助。據估計，沙烏地阿拉伯花費數十億美元，而卡達則至少花了30億美元；至於土耳其，該國的軍隊十分歡迎穆斯林志願者加入伊斯蘭國的行列，而且願意提供訓練並協助他們進入敘利亞。

此外，北約也提供來自利比亞軍火庫的武器及至少600名戰鬥人員給敘利亞自由軍，這些戰鬥人員曾接受美國、英國及法國特種部隊的訓練，用以對抗利比亞獨裁強人格達費。對於伊朗，歐巴馬政府（川普政府也做了一樣的事）則發布了幾項命令，授權相關機構在該國執行祕密行動，並透過美國國際開發總署（United States Agency for International Development, USAID）資助多個伊朗異議團體。

◆ 中情局在歐洲的祕密監獄

> 如果你想知道是誰在統治你，
> 只要找出那個你不能批評的人就是了。
>
> ——伏爾泰（Voltaire）

有時，大眾對某些重要新聞幾乎一無所知，那是因為當權者試圖減少其曝光率，人們自然不會在電視新聞和報紙頭版看到相關報導。每當新聞對那些所謂的大國有礙時，這種事情就會發生。不過，如果新聞涉及的是「他者」（the Other），也就是那些被系統性製造出來的敵人時，這些新聞就會一直重複，直到我們看得想吐為止。

中情局在歐洲領土上的祕密監獄就是一例。剛開始只是謠傳，中情局便試圖以各種方式噤聲，甚至在許多場合否認此事，但最後這件事卻被證實是真的。自詡民主的國家居然公然違反最基本的法律，歐洲人權法院（European Court of Human Rights）因而於2018年5月底，控告立陶宛和羅馬尼亞政府在2004年與2005年與美國中情局合作設立祕密監獄，且讓關押者遭受非人道的待遇。

歐洲人權法院確認這兩起案件都違反了《歐洲人權公約》（*European Convention on Human Rights, ECHR*）中禁止酷刑、尊重生命權、人身自由及安全、有效司法救濟與公平審判之權利。歐洲人權法院曾於2012年基於相同的理由，控告

馬其頓政府對黎巴嫩裔的德國公民施以酷刑，並於2014年控告波蘭政府（國際間普遍認為波蘭是中情局在歐洲祕密監獄的主要所在地）監禁、虐待與移轉關押者。

祕密監獄的歷史由來已久，自911事件後，美國總統小布希（George Walker Bush，任期2001～2009年）授權中情局建立、管理祕密監獄，用來拘留涉嫌恐怖活動的可疑人士，並以各種手段進行審問。此事最後在《華盛頓郵報》（The Washington Post）的報導揭露下，於2005年公諸於眾。

毫無疑問，打擊薩拉菲聖戰恐怖主義不是件容易的事，尤其是恐怖份子不尊重任何法律或道德規範。但即使如此，在對抗他們的過程中，我們也不能違反自己的原則和價值觀，否則我們將會讓這些恐怖份子更輕易達成他們的目標，亦即摧毀我們的生活方式，不再嚴守法律。不過，某些極強勢的情報機構似乎有不同的看法，認為只要是為了執行某些（他們自以為）近乎神聖的任務，自己就可以凌駕於任何規範之上。照理說，國家領導階層應該要能控制這些情報機構，對他們執行的每一項任務瞭若指掌，但實際上並非如此，尤其是政客們並不想知道這些祕密機構「骯髒」工作的細節。

蜜糖陷阱：間諜羅密歐與受騙茱麗葉

> 只要有間諜活動，就會有羅密歐，
> 他們會去勾引那些可以接觸到祕密、
> 又容易上當的茱麗葉。
> ——馬庫斯‧沃爾夫（Markus Wolf），摘錄自《隱面人》

在狡猾的間諜世界裡，使用浪漫和性誘惑是典型的手法。為了獲取機密資訊，情報機構大量僱用女性，人數與男性差不多，儘管兩者的工作方式通常大不相同。

一般來說，女性會透過所謂的「蜜糖陷阱」（honey trap）來抓住男人，也就是性。間諜機構使用極具吸引力，或是性愛技巧高超的年輕女子，讓數百名天真的男子掉進世界上最古老的圈套。不管他們是否受過反情報訓練，或是一再

被耳提面命也無濟於事。大家都知道，當某些原始本能發揮作用時，男人往往會失去理智。

相反地，女性通常會受到具備特定氣質的男性情報員引誘，墜入愛河。儘管其中確實有部分是極其俊美的年輕男子，但通常受過良好教育、極度有禮風趣，知道如何傾聽，看起來可靠、安靜與沉穩的男人，更容易受女性青睞。不過顯然，這類手法隨著時間推移也有所改變，尤其是社會日益進步，兩性關係愈來愈平等，情報機構也必須適應這樣的社會環境，先前男女之間的差異業已消失。

當然，這類間諜活動也包含不少同性戀引誘的案例，而且這種關係通常更容易獲取利益，因為為社會所不容，甚至受到法律迫害的關係，可以更有效地勒索被害人。

一旦建立了親密關係（無論是性愛還是情感），距離獲取資訊就只剩下幾個步驟了。最常見的情況是，間諜會自曝身分，並就此開始勒索被害人，威脅向他的配偶、上司、朋友，甚至是大眾，以錄音或影片的方式公開兩人關係。在今日，透過社群媒體和即時通訊服務，公諸於眾變得非常簡單、迅速且普遍。

另一種戰術是延長這段虛假的戀愛關係，一旦成為伴侶，對方的懷疑也會隨之降到最低，間諜便能以各種荒謬的理由要求被害人提供機密訊息，讓被害人在不知不覺間成為非自願的間諜。在這些荒謬理由中包含第三種手段，那就是透過虛假的團體來採取行動、欺騙這對情侶，讓他們相信自己所竊取的資訊將基於善意和高尚的理由，交到某國、某國際組織或非政府組織的手中。

這種做法不是沒有風險，因為，很顯然地，除了間諜本身會被伴侶或反情報機構發現外，如果受害人承受過多的壓力或是有特定心理病史，則可能會自殺，有時還會留下遺書，坦承自己被勒索。2006年就曾發生這樣的事件，當時日本駐上海領事館加密通訊部門的負責人被中國情報員勒索，透過威脅公布他性交的影片，要求他提供日本安全系統的資訊，最後該名負責人自殺身亡。

間諜選擇的對象有男有女，視情況而定，但無論男女，一般可以分為兩類：一種是對性有特殊癖好者，另一種是心理脆弱的人。心理脆弱的人，若不是因為缺乏社交技巧（孤單），就是因為正經歷與配偶分手或是配偶死亡等感情上的難關，或是認為自己的外表缺乏吸引力等，導致他們性格畏縮。

　　馬庫斯・沃爾夫（Markus Johanes Wolf）就是一位間諜界的傳奇人物，他大量使用男性情報員，以引誘可以獲取機密檔案的女性。沃爾夫於1953～1986年間擔任簡稱「史塔西」（Stasi）的東德國家安全部偵察總局（Main Directorate for Reconnaissance, HVA）局長[24]，而他更為人所知的名字是米夏・沃爾夫（Mischa Wolf）。他讓一大批稱為「間諜羅密歐」的男性情報員，與任職於西德或其他國際組織的祕書或助理建立情感關係，其中很多案例甚至還結了婚。

　　沃爾夫又被稱為「沒有臉孔的間諜」（the faceless spy），直到1979年，西方的情報機構都無法取得他的照片，就如同他在過世前幾年所寫的自傳《隱面人》（*Man Without a Face*，中文書名暫譯）。他在書中對這類間諜行動多有著墨，他的羅密歐們取得了非凡的成就，讓史塔西不僅可以得知西德總理艾德諾（Konrad Adenauer，任期1949～1963年）辦公室裡發生的事，也能從聯邦情報局負責蘇聯與東歐的部門獲取機密資訊，甚至是滲透進西德國防部或是破壞北約的安全。不過，就像沃爾夫在他的書中所說：「我覺得，東德情報單位獲致成功的方法，在本質上與西方情報機構的做法並無不同，使用間諜羅密歐也不是我們的專利。」

　　這種做法也非冷戰時期獨有，情報機關至今仍會使用這種手法，不過絕大多數行動不會在大眾面前曝光。2009年，據信有幾位台灣公務員被引誘到聲色場所，且遭中國情報員拍攝下來，目的是要他們替中國進行間諜活動，否則這些影片就會曝光。另一起案例發生在2013年，當時59歲的美國陸軍後備役軍官暨國防顧問畢夏普（Benjamin Bishop），在軍事研討會上結識一位27歲的中國女情報員（她以留學生的身分居留美國），並拜倒在她的石榴裙下，與她交往。這位軍官最終被控犯下間諜罪，因為他間接向北京政府洩漏許多軍事計畫及武器戰略，甚至包括核武在內的機密資訊。

　　不過，不是只有政府機構會使用這些手段。2016年為川普總統競選製作數位廣告的英國劍橋分析公司（Cambridge Analytica），即被第四頻道新聞台（Channel 4 News）錄下其員工聲稱可以使用「蜜糖陷阱」幫助候選人贏得選戰；

24　在東德境內大約有2萬名史塔西幹員，在國境外也約有4,000名。除此之外，據説有60萬名東德公民是史塔西的合作者或線人，等於每25位居民中，就有一位替史塔西工作。

而該公司的執行長尼克斯（Alexander Nix）[25]甚至還曾提議製造性醜聞抹黑政治對手，像是「在度假時，找一些烏克蘭女子作陪」。

威脅始終存在，就算是情報專家也比大眾想像得更容易掉入蜜糖陷阱。例如2017年4月，丹麥國防情報局（Danish Defence Intelligence Service, DDIS）警告該國前往波羅的海國家、執行北約組織任務的士兵，需謹慎以對可能出現的俄羅斯女情報員。

造謠、抹黑、帶風向——搭上網路便車的間諜戰2.0

> 雖然美國永遠不會承認，但大家都心知肚明，
> 2010年，是美國情報機構將震網（Stuxnet）病毒
> 植入伊朗的電腦系統[26]。
> ——奧利佛・史東，摘錄自《普丁專訪》

歷史上有大量的證據顯示，幾個世紀以來，許多國家、聯盟與各種組織皆發起了不勝枚舉的假消息和造謠行動。但日益普及的網路不僅為這些行動增添新的動力，更提高了強度，因為網路空間足以替間諜活動、資訊戰或心理戰（包括政治操作與抹黑）提供更多掩護及偽裝。

近年常有人說某些國家可能干預選舉，或介入其他態勢緊繃的政治活動，我們也經常耳聞或是看到一些評論，通常由所謂的權威人士或過於武斷的人所提出，指稱特定網路間諜行動或造謠行動出自哪裡、意圖為何。由於事情的真相不可能如此輕易揭露，我們不妨試想：為什麼這些人會用如此激烈的方式來控訴那些國家和組織？畢竟理性質疑，才是所有具備經驗、獨立且公正的分析師一貫抱持的態度。

---

25 編注：劍橋分析於2018年被踢爆非法蒐集、利用約8,700萬臉書用戶個資，尼克斯因此遭到停職，劍橋分析也停止營運。

26 編注：2010年，伊朗的核電廠電腦遭惡性蠕蟲病毒「震網」感染，導致離心機損壞。由於離心機與提煉濃縮鈾原料相關，因此國際間普遍認為這是為了遏止伊朗發展核武而發動的攻擊事件。2011年德國資安顧問Ralph Langner曾於演講中表示背後主使者可能為美國與以色列。

美國情報體系組織圖

國家情報總監*
(Director of National Intelligence, DNI)

國土安全部
情報與分析辦公室
(Office of Intelligence and Analysis, I&A)

國土安全部
(Department of Homeland Security, DHS)

海岸防衛隊
(U.S. Coast Guard, USCG)
情報處(Coast Guard Intelligence, CGI)

財政部
(Department of the Treasury)
恐怖主義暨金融情報辦公室(Office of Terrorism and Financial Intelligence, TFI)

國務院
(Department of State)
情報與研究局(Bureau of Intelligence and Research, INR)

國防情報局
(Defense Intelligence Agency, DIA)

國家地理空間情報局
(National Geospatial-Intelligence Agency, NGA)

國家偵察局
(National Reconnaissance Office, NRO)

國家安全局
(National Security Agency, NSA)

白宮**

國防部

國家反恐中心***
(National Counterterrorism Center, NCTC)

中央情報局
(Central Intelligence Agency, CIA)

聯邦調查局
國家安全分部
(FBI National Security Branch, NSB)

司法部
(Department of Justice)

緝毒署
(Drug Enforcement Administration, DEA)
國家安全情報辦公室
(Office of National Security Intelligence)

能源部
(Department of Energy)
情報與反情報辦公室
(Office of Intelligence and Counterintelligence, OICI)

海軍陸戰隊
情報辦公室
(Marine Corps Intelligence)

空軍情報、
監視和偵察局
(Air Force Intelligence, Surveillance and Reconnaissance Agency, AFISRA)

海軍情報局
(The Office of Naval Intelligence, ONI)

陸軍軍事情報兵團
(Military Intelligence Corps)

* 國家情報總監的正式任務是領導美國情報體系，並且將之化為「一股統一、合作且和諧的力量」。該機構也負責管理美國情報機構的總預算並確定優先事項，但對這些機構沒有指揮權。

** 總統及其幕僚團隊對美國情報機構負有最終責任。

***國家安全局轄下的部門。

◀美國在情報機構數量上排名第一，最少有16個情報機構（如果再加上國家反恐中心的話就是17個）。其中最重要、最為人所熟知、行動最密集，也擁有最多資源的，就屬中情局、國安局、聯邦調查局與國防情報局（DIA）、國家地理空間情報局（NGA）、國家偵察局（NRO）組成的「六巨頭」（Big Six）。值得注意的是，除了中情局與聯邦調查局以外，其他4個機構都隸屬於國防部。

究其激烈控訴的原因有很多。一方面，有可能是因為不了解最先進的網路科技發展，也就是說，儘管這些結論立意良善，背後卻缺乏與真正發動網路攻擊或蓄意散布網路謠言者同等級的技術支撐。在這之上，發話者可能也對最先進的情報機構認知不足，或對地緣政治陰謀關鍵一無所知。另一方面，這些發言可能牽涉到明確的利害關係，需考量發話者是否或多或少受到來往密切的外國情報單位影響。同時，我們也不能忽略發話者是否已從分析師轉變為行動參與者，因為此人可能在某種情況下，通常是出於個人因素，與受指控利用網路造謠的國家有所關聯。最後，還必須考慮到，這樣的聲明有可能只是出於害怕脫離既有的思維模式，或擔心自己成為唯一沒有去指控他人的人，抑或意識到敢於質疑大眾心理受到操控是常態，可能造成勞動市場或社會的嚴重紊亂。

唯一可以確定的是，在狂風暴雨的間諜活動領域中，確認假消息的製造者非常困難。在網路間諜活動裡更是如此，因為情報機構愈來愈常使用網路發動間諜戰，尤其是那些強權與科技先進的國家。

最好別相信那些只要稍有懷疑（在大部分情況下是蓄意操作），就毫不猶豫地認定某個國家或組織是特定行動幕後黑手的人。如果說間諜世界向來是謊言、欺騙、詭計、狡猾和背叛的溫床，那麼今日就更勝以往，因為科技讓製造謠言和假消息變得愈發容易。

解構大國的情報體系

在中國，對外情報、反情報及對內安全皆是由國家最高情報機構公安部負責，而上海市國家安全局是其中最重要的部門之一。據估計，中國公安部共有

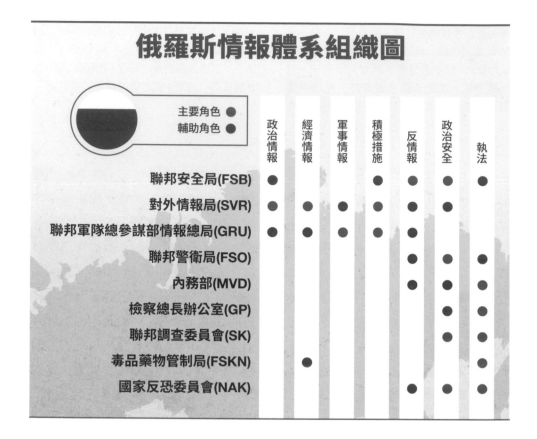

俄羅斯情報體系組織圖

主要角色 ●
輔助角色 ●

	政治情報	經濟情報	軍事情報	積極措施	反情報	政治安全	執法
聯邦安全局(FSB)	●			●	●	●	●
對外情報局(SVR)	●	●	●	●	●	●	
聯邦軍隊總參謀部情報總局(GRU)	●	●	●				
聯邦警衛局(FSO)						●	●
內務部(MVD)					●	●	●
檢察總長辦公室(GP)						●	●
聯邦調查委員會(SK)							●
毒品藥物管制局(FSKN)		●					
國家反恐委員會(NAK)					●	●	

▲美國長久以來的對手即是俄羅斯。在蘇聯解體後，國家安全委員會，也就是人們所熟知的KGB，被分為負責內部情報及反情報的聯邦安全局（FSB）與對外情報局（SVR），近年來後者的設備增加了一倍。除此之外，俄羅斯政府也持續營運著強大的對外軍事情報機構「格魯烏」聯邦軍隊總參謀部情報總局（Main Directorate of the General Staff of the Armed Forces, GRU）。和美國相似，莫斯科當局在特定領域也設有其他情報機構，例如：聯邦警衛局（Federal Protective Service, FSO）、內務部（Ministry of Internal Affairs, MVD）、檢察總長辦公室（Prosecutor's Office, GP）、聯邦調查委員會（The Investigative Committee, SK）、毒品藥物管制局（Federal Drug Control Service of the Russian Federation, FSKN）與國家反恐委員會（National Antiterrorism Committee, NAK）。

超過十萬名情報員遍布海內外。該情報機構的職能與其他情報機構大不相同，而且鮮為人知。

　　有趣的是，世界上最小的國家梵蒂岡卻擁有全世界最令人敬佩的情報機構，尤其是廣泛的人力資源網絡，但也是最不透明、最不為人知的情報體系。該情報機構與梵蒂岡完善的外交相結合，讓這個小國成為世界上消息最靈通的國家之一。

每分每秒活在監視之下

> 不要讓你的左手知道右手所做的。
> ——《馬太福音》第 6 章 3 節

　　《馬太福音》（*Gospel of Matthew*）第 6 章 1 ～ 4 節提醒我們，行善的時候，不要因為希望別人認可我們的慷慨而宣揚、吵鬧。神敦促我們努力保守祕密，就連我們的左手也不應該知道右手在做什麼。

　　如果聖馬太（St. Matthew）活在今日，他一定會建議現代人溝通也採用同樣的標準。如果我們希望能在網路、手機、社群媒體和即時通訊上保留隱私，那麼光是謹慎還遠遠不夠。我們必須充分體認到，在許多情況下，儘管周遭無人而看似很安全，但永遠有人可以攔截我們的通訊。雖然這不意味蒐集這些資訊的人會馬上以此來對付我們，但很可能在遙遠的未來找上門。就算窩在家裡我們也要謹慎以對，而且這樣做一點也不誇張。事實上，我們必須假設自己無時無刻不被他人記錄下來，唯有抱持這種滴水不漏的態度，才能防止遭受不測。

　　間諜活動無所不在，而且愈來愈多人牽涉其中。根據史諾登的說法，光是美國國安局就能攔截超過 10 億人的通訊，其中自然也包括經由手機的通訊。當一個案件出現在媒體上時，新聞本身並非間諜活動的重點，而是要帶動大眾輿論。我們看不見，也感覺不到監視，但它就在那裡，影響我們所有人。

第五章

自然資源
大國權力之爭的本錢

他們到了。他們有《聖經》，我們有土地。他們告訴我們：「閉上眼睛祈禱。」
當我們睜開眼睛時，他們擁有了土地，我們有了《聖經》。

——戴斯蒙·屠圖（Desmond Tutu），
聖公會開普敦教區榮休大主教，1984 年獲頒諾貝爾和平獎

世界列強爭霸就如同下西洋棋，各國以世界為棋盤，己方的棋子必須占據某些特定的位置，才能贏得最後勝利。在這場全球競賽中，其中一枚重要的棋子就是自然資源，從居民生存不可或缺的資源，到工業製程必要的資源，不一而足。因此，盡可能控制這些資源便成為備戰的首要因素，不過有時國家會用其他說詞，掩飾其對自然資源的控制。

資源競爭牽涉的範圍可大可小，可能是本地、區域或者全球。美蘇冷戰在某種程度上，就是一場搶奪對手資源的競爭。資源競爭爭奪的不僅是人類賴以維生的飲用水、糧食與耕地，也爭奪對能源的控制，尤其是碳氫化合物（石油及天然氣）或戰略性礦產。

關乎存亡的自然資源爭奪戰

> 工業化國家掌控了地球上不可再生的資源，
> 才得以像今日一樣為所欲為。
> 否則他們就得創造出一種影響機制，
> 以確保達成他們的目標。
>
> ——季辛吉

直到不久之前，控制領土即意味著直接控制資源與人口，並藉此獲得經濟與政治權力的基礎，因為資源與人口支持著最基本的生產系統，甚至是第一次工業革命時期的生產系統也有賴領土。但隨著科技進步，對勞動力的需求便逐漸減少；相反地，對包括能源在內的自然資源需求卻大幅增加。

對於某些嚴重缺乏自然資源的國家來說，此一問題導致其生存岌岌可危。麥可・柯菲（Michael Coffey）在《聲名狼藉的日子》（*Days of Infamy: Military Blunders of the 20th Century*）中指出，希特勒決定入侵蘇聯的主要原因之一，便是要占領富含石油的土地及廣闊的糧食生產平原，好為他的戰爭機器和士兵提供燃料。同樣地，納粹德國的戰略家不僅努力將所有講德語的人聚集在單一政體下，也致力於控制烏克蘭和其他斯拉夫領土的「糧倉」。

　　日本是另一個典型案例。由於缺乏各種自然資源，再加上人口過剩，龐大壓力迫使日本領導人先是占領中國及韓國，隨後又投入二戰。日本本土生產的糧食不足以餵養全國6,000萬人口，在工業原料上亦無法自給自足，導致首相東條英機決定控制鄰近領土的資源，並且摧毀任何不服從的國家，不惜訴諸戰爭。因此，日本在太平洋戰線的戰略是擊垮所有阻礙者，占領可以養活日本人民、支撐日本工業的地區。

　　1939年，東京政府將目光投向馬來西亞，因為全球38%的橡膠及58%的錫皆來自馬國，日本將之視為帝國計畫的基石。但這麼做意味著要與倫敦當局對抗，畢竟英國也認為馬來西亞是其地緣政治的重要關鍵。另一方面，美國也被日本視為威脅，因為美國既掌控菲律賓，又與當時的中國總統蔣介石關係密切；此外，美國也很可能為了保護其他西方國家的利益而採取行動。

　　美國的戰略家很快就發現日本在能源、糧食和其他原物料方面的貧乏，因此總統羅斯福（Franklin D. Roosevelt，任期1933～1945年）在日本襲擊珍珠港、正式對美國宣戰之前，就已經透過凍結日本人在美國的資金及信貸，以及禁止向日本出口飛機的碳氫燃料、工具和零件等方式，向東京政府展開經濟戰。

　　當時美國預測，到了1950年，日本如果無法取得馬來西亞和印尼的橡膠、錫與石油，並從緬甸和泰國進口稻米，東京就會投降。資源短缺的情況無疑會持續升溫，因為日本是個海洋工業強權，其生存幾乎全部仰賴進口原物料。

　　維基解密提供的資訊揭示了某些資源的重要性，顯示出美國最感興趣的領域除了戰略性礦產（諸如鈾、鎳、錫、鈀、錳、鍺、石墨、鈷、鋁土礦、鉻鐵礦、鉭、稀土等），就是碳氫化合物供應商、輸油管與輸氣管。西方強權在非洲大陸也是如此，尤其是歐盟中的法國將眼光投向撒赫爾（Sahel）地區，就是因為該地區富含鈾礦、天然氣與石油。

喝一口水的代價

我們忘記了水循環和生命週期是一體的。
　　　　　　　　——雅克—伊夫·庫斯托[1]

　　水是生物存活不可或缺的要素。儘管水占據地球表面約71%的面積，但其中有96.5%卻是無法直接飲用、也無法灌溉的鹹水，而剩下的3.5%淡水中又有絕大部分（67%）是冰凍的，因此可立即使用的水量極小，且分布不均。再加上世界人口不斷增加，用水（包含飲用水和所謂的「虛擬水」〔virtual water〕，也就是生產商品所需的水）需求日益提升，讓這項液態資源的爭奪戰一觸即發。別忘了，世界上有將近9億人口無法直接取得飲用水。

　　儘管科技的確有助於彌補水資源的不足，在缺乏淡水的地方，可以將海水淡化或使用機器從環境的溼氣中抽取水分，不過這類技術的能源成本過高，無法大量生產，未開發國家甚至負擔不起。水的重要性顯而易見，並且隨著全球暖化加劇而更顯重要。一些主要的跨國公司和風險投資集團也看到了這一點，因而積極投入這項「藍金」產業。

備受覬覦與剝削的非洲大陸

　　世界各地都不乏集貧窮、低度發展和豐富自然資源於一身的地區，但沒有任何一處像非洲那麼突出又血流不斷。這種情況導致非洲大陸有許多「失敗國家」（failed state）[2]，這些國家皆長期處於衝突、嚴重腐敗與經常性的暴力戰爭之中。

1　譯注：雅克—伊夫·庫斯托（Jacques-Yves Cousteau，1910～1997年），法國知名探險家。
2　編注：意指政府失能，無法滿足主權政府應有的基本條件，也無法履行應承擔的責任，例如在政治面、經濟面、社會面給予人民保障。

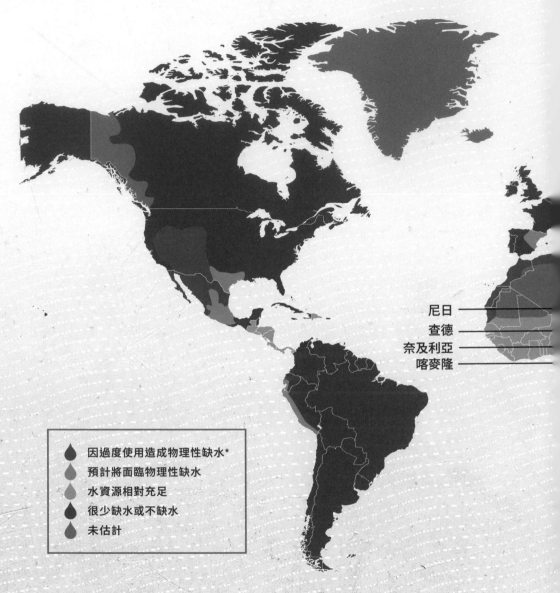

尼日 ————

查德 ————

奈及利亞 ————

喀麥隆 ————

● 因過度使用造成物理性缺水*

● 預計將面臨物理性缺水

● 水資源相對充足

● 很少缺水或不缺水

● 未估計

▶在中亞，吉爾吉斯和塔吉克的水資源儲量都在合理的範圍內，但烏茲別克、土庫曼和哈薩克的情況則相對棘手。哈薩克有40%的水資源來自境外，而烏茲別克和土庫曼的境外引水比例更是分別高達77%與90%。自1990年代起，吉爾吉斯和塔吉克便計畫在流入烏茲別克的河流上修建數個水力發電廠，此舉引發烏茲別克的關注，甚至於2016年在邊境部署軍隊。

另一場潛在衝突則可能發生在埃及、蘇丹及衣索比亞之間，主因是衣索比亞為了增加水電供應量、促進國內發展而興建的水壩。這座名為「衣索比亞復興大壩」（Grand Ethiopian Renaissance Dam）❶的水壩蓋在靠近蘇丹邊界的藍尼羅河上，發電量預期可達6,000千瓩（MW），為非洲之最。然而這座水壩卻會使得流向埃及的水量減少，而埃及迫切需要賴以為生的水。

水荒將至？ 2025年可用水不均預測

哈薩克

土庫曼

埃及

蘇丹

烏茲別克

塔吉克

吉爾吉斯

衣索比亞

*編注：物理性缺水(physical water scarcity)意指缺乏可供使用的水資源，不論是人類過度消耗所導致，或是出於氣候等自然因素。相對的則是經濟性缺水(economic water scarcity)，意指缺乏足夠的技術或是基礎設施從河川或含水層等取水使用。

上述水資源糾紛並非單一事件，有鑑於全球淡水分配不均，估計2050年將會有超過1.5億人因為經常性洪水及毀滅性乾旱而成為環境難民。在此之上，還得加上可預期的海平面上升問題。

如今世界上已有某些地區的居民基於上述原因而踏上遷徙之路。例如中非查德湖（Lake Chad）的生態系統退化，影響範圍遍及查德、喀麥隆、尼日與奈及利亞，導致超過900萬人需要人道援助。其中500萬人死於饑荒，流離失所者則超過200萬人，更使得社會的緊張情勢加劇。

❶ 編注：衣索比亞復興大壩於2020年7月開始蓄水，2022年2月20日啟動第一階段發電，然而至今埃及、蘇丹與衣索比亞對於水壩可能造成的影響及運作管理方式仍未能達成共識。

非洲自然資源藏寶圖

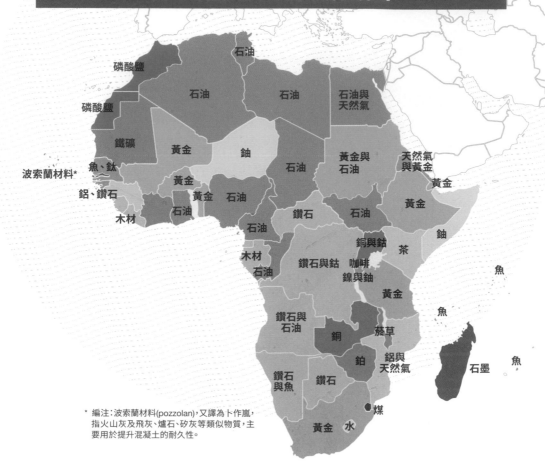

石油
磷酸鹽
石油
石油
石油與
天然氣
磷酸鹽
鐵礦
黃金
鈾
黃金與
石油
天然氣
與黃金
波索蘭材料*
魚、鈦
黃金
石油
黃金
鋁、鑽石
黃金
黃金
石油
石油
木材
石油
鈾
石油
鑽石
石油
鈾
魚
木材
銅與鈾
茶
石油
鑽石與鈷
咖啡
鎳與鈾
黃金
魚
鑽石與
石油
黃金
銅
菸草
魚
鑽石與魚
鑽石
鋁與
天然氣
鉑
石墨
魚
煤
黃金　水

* 編注：波索蘭材料(pozzolan)，又譯為卜作嵐，指火山灰及飛灰、爐石、矽灰等類似物質，主要用於提升混凝土的耐久性。

▲非洲擁有像是鈾和鉑這類的戰略基礎礦物，也擁有幾乎等同於全球儲量的鉻、占半數的鈷和錳、總量 1/5 的鈦。此外，非洲還蘊藏大量的銅、鋁土礦、鈳鉭鐵礦（Coltan，用於微電子、電信和航太工業的戰略型礦物，具有儲存能量和調節電壓的特殊功能）、鍺、鐳、錫石（同樣也能應用在電信和飛機系統中，因而具有高度戰略意義）、錫、鋅和其他稀有礦物，如銪、鈮和釷等。不僅如此，非洲大陸不論是陸地或是鄰近水域皆儲有大量的黃金、鑽石、石油和天然氣。

21世紀非洲大陸上的新殖民主義

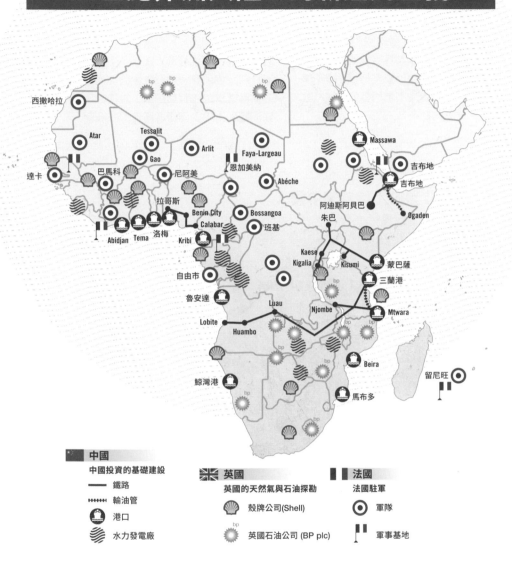

中國
中國投資的基礎建設
— 鐵路
+++++ 輸油管
港口
水力發電廠

英國
英國的天然氣與石油探勘
殼牌公司(Shell)
bp 英國石油公司 (BP plc)

法國
法國駐軍
軍隊
軍事基地

▲來自世界各主要國家的跨國公司紛紛來到非洲相互競爭,有些則達成協議。其中美國、加拿大、英國、澳洲和法國搶占了先機,中國、印度和巴西等其他國家隨後也加入此一行列。許多西方國家的公司由於殖民時期積累下來的影響力,對非洲領土仍握有巨大的控制權❶。

❶ 更多資訊可參考拙文〈非洲:天然資源、戰爭與貪腐〉(*Africa: Recursos Naturales, Guerras y Corrupción*),發表於2009年4月,以「辯論中的非洲」(*África a debate*)為題的第十六屆國際防衛課程中。全文請見QR code。

▶非洲對中國而言是塊不可多得的寶地，只可惜必須與其他追求同樣目標的強大對手競爭，例如英美國家，甚至法國也在競爭之列。不過中國的外交談判具有一個優勢，那就是能向合作夥伴保證不會支持聯合國安理會任何可能對該國造成不利影響的決議，以阻止國際干涉其內政。

另一方面，北京政府也透過直接修建道路、橋梁、水壩、學校、醫院和大學等基礎設施，為非洲國家的發展提供各種援助，並且投資改善非洲經濟。此外，中國還提供軍事器材，協助非洲友邦在中國境內接受民間及軍事機構的教育與訓練，以換取積極參與非洲國內市場與獲得各種資源的機會。

◆ 中國：用非洲的土地餵飽中國人

近年最引人注目的案例是中國。為了維持工業生產率，中國必須向外獲取能源、金屬和戰略性礦產，然而更迫切的問題是亟需餵飽國內人口的糧食。此外，中國有大規模的內遷人口湧向過度擁擠的城市，估計2020年將會有10億中國人居住在大城市區域[3]，生活水準將隨之提高，並從水和食物開始帶動各種商品的消費量。但是，這個人口占世界20%以上的亞洲國家只擁有全球7%的可耕地，其中還有很大一部分受到乾旱和荒漠化的威脅，促使中國政府必須透過各種可能管道取得糧食資源。更有甚者，據估計，中國的水資源僅占全世界的8%，其中還有很大一部分受到汙染。

從這些數據不難看出北京政府為何在非洲積極儲備糧食資源，或大膽向拉丁美洲推進，更不用說對蒙古那片肥沃草原念念不忘了。

◆ 英國：以援助名義搶奪戰略資源

在過去的十數年間，透過「雙贏」的手法，中國在非洲迅速擴大影響力引起世界各國廣大的關注。不過，與此同時，英國也利用殖民時期累積的影響力確保英國企業在非洲的營利增長。英國每年以發展援助的名義，向非洲國家提供約1億3,400萬美元的貸款、直接投資及捐贈，並以租稅減免和所謂的「適

3　編注：根據中國國家統計局2022年的資料，截至2021年底，城鎮常住人口數共9億1,425萬人，占全國人口的64.7%。

大口吞噬非洲的中國龍

阿爾及利亞

利比亞

埃及

蘇丹

幾內亞

奈及利亞

南蘇丹

中國和
幾內亞簽署
鋁土礦的
礦業合約

赤道幾內亞

剛果共和國

安哥拉

尚比亞

南非

接受中國直接投資的主要國家

中國主要的貿易夥伴

中國主要的石油供應國

應氣候變遷成本」為由，鼓勵且幫助英國企業每年從非洲的原物料開採中賺取
1億9,200萬美元。

倫敦政府利用其權力及影響力，確保英國企業能控制非洲大部分的主要戰
略資源，特別是黃金、鉑、鑽石、銅、石油、天然氣和煤炭。約有100家在英
國證券交易所上市的公司（其中大多是英國公司）與撒哈拉以南的大多數非洲國
家有業務往來。〈新殖民主義：英國對非洲能源和礦產資源的爭奪〉[4]這份報
告即證明了這一點，指出英國大企業在政府的支持下，發動一場獲取非洲原物
料控制權的新戰爭。該報告也指稱，英國的礦業公司對非洲國家環境劣化、礦
脈或鄰近區域枯竭、強迫或不當搬遷、違反勞工權益與其他偏激行為，應負起
全部的責任。

◆ 法國：後院起火引發經濟危機

法國的當務之急是維持自身在非洲的政治、經濟與文化影響力，而在這些
方面，法國的手腕顯然不如英美國家。況且，巴黎政府的外交政策是持續無條
件地支持本國企業，不放任掌控在非洲的重要跨國企業衰退，尤其是歐盟與美
國展開貿易戰後，法國極有可能面對新一輪的經濟不景氣（或許會比2008年的衰
退景況更加嚴峻），迫使巴黎政府不得不保護且鞏固任何可能取得的經濟資源。
法國非常清楚，美國與英國為了獲取非洲的戰略與基礎資源，一定得要終結或
至少降低法國對非洲的控制。這一切都導致法國當局採取相應措施，又進一步
激化了上述的歐美經濟戰。

4　Mark Curtis. *The New Colonialism: Britain's scramble for Africa's energy and mineral resources*. War on Want. July 2016.

從西藏、南海到烏克蘭，中國昭然若揭的野心

　　西藏對中國而言是不能割捨的一部分，除了關乎民族主義與國際聲望外，更因為中國40%的資源都藏在這個特殊區域。海拔4,000公尺的青藏高原占據中國25%的面積，蘊含各種幾乎取之不盡、用之不竭的資源，不僅有超過90種礦物，還有地熱及太陽能（西藏是中國太陽輻射最強烈的地方）。不過，西藏最令中國政府嚮往的資源是水，該地區擁有超過20條河流、1,500座純淨湖泊（其中47處面積超過100平方公里）和冰川，以液態或冰凍的形式，蓄積了中國30%的可用水。

　　中國其他地區與西藏大相逕庭，正遭受急速的沙漠化侵襲，讓北京政府感受到戈壁沙漠挺進的無情威脅。此外，中國有1/4的人口無法直接獲得飲用水，有一半人口的飲水則受到極大的限制，且由於工業化與都市發展，國內消費激增。因此，任何西藏企圖獨立的舉動都會導致公開衝突。北京當局無法放棄這片區域，西藏不僅僅是其廣闊領土重要的一部分，對國家的存續而言更是不可或缺、不能割捨的必要區域。

　　除此以外，還必須考量青藏高原的地緣戰略重要性，因為青藏高原蘊含全亞洲30%的淡水，而且還是供應全球50%人口用水的河川發源地，像是恆河、印度河、長江、雅魯藏布江、湄公河、怒江（薩爾溫江）和伊洛瓦底江。只要掌握這個區域，面對巴基斯坦、印度、孟加拉、緬甸、不丹、尼泊爾、柬埔寨、寮國、越南和泰國，就能占據優勢地位。這也是為什麼北京政府蓋水壩蓄水和讓河流改道流向中國大城市的計畫會引起鄰國高度警戒。

　　新疆維吾爾自治區，亦即維吾爾人稱作「維吾爾斯坦」的東突厥斯坦，也是如此[5]。對北京政府而言，這片領土具有重要的地緣政治意義。幾個世紀以來，此處一直是中國抵禦俄羅斯帝國或英國入侵的戰略緩衝區，更遑論其擁有數量驚人、未經開採的自然資源。這片區域已探勘的煤炭儲量即占中國總儲量的40%，另外還有黃金、鈾、銅、鉛、鋅和鎢，不過最珍貴的資源是石油和數

5　維吾爾族主要由穆斯林組成，有自己的語言，不過在東突厥斯坦屬於少數民族。在中國「西部大開發」的口號下，多年來，政府一直鼓勵中國其他地區的漢人至該區屯墾。維吾爾人不被允許加入共產黨，所以無法擔任任何官職。在首都等其他城市，若是維吾爾人密集聚居在同一街區，當局便會無預警地下令拆除。

百萬立方公尺的天然氣。同樣值得一提的還有風力，新疆設有中國最大的風力發電站，且來自中亞（明確地說是土庫曼）的輸氣管與輸油管入口也位於這裡，而此處更是中國新絲綢之路的必經之地與中巴經濟走廊的出入口。

另一方面，中國將南海視為自己的私人湖泊，是獲取各種資源（碳氫化合物、魚類和礦產）的寶庫，也是人口擴張的潛在區域。但這片海域並不是唯一一塊可以移民的區域，同樣的情況也發生在實際上無人居住的俄羅斯東部，那裡富含資源與水源，且由於全球暖化引發融冰，使得該地區變得愈來愈有吸引力；反觀中國的農村，最終則可能因為氣候變遷而化為荒漠。北京政府甚至準備好相應的科技與破冰船，要將觸角伸向北極地區。

中國還有一個鮮為人知的企圖是占領世界上最肥沃且生產力最高的烏克蘭土地[6]。烏克蘭素以巨大的糧食生產力聞名，因而有「歐洲糧倉」之稱，而該國也生產糖，並大規模種植可作為生質燃料的油菜。

2012年，中國政府透過中國進出口銀行（The Export-Import Bank of China）向基輔當局提供24億歐元的貸款，以促進烏克蘭農業發展。關鍵是，中國要求以穀物而非外匯還款。北京政府知道，烏克蘭不僅只是世界第三大玉米出口國和第六大小麥出口國，隨著最新技術的應用，烏國還能發揮更大的農業潛力。一年後，烏克蘭當局廢除禁止外國人獲取與租用土地的規定，並將300萬頃的可耕地以21億歐元的價格租給一家中國國營企業，租期50年。這片土地占據烏克蘭所有肥沃土地的10%，對中國政府而言不啻是個里程碑，因為世界上沒有一個國家具備如此高品質的土地。2013年年底，在這個歐洲國家爆發衝突之際，聶伯城（Dnipro）區域已有大約10萬公頃的土地在生產糧食了[7]。

6　烏克蘭土地屬於「黑鈣土」，這是一種富含腐植質、鉀和磷等化合物的土壤。由於黑鈣土是天然產物，不需要化肥，收益極高，因此被視為地球上最肥沃的土壤。自古以來，黑鈣土的價值便眾所周知。二戰期間，德國人以數千輛貨車滿載這些土壤運往德國。據估計，世界上至少有1/3的黑鈣土位於烏克蘭。

7　更多相關資訊，可參考拙作〈中國對脆弱的烏克蘭銀行不懷好意〉（*China, la quinta pata en el inestable banco ucraniano*），發表於2015年1月6日，西班牙國家級智庫「戰略研究中心」網頁。全文請見QR code。

征服凍土：全球暖化開闢的新戰場

> 地球最大的問題，就是它很脆弱。
>
> ——約翰·甘迺迪

◆ 凍原變資源，俄羅斯將是最大贏家？

　　氣候變遷與科技進步使得兩極地區在地緣政治領域成為許多國家垂涎的美味糕點，特別是北極地區。北極地區的面積約為2,000萬平方公里，包括北極海和格陵蘭島、歐亞大陸和北美的一系列陸地。北極地區總共涵蓋八個國家，加拿大、俄羅斯是該區域的大國，另外還有丹麥（格陵蘭屬該國管轄）、挪威、瑞典、芬蘭、冰島和美國。美國因為擁有阿拉斯加州，對格陵蘭有極大的影響力。在這些極地國家中，有五個國家之間存在領土主權爭議，亦即美國、俄羅斯、加拿大、丹麥與挪威。

　　全球暖化導致融冰，為人類提供了獲取各種自然資源的機會。據統計，北極地區蘊藏著大量能源。美國地質調查局（United States Geological Survey, USGS）估計，北極地區所蘊含的未開採天然氣與石油分別占全球儲藏量的30%與13%，另有金、鉑、鑽石、鋁土礦、煤炭、銅、錳、鉬、鎳、鉛、鋅等礦物，還有具重要商業價值的海生與陸生動物。

　　儘管北極地區陸地的邊界劃分十分明確，但水域並非如此。根據《聯合國海洋法公約》（United Nations Convention on the Law of the Sea, UNCLOS），離海岸200海里的海底和底土自然資源屬於接壤國。除此之外，還可以申請將經濟海域範圍延長至350海里，前提是該國能證明延長區域是大陸棚的一部分。由於規定如此，有關專屬經濟海域的劃定與領海擴張的爭議便經常發生。

　　俄羅斯控制著歐亞大陸近1/3的北極領土。2017年3月31日，俄國總統普丁在北極地區國際論壇中，提出一項結合公私營部門、強而有力的新經濟計畫。俄羅斯的北極地區戰略奠基於兩個決定性的優勢：北方海路的發展，以及在專屬環境中自然資源的開發。

　　2018年年初，北京公布《中國北極政策》白皮書。根據該報告，中國政府鼓勵國內企業建造基礎設施與進行商業試航，以開闢未來穿越北極的航運路

北極新航道

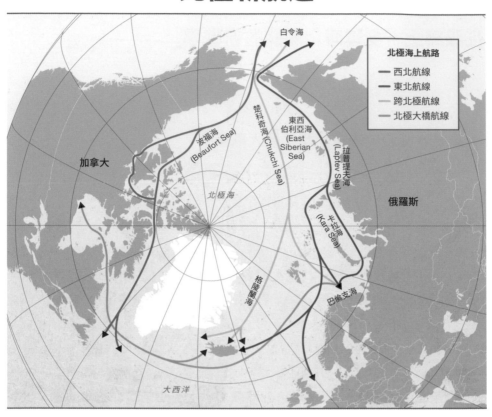

北極海上航路
- ── 西北航線
- ── 東北航線
- ── 跨北極航線
- ── 北極大橋航線

白令海

波福海 (Beaufort Sea)

楚科奇海 (Chukchi Sea)

東西伯利亞海 (East Siberian Sea)

拉普提夫海 (Laptev Sea)

卡拉海 (Kara Sea)

加拿大

北極海

俄羅斯

格陵蘭海

巴倫支海

大西洋

▲除了自然資源外，新的海上航道也讓各國對北極更感興趣。在新的航道中，歐亞之間最短距離的主要航道是西北航線（Northwest Passage）與東北航線（Northeast Passage）。前者沿著北美北方海岸，連接大西洋和太平洋。然而這條航線存在利益衝突，因為途中會經過位於加拿大群島的海峽，而加國認為這些海峽是本國的內陸水域，便以此制定了過境條件。相對地，美國和歐洲則認為這些海峽應該開放國際自由航行。而後者即東北航線（或稱北海航線〔Northern Sea Route〕），同樣連接大西洋與太平洋，途經俄羅斯北部海岸。相較於其他遭受海盜和恐怖主義威脅，或是途經某些不穩定地區的航路，東北航線原則上成本更加低廉、快速又安全。

2018年8月底，第一艘經由東北航線穿越北極的貨輪，從夫拉迪沃斯托克（Vladivostok）❶啟航。該船隸屬於丹麥的航運公司快桅（Maersk Line，又譯馬士基），船上裝有3,600個貨櫃，抵達聖彼德堡（San Petersburg）的時間，比穿越蘇伊士運河的航線還要快14天。這艘名為「Venta Maersk」的丹麥籍貨輪，是專門為在冰凍的水域航行所設計。這次航行意義重大，不僅是船隻大規模穿越北極的開端，也意味著掌握這兩條航道的國家，便握有極大的地緣政治影響力。

---

❶ 譯注：原名海參崴，1860年中國將其割讓給俄羅斯帝國後便改為現名。

線。由於中國商船目前使用的航線比北極航線要長得多，據官方預測，這項新的舉措將會提供北京政府一條更快通往眾多港口的海上航線。該報告指出，新航線可以將目前從中國經蘇伊士運河到達鹿特丹所需的天數從48天縮短成20天，且所有國家都有權使用該航線。北京政府同時呼籲制定環境保護政策，以重視中國與「北極地區國家」的「共同利益」為前提尋求合作。

以戰略角度來看，「GIUK缺口」（GIUK gap）的重要性日益增加。GIUK一詞取自格陵蘭（Greenland）、冰島（Iceland）及英國（UK）的英文名稱縮寫，這片北大西洋區域是兩次世界大戰及冷戰期間敵對海軍的交戰地點，其中又以後者更為人所知。也許正是因為該地點具備新的戰略價值，五角大廈才會決定於2018年7月1日重新啟動一度在2011年解除編制的第二艦隊（Second Fleet），讓該艦隊負責北大西洋的行動。而北約作為美國遂行軍事力量計畫的工具，也針對同一地區規畫、啟動一個新的聯合協同部隊司令部（Joint-Combined Forces Command）。此一舉措的目標，無論是現在還是不久的將來，無疑都是俄羅斯。

◆ 南極洲，征服太空的前哨站

南極洲這塊冰凍大陸周長2萬3,000公里，一年中大部分的時間都可以經由南極半島進入。其面積約為1,400萬平方公里，擁有地球上最大的水資源儲備，但由於受最厚可達3,000公尺的冰層覆蓋，蘊含的自然資源尚未完全探勘。其中最可能發現碳氫化合物的地點是威德爾海（Weddell Sea）、阿曼森海（Amundsen Sea）、柏令豪森海（Bellingshausen Sea）、羅斯海（Ross Sea）的大陸棚，以及阿梅里冰棚（Amery Ice Shelf）；其他地區也可能蘊藏碳氫化合物，尤其是南極洲西部，例如又稱為納姆庫拉（Namuncurá）的博爾伍德灘（Burdwood Bank）。該地擁有高價值的漁業資源，儘管天氣條件惡劣，但仍有大量動物在該區生存。至於礦藏資源，目前已在南極半島發現鉬、銅、鉛、鋅、銀、鐵、鉻、鎳和鈷等礦物，並且在深海和鄰近大陸的水域探測到多種金屬與碳氫化合物礦床。

▶智利、阿根廷、英國、澳洲、紐西蘭、法國和挪威都提出劃分南極洲的要求。拉森冰棚（Larsen Ice Shelf）恰好位於阿根廷、智利與英國聲索（聲明主權）的區域內，而且距離大火地島（Isla Grande de Tierra del Fuego）與麥哲倫海峽（Strait of Magellan）最近，具有重要的地緣戰略意義。南極洲的地緣政治衝突才剛剛開始，未來將會愈發激烈。

　　另一項重要的資訊與南極洲內的溫帶微氣候（microclimate）[8]有關。例如在南極洲內陸有個長年的反氣旋（anticyclone）區，溼度很低，因而無法結冰。1938～1939年，納粹德國的南極探險隊「新士瓦本」（New Swabia）發現了該區域，那是一片長25公里、寬3公里的綠洲，稱為施爾馬赫綠洲（Schirmacher Oasis）。美國上將拜爾德（Richard Byrd）在南極洲進行軍事作戰部署「跳高行動」（Operation Highjump）[9]計畫時也有所發現，證實了德國人的情報。他們找到一塊面積約達500平方公里的無雪之地，有一連串的溫帶湖泊，溫度約是攝氏4度[10]。美國人同時也證實了艾里伯斯峰（Mount Erebus）的存在，這座地球上最南端的活火山位於羅斯島（Ross Island），海拔3,974公尺，是現存為數不多的永久性熔岩湖（lava lake）之一，可作為地熱的重要來源。

　　此外，目前已知有一條路徑可以從地球抵達月球，再前往蘊含液態水的火星，而南極洲便是邁向外太空的最佳前哨站。因為南極有約海拔3,000公尺高的地形，其氣溫可以低至攝氏-88度，使得大氣層厚度變薄，以至於對流層範圍只剩下約7.5公里。這些優勢再加上極地特有的低轉速，致使地球上任何地方的大氣都比不上南極，可以在移動時不受額外的離心膨脹效應影響。

　　目前，包括南極洲整個內陸在內，南緯70度線以南的衛星圖像都是機密，表示該地具有很高的戰略價值。在南極洲內陸有三個國際知名的基地，包括由美國開設的阿蒙森—史考特南極站（Amundsen–Scott South Pole Station）、俄羅斯的東方站（Vostok Station），以及法國和義大利聯合開設的康宏站（Concordia Station），其餘基地則位於南極半島附近的沿海區域。

8　編注：意指在某個小範圍內的氣候與周遭的氣候不同。
9　該計畫的官方名稱為「美國海軍南極發展計畫，1946～1947年」（The United States Navy Antarctic Developments Program, 1946-47）。
10　這片無冰高原是座真正的綠洲，有100多座淡水湖。目前設有印度的基地麥特理站（Maitri），以及俄羅斯的新拉扎列夫站（Novolázarevskaya）。

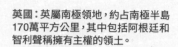

南極洲的領土主權紛爭

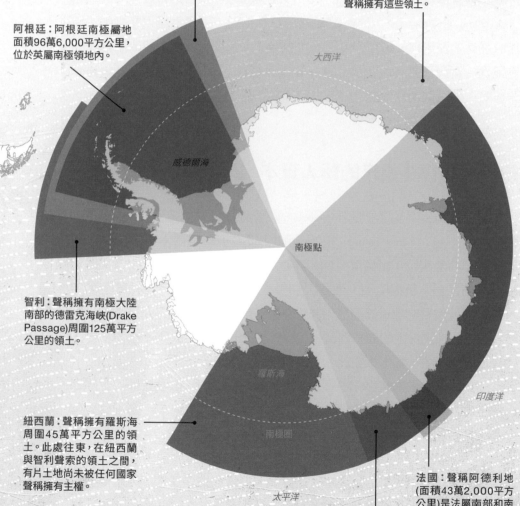

英國：英屬南極領地，約占南極半島170萬平方公里，其中包括阿根廷和智利聲稱擁有主權的領土。

挪威：聲稱擁有毛德皇后地(Queen Maud Land)、科茲地(Coats Land)、南極大陸上的數片領土與彼得一世島(Peter I Island)。這些領地約為250萬平方公里，比挪威本土大6.5倍。納粹德國於1939～1945年間聲稱擁有這些領土。

阿根廷：阿根廷南極屬地面積96萬6,000平方公里，位於英屬南極領地內。

智利：聲稱擁有南極大陸南部的德雷克海峽(Drake Passage)周圍125萬平方公里的領土。

紐西蘭：聲稱擁有羅斯海周圍45萬平方公里的領土。此處往東，在紐西蘭與智利聲索的領土之間，有片土地尚未被任何國家聲稱擁有主權。

法國：聲稱阿德利地(面積43萬2,000平方公里)是法屬南部和南極領地的一部分。

澳洲：澳洲在南極洲聲索的土地面積最大，範圍界於東經44.38°和160°之間，但不包括阿德利地(Adélie Land)。

大西洋

威德爾海

南極點

羅斯海

印度洋

南極圈

太平洋

紐西蘭

澳洲

　　南極洲最重要的基地是由美國經營的麥摩杜站（McMurdo Station），距離紐西蘭南方3,500公里，位於羅斯島南端和麥摩杜峽灣（McMurdo Sound）沿岸。1962年3月3日，一座以模組方式建造的核能發電廠在基地內啟用。這座小型反應爐每天生產1.8千瓩（MW）的電力，可取代5,700公升的燃料消耗。除此之外，該反應爐也能用於淡化海水。根據美國海軍核子動力計畫（U.S. Navy Nuclear Propulsion Program），該核電廠於1972年停用，很顯然是因為發生了核災，而放射性物質則埋入數百公里深的冰中隧道。此後，該基地便改用傳統的柴油發電機。離麥摩杜基地不遠處還有非政府組織「綠色和平組織」（Greenpeace）的據點，據說該組織主要是由西方和相關利益集團如洛克斐勒集團資助。

拉丁美洲與生俱來的誘人資本

　　阿根廷的美索不達米亞（Mesopotamia）盆地由拉布拉他河（Río de la Plata）和瓜拉尼含水層（Guarani Aquifer）劃分而出，後者流經巴西、烏拉圭、巴拉圭與玻利維亞的地表下，極具重要性。該區域僅居住全球7%的人口，卻擁有世界上25%的淡水；反觀亞洲，地球上53%的人口聚居於此，卻只有全球24%的水資源。瓜拉尼含水層的面積約為120萬平方公里，是全球面積第四大的含水層。拉布拉他河盆地的面積則為310萬平方公里，南錐體（Southern Cone）[11]的主要城市和工業中心都匯集在此。

　　亞馬遜雨林的礦藏也非常豐富。秘魯、哥倫比亞、玻利維亞、厄瓜多、委內瑞拉和巴西，皆擁有非常重要的銀、鋅、銅、錫、金、鉬、鐵、錳、銻、祖母綠、鑽石和鈳鉭鐵礦床；委內瑞拉則擁有大量的碳氫化合物，據估計，如果加上超重質油礦，該國可能擁有全球25%已探勘的石油儲量。這些豐富的資源讓拉丁美洲，尤其是亞馬遜流域，成為大國及跨國企業覬覦、垂涎的目標，甚至足以引發地緣政治的對抗。

11　編注：意指南美洲位於南回歸線以南的區域，範圍涵蓋阿根廷、智利和烏拉圭等國。

地球已然超載，生態災難倒數計時

> 人類真正的威脅是環境惡化。
> ——普丁，摘錄自《普丁專訪》

　　「地球超載日」（Earth Overshoot Day）或稱「生態越界日」，指的是全人類當年消耗的自然資源超過地球全年可再生資源的日期。該日期也代表人類製造的二氧化碳（CO_2）等廢物已超過生物圈的吸收能力。

　　這場自然資源消耗賽受到許多因素的影響，不僅要將一個國家的人口數量與工業結構納入考量，更重要的是評估消費習慣，因為消費需求往往會隨著社會發展和城市化而增加，意味著人們會消費更多的商品（食物、能源等）。過度消耗資源的後果不容否認，砍伐森林就會導致二氧化碳增加和生物多樣性減少，缺乏降雨就會導致乾旱，從而減少地表和含水層中的液態淡水。

　　推動城市森林再造要靠全體居民一起努力，在城市周圍種植樹木能增加當地的溼度和降雨，進而減緩「都市熱島效應」（urban heat island effect）的有害影響。希望人類能在為時已晚之前有所醒悟。

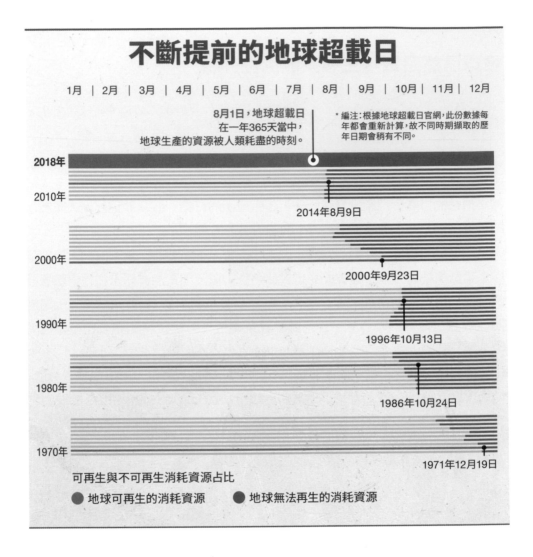

不斷提前的地球超載日

| 1月 | 2月 | 3月 | 4月 | 5月 | 6月 | 7月 | 8月 | 9月 | 10月 | 11月 | 12月 |

8月1日，地球超載日
在一年365天當中，
地球生產的資源被人類耗盡的時刻。

＊編注：根據地球超載日官網，此份數據每年都會重新計算，故不同時期擷取的歷年日期會稍有不同。

2018年

2010年

2014年8月9日

2000年

2000年9月23日

1990年

1996年10月13日

1980年

1986年10月24日

1970年

1971年12月19日

可再生與不可再生消耗資源占比
● 地球可再生的消耗資源　　● 地球無法再生的消耗資源

▲很顯然，為了達成生態永續，資源消耗與資源再生應該在每年的12月31日達到平衡。因此，地球超載日的日期出現得愈早，地球生態的壓力就愈大。

從數據看來情況確實令人擔憂，因為自從1970年代科學家注意到這個現象以來，地球超載日每年都會提前。1970年是12月19日，1987年，也就是全球足跡網絡（Global Footprint Network）開始計算超載日的那一年，日期是10月24日，而2018年日期已推進到8月1日❶。這代表地球居民已經消耗地球自身可生產資源的1.7倍，如果以這種速度繼續消耗下去，到了2030年，我們每年至少需要2個地球的資源。

❶ 編注：2022年，地球超載日落在7月28日。

2022年各國的地球超載日

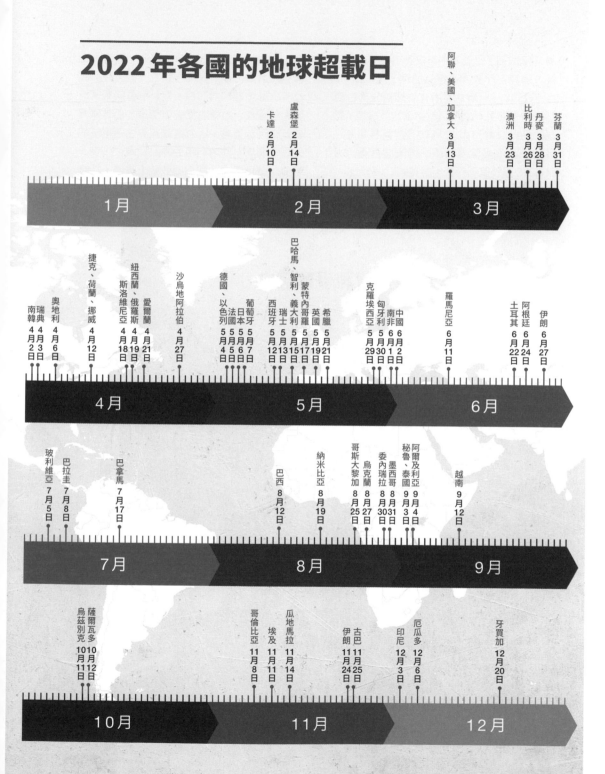

卡達 2月10日
盧森堡 2月14日
阿聯、美國、加拿大 3月13日
澳洲 3月23日
比利時 3月26日
丹麥 3月28日
芬蘭 3月31日

1月　2月　3月

南韓 4月2日
瑞典 4月3日
奧地利 4月6日
捷克、荷蘭、挪威 4月12日
紐西蘭、俄羅斯 4月18日
斯洛維尼亞 4月19日
愛爾蘭 4月21日
沙烏地阿拉伯 4月27日
德國、以色列 5月4日
法國 5月5日
日本 5月6日
葡萄牙 5月7日
西班牙 5月12日
巴哈馬、智利、蒙特內哥羅 5月13日
義大利 5月15日
瑞士 5月17日
英國 5月19日
希臘 5月21日
克羅埃西亞 5月29日
匈牙利 5月30日
南非 6月1日
中國 6月2日
羅馬尼亞 6月11日
土耳其 6月22日
阿根廷 6月24日
伊朗 6月27日

4月　5月　6月

玻利維亞 7月5日
巴拉圭 7月8日
巴拿馬 7月17日
巴西 8月12日
納米比亞 8月19日
哥斯大黎加 8月25日
烏克蘭 8月27日
委內瑞拉 8月30日
墨西哥 8月31日
秘魯、泰國 9月3日
阿爾及利亞 9月4日
越南 9月12日

7月　8月　9月

烏茲別克 10月11日
薩爾瓦多 10月12日
哥倫比亞 11月8日
埃及 11月11日
瓜地馬拉 11月14日
伊朗 11月24日
古巴 11月25日
印尼 12月3日
厄瓜多 12月6日
牙買加 12月20日

10月　11月　12月

◀〔承前頁〕從圖表中可以看出，就國家而言，消耗自然資源最極端的例子是卡達，2月10日就已經消耗完所有該國可生產的自然資源。而另一個極端的例子是牙買加，該國的地球超載日是12月20日。同樣引人注目的是歐洲最需要資源的國家盧森堡（2月14日），以及第一超級大國美國（3月13日）。

最缺乏資源的國家將不得不從國外獲取資源，但由於這些資源愈來愈稀有，競爭一定會更加激烈。毫無疑問，這是一個全球居民都應該鄭重關切的問題。對於那些嚴重匱乏資源的國家，改善方案看似簡單，但實際要執行卻困難重重，因為這涉及到生活習慣的改變、使用可回收利用的產品和減少消費。若非所有消費者共同協助並要求改善，計畫就不可能真正實現。

第三次世界大戰將是資源爭奪戰？

> 我相信，現在開始建立一個
> 讓人類共享地球的烏托邦還不算太晚。
> ——馬奎斯

在目睹國家之間嚴重的資源分配不均，還有某些國家迫切需要資源以確保人民的生存之後，哥倫比亞作家馬奎斯一針見血地指出，如果人類不想再面對下一場世界大戰並繼續生存下去，就必須適當分配稀有資源給地球全體居民。然而這位諾貝爾文學獎得主卻也認為這是個難以實現的理想。令人遺憾的是，各國領袖的自私、野心與對統治的渴望，將讓遠離武力衝突的夢魘、建立一個和諧世界的夢想永遠成為空談。

長此以往，未來為了掌控能源、戰略性礦產、水或糧食等資源的衝突將會加劇。而身為公民的我們能做些什麼呢？老實說，在國家利益之前，我們沒有什麼轉圜的餘地。不過不要灰心，我們要繼續向所有國家的執政者施壓，力圖公平分配資源，因為這對全體人類來說都非常重要。

第六章

領土與人口

多多益善或質重於量？

爭地以戰，殺人盈野。

——孟子

要人要地要資源，換湯不換藥的新殖民主義

> 你的房子在哪裡，你就擁有哪裡的土地。
> ——西班牙諺語

土地是權力的基本要素之一，無怪乎人類自古以來便為之爭奪不休。土地不僅可以供給各式各樣的天然資源，還能提供人類生存所需的實體空間。

然而實際上，掌控土地的概念一直不斷改變。在工業革命以前，生產尚未機械化，爭奪和擴張土地的目的往往是為了獲得土地上的人口，因為可以透過奴役或半奴役的方式，迫使這些人參軍或者從事繁重的工作。

某些國家就特別偏好征服、占據新的領土，甚至在近代成功獲取世界上大部分的土地，像是英國。

◆ 大到無法占領的土地

領土指的是一國執行主權的實體空間，因此其特性（地理位置、範圍、地形）、表土以及地底蘊藏的資源，甚至是其中居住的人口，都將決定該國在區域及全球國家之間的重要性。

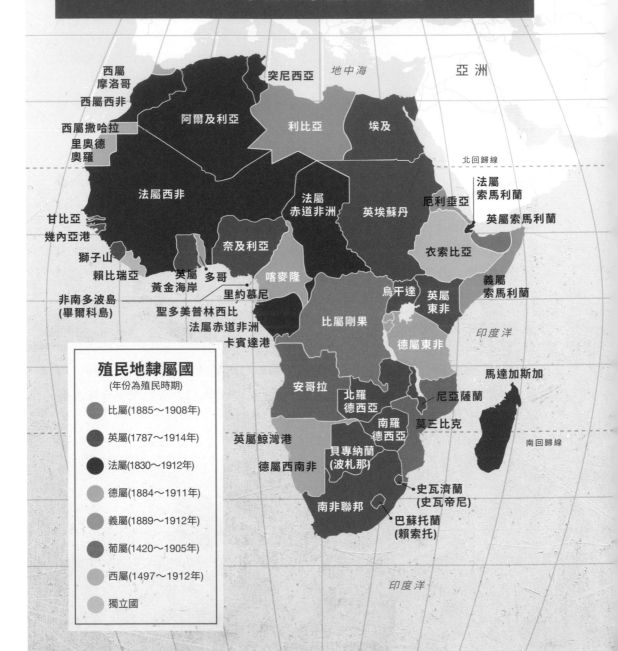

1949年歐洲殖民地圖

西屬摩洛哥
西屬西非
西屬撒哈拉
里奧德奧羅
阿爾及利亞
突尼西亞
利比亞
埃及
地中海
亞洲
北回歸線

法屬西非
法屬赤道非洲
英埃蘇丹
厄利垂亞
法屬索馬利蘭
英屬索馬利蘭

甘比亞
幾內亞港
獅子山
賴比瑞亞
非南多波島
(畢爾科島)
英屬黃金海岸
多哥
奈及利亞
喀麥隆
里約慕尼
聖多美普林西比
法屬赤道非洲
卡賓達港
烏干達
英屬東非
衣索比亞
義屬索馬利蘭
比屬剛果
德屬東非
印度洋

安哥拉
北羅德西亞
英屬鯨灣港
貝專納蘭
(波札那)
德屬西南非
南羅德西亞
南非聯邦
馬達加斯加
尼亞薩蘭
莫三比克
南回歸線
史瓦濟蘭
(史瓦帝尼)
巴蘇托蘭
(賴索托)

印度洋

殖民地隸屬國
(年份為殖民時期)

- 比屬(1885~1908年)
- 英屬(1787~1914年)
- 法屬(1830~1912年)
- 德屬(1884~1911年)
- 義屬(1889~1912年)
- 葡屬(1420~1905年)
- 西屬(1497~1912年)
- 獨立國

◀十九世紀歐洲列強在柏林會議（1884～1885年）上瓜分非洲大陸的殖民過程，對非洲的影響顯而易見。而非洲的解殖過程就如同受到殖民一樣是場災難，後果一直延續至今，從非洲各國人民的日常苦難中便能窺知一二。

然而，這些殖民地歷經看似高貴的解放過程，終於擺脫宗主國的束縛之後，近代又出現另一種更加隱晦的新殖民主義。

在某些情況下，這種新殖民主義對這些新獨立國家人民的傷害與過往的殖民主義不相上下，因為新殖民主義的目的是讓大國繼續利用其前殖民地的自然資源。之所以能夠如此，主要是得力於某些忽視自己人民需求的貪腐領袖，只要這些貪腐者願意繼續維繫大國的利益，大國就會保護這些人的地位。

不過，兩種殖民主義也有本質上的差異，那就是宗主國不再有義務擔心前殖民地人民的貧窮問題（雖然他們之前也沒有很認真看待這件事），這些被殖民者因無力阻止掠奪而深感挫折，幾個世紀以來，他們只能眼睜睜看著自身的資源不斷被那些宗主國開採並出口。

廣闊的領土具備許多優勢。一般來說，就如前文所述，領土愈大可以獲得愈多的天然資源。一旦遭遇敵人入侵，還可以用空間換取反擊的時間，或者至少可以消耗敵人的體力，增加對方後勤補給的困難度。俄國就是一個很好的例子，在拿破崙和希特勒軍事入侵期間，俄羅斯人在戰術上利用其超過1,700萬平方公里的遼闊領土，撤退到荒涼的地區，在嚴寒的庇護下重整隊伍，展開反攻。

無庸置疑，領土至今仍然是不同國家之間衝突的主因，無論目的是獲得財富、擴張權力，還是為民族或宗教認同建立合法性。

人口多，贏面就大？人口與國力的微妙平衡

許多分析師認為，無論是現在或是未來，人口的多寡都已經喪失了部分價值。儘管過去在大規模戰爭中，人口數量由於能決定軍隊的規模大小而被視為決勝的關鍵要素之一，但如今人口統計數據已不再與國力強弱畫上等號。雖然人口稀少的國家在國際舞台上可能無足輕重，但同樣的，人口眾多的國家也可能因為人口結構不利於經濟與社會發展，而在國際間屈居下風。

北 極 海

格 陵 蘭

北 美 洲

法國本土

聖皮埃與
密克隆群島

北回歸線

大
西

聖馬丁島 聖巴瑟米
瓜地洛普
馬丁尼克

克利珀頓島

法屬圭亞那

太 平 洋

洋

法屬玻里尼西亞

南 美 洲

南 極 海

*法屬南部和南極領地(TAAF)

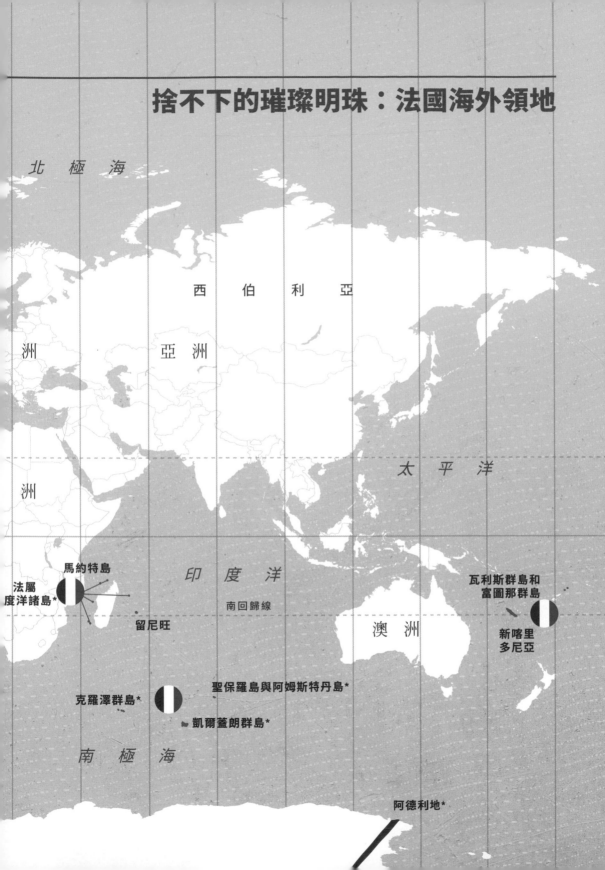

捨不下的璀璨明珠：法國海外領地

北極海

西伯利亞

洲　　亞　洲

太　平　洋

洲

印　度　洋

馬約特島

法屬
度洋諸島*

瓦利斯群島和
富圖那群島

南回歸線

留尼旺

澳　洲

新喀里
多尼亞

聖保羅島與阿姆斯特丹島*

克羅澤群島*

凱爾蓋朗群島*

南　極　海

阿德利地*

北 極 海

格 陵 蘭

英國

北 美 洲

大
西
洋

百慕達

直布羅陀

北回歸線

土克凱可
群島

開曼群島

安吉拉
蒙哲臘

英屬
維京群島

太 平 洋

洋

亞森欣島

南 美 洲

聖赫

皮特肯群島

特里斯坦

福克蘭群島*

南喬治亞與南桑威奇群

南 極 海

英屬南極領地

*阿根廷稱之馬維納斯群島,已多次向英國聲索此群島的主權。

永遠的日不落帝國：英國海外領地

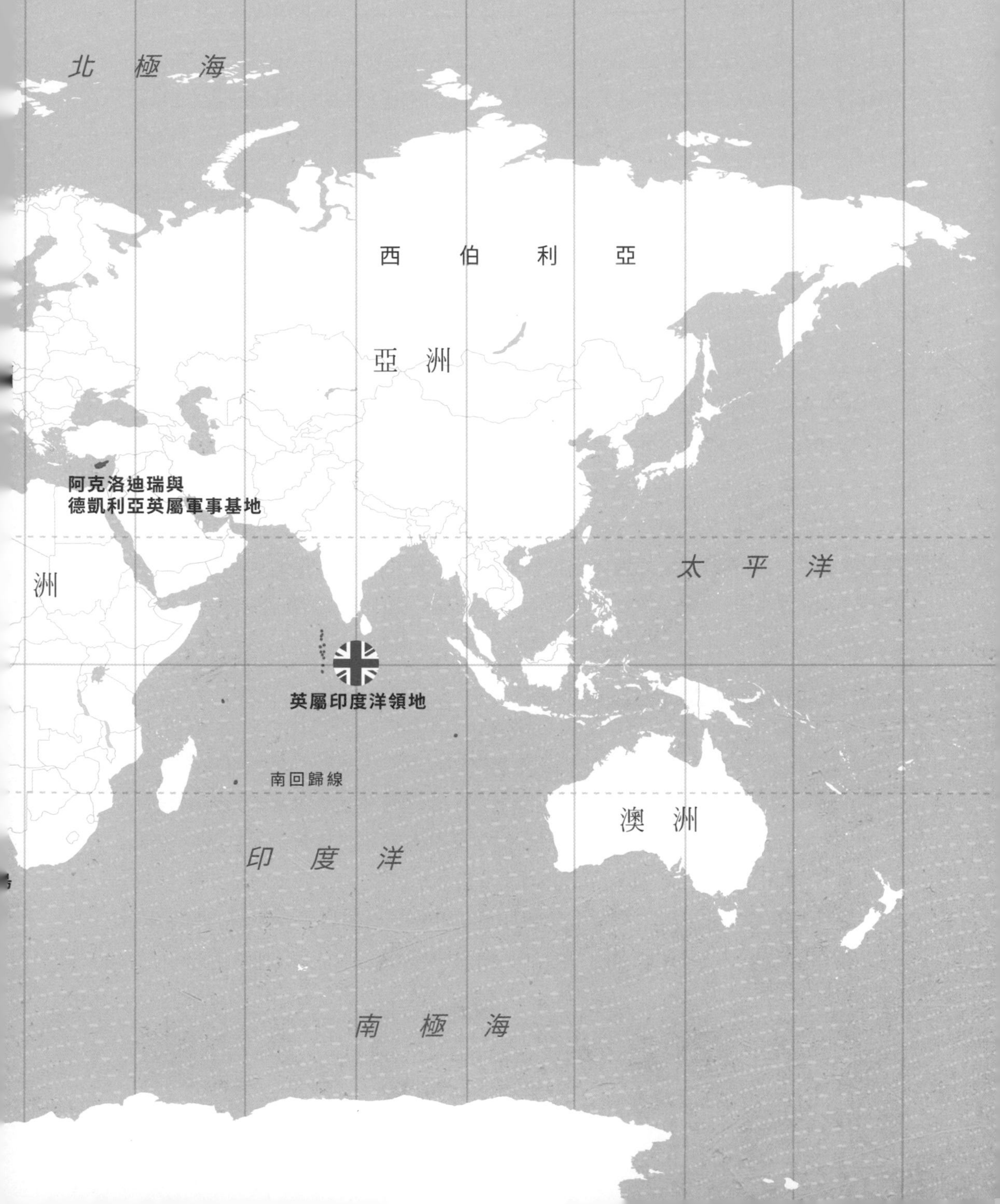

北 極 海

西 伯 利 亞

亞 洲

阿克洛迪瑞與
德凱利亞英屬軍事基地

洲

太 平 洋

英屬印度洋領地

南回歸線

澳 洲

印 度 洋

南 極 海

◀〔承前頁〕殖民地依然存在，不過是換了別的名稱，例如「海外領地」。或許有人會辯稱，是這些地方的居民冀望以不同的方式繼續隸屬於宗主國。法國和英國就是如此，至今仍不合時宜地在世界各地據有領土，而且還不允許其他國家做同樣的事。這就是身為世界領導集團的好處，不僅有地緣政治的優先權，還擁有聯合國安理會常任理事國的席次，手握具有爭議的「否決權」。

以英屬印度洋領地查哥斯群島（Chagos Archipelago）中的狄耶戈加西亞島（Diego Garcia）為例，這座環礁島的名稱來自一位西班牙威爾瓦（Huelva）出身的水手，他曾參與麥哲倫（Fernando de Magallanes）與艾爾卡諾（Juan Sebastián Elcano）的第一次環球航行（1519～1522年）。1968～1973年間，美英兩國官方聯手驅逐島上的查哥斯人，他們原本是奴隸，於十八世紀中葉被法國殖民者帶到島上的椰子園工作，從此便一直生活在那裡。英美兩國為了達到目的，佯稱該島無人居住，而這些查哥斯人只是「臨時工」。該島是美國重要軍事基地的所在地，具有重大的地緣戰略價值，能夠控制石油和天然氣的海上運輸路線。在將查哥斯人驅逐到距離家鄉1,900公里外的塞席爾（Seychelles）和模里西斯（Mauritius）之前，美國人和英國人將島民的狗鎖在一個棚子裡，當著主人的面，以軍用車輛排出的廢氣讓狗窒息而死。其中一位荒謬的犯行者，對當地原住民說了一句令人遺憾且廣為人知的話：「我們可以隨意制定自己想要的規則。」

然而，人口數量還是有一些不為人知的潛力。例如中國與印度擁有數億、甚至超過十億的人口，足以嚇阻任何想要侵犯該國的敵人。因為無論有多少先進的武器，要以軍事手段擊敗這麼多人，依然是近乎不可能的任務。

◆ 超級城市與日俱增的隱憂

> 世界各地人口的增長與超級城市的擴散，
> 重新定義了全球安全的進程。
> ——前西德總理施密特（Helmut Schmidt）

引言出自1974～1982年擔任西德總理的施密特在2014年慕尼黑國際會議上的發言[1]，表明大型都市中心的重要性與日俱增。

1　Dmitri Trenin. *Takeaways From Munich-50*. Carnegie Endowment for International Peace. March 02, 2014.

◆ 無人領土的地緣政治

> 孤獨是危險的，會讓人上癮。
> 一旦你知道孤獨可以帶來多少平靜，
> 你就不會想和人打交道了。
>
> ——心理學家榮格（Carl Gustav Jung）

　　安東尼・聖修伯里（Antoine de Saint-Exupéry）於1948年首次出版的遺作《要塞》（*Citadelle*）中，生動地描寫了在人類居住的世界之外，仍存在著廣闊的空間：「……因為景色萬千，也不過是浩瀚世界的一粒塵埃。」

　　西班牙空軍上校暨作家阿格雷達（Ángel Gómez de Ágreda）認為，幾乎無人居住的領土也擁有地緣政治影響力[2]。俄羅斯的西伯利亞就是個好例子，該地蘊藏豐富的自然資源，但這些資源對當地居民來說並沒有太大的吸引力，他們寧願移居到俄羅斯的其他地區，甚至是中國，以遠離寒冷嚴苛的氣候。

　　矛盾的是，在俄羅斯人紛紛遷出西伯利亞的同時，許多外國人卻透過非法移民管道進入該地區，尤其是中國人。為此，2010年，時任俄羅斯總統的麥維德夫（Dmitry Medvedev，任期2008～2012年）重申西伯利亞地區對俄羅斯的重要性：「你們不要在意寒冷、偏遠和孤獨，西伯利亞必須有人重返居住。」

　　若想在二十一世紀實現殖民統治，國家必須為潛在的殖民者提供誘因，例如基礎設施和最低限度的服務，正如阿格雷達所說：「墾荒者的時代已經過去了。美國殖民其西部（無人領土的過往典範，或者更確切地說，是人被清空的領土）的方式不會成為二十一世紀的典範。」[3]

2　阿格雷達在此處所指的是「征服美國荒野大西部」。相較於西班牙占領拉丁美洲的歷史經常受到過度批判，這段美國歷史的插曲遭當權者避重就輕地帶過——在現代人所熟悉的「美國拓荒時期」或稱「西進運動」（Westward Movement）中，其實有眾多被誤稱為印第安人的北美原住民遭到殖民者屠殺。

3　Ángel Gómez de Ágreda. *Geopolítica de los espacios vacíos*. *Revista Ejército nº 837*. December, 2010.

世界大都會 TOP20

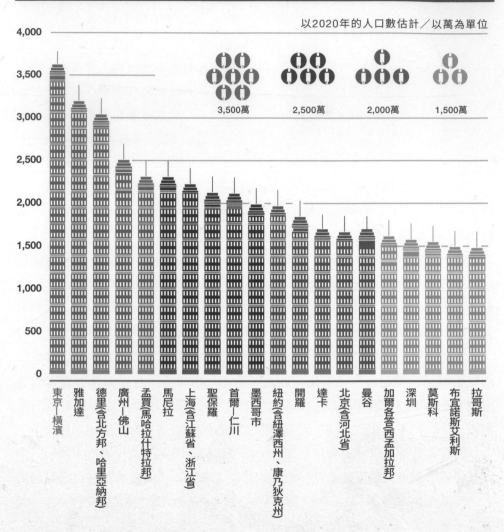

以2020年的人口數估計／以萬為單位

4,000
3,500 — 3,500萬　2,500萬　2,000萬　1,500萬
3,000
2,500
2,000
1,500
1,000
500
0

東京—橫濱
雅加達
德里含北方邦、哈里亞納邦
廣州—佛山
孟買（馬哈拉什特拉邦）
馬尼拉
上海含江蘇省、浙江省
聖保羅
首爾—仁川
墨西哥市
紐約含紐澤西州、康乃狄克州
開羅
達卡
北京含河北省
曼谷
加爾各答含西孟加拉邦
深圳
莫斯科
布宜諾斯艾利斯
拉哥斯

▲ 2022年7月，美國學者暨都市政策分析師溫德爾·考克斯公布了〈世界都會區人口統計報告〉❶。該報告指出，2022年，全球共有44個超級城市，即人口超過1,000萬的都會區。東京—橫濱是60多年以來世界最大的都會區，人口約為3,773萬人。第二大都會區是印尼的首都雅加達，居民約為3,376萬人；第三則是德里都會區（包括印度首都新德里），人口為3,223萬人。

後續的排名依序為：廣州—佛山（中國），2,694萬人；孟買（印度），2,497萬人；馬尼拉（菲律賓），2,492萬人；上海（中國），2,407萬人；聖保羅（巴西），2,309萬人；首爾—仁川（南韓），2,302萬人，以及墨西哥市（墨西哥），2,180萬人。治理這些堪稱是偽國家的城市並非易事，政府當局任何細微的錯誤，都可能演變成無法收拾的社會動盪。

❶ Wendell Cox . *Demographia World Urban Areas: 2022 Edition*. July 3, 2022.

地球上每5人中就有1人
來自中國或印度

*2022年7月數據

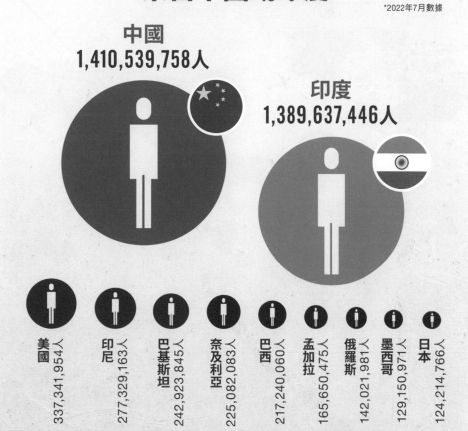

中國
1,410,539,758人

印度
1,389,637,446人

美國	印尼	巴基斯坦	奈及利亞	巴西	孟加拉	俄羅斯	墨西哥	日本
337,341,954人	277,329,163人	242,923,845人	225,082,083人	217,240,060人	165,650,475人	142,021,981人	129,150,971人	124,214,766人

▲關於全球總人口數，美國人口普查局（United States Census Bureau）公布了全球超過79億人口的實時增長情況❶，同時也提供世界人口數排名前十名國家的人口數據。

從這些數據可以推斷出，每5位地球居民中就有1位是中國人或印度人，這一點並不令人意外。值得注意的是，人口數緊接在中國與印度之後的10個國家中，有5個位於亞洲：印尼、巴基斯坦、孟加拉、日本和菲律賓（1億1,459萬7,229人）。不過，這些數據不易核實，因為某些國家沒有進行人口普查，或者是公開的數據不完全可靠。

---

❶ *U.S. and World Population Clock.* United States Census Bureau.

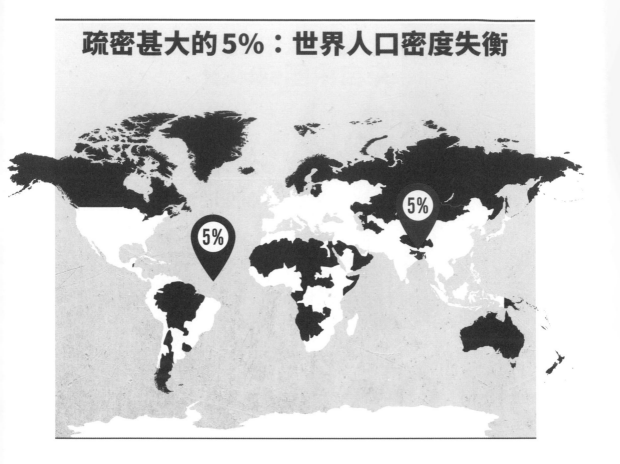

疏密甚大的5%：世界人口密度失衡

▲地球上有5%的人口居住在紅色區域，而藍色區域也居住著5%的人口。雖然看起來難以置信，但今日地球仍有大片空地無人居住。World Atlas網站自1994年以來，一直在網路上分享地理方面的資訊，2020年2月該網站公布了地球上人口密度最低的十個地點。

撇開沙漠或極地冰帽等幾乎不可能有人類定居的特殊地區不談，世界上居住密度最低的地方是隸屬丹麥的格陵蘭，每平方公里只有0.03人。其次是挪威領島斯瓦巴和尖棉島（Svalbard and Jan Mayen），人口密度為每平方公里0.04人。排名第三的是英國主權控制下的福克蘭群島（Falkland Islands），人口密度為每平方公里0.28人；之後則是英國位於南太平洋的領地皮特肯群島（Pitcairn Islands），每平方公里1.06人，以及位於南大西洋的偏遠領土特里斯坦庫涅群島（Tristan da Cunha Group），每平方公里1.19人。接著是清單上的第一個國家，蒙古，2.04人；西撒哈拉，2.13人；納米比亞，2.97人；澳洲，3.25人，以及冰島，3.53人。

第七章

無形的力量
竊取國家於無聲無息之間

埏埴以為器，當其無，有器之用。鑿戶牖以為室，當其無，有室之用。
故有之以為利，無之以為用。

——老子，《道德經》

無形力量的重要性

俄羅斯人有一項非常重要的特質：對國家的愛。

他們願意為國家利益做出任何犧牲。

——普丁，摘錄自紀錄片《普丁專訪》

「**民**族認同」的重要性經常受到忽略。一個國家過去的歷史、文化、宗教信仰、語言、主流意識形態、好戰性以及對工作的偏好與特質，決定了人民的行為模式和國家力量倍增的形式。

古羅馬帝國的力量不僅來自於兵力超過30萬人的軍隊，同時也以優越的戰略構想、先進的武器及快速動員的軍事能力而著稱；此外，古羅馬的力量更來自於「以身為羅馬公民為傲」的心理真實（psychological reality）。若要分析一「國的能力強弱，不能只憑藉理論上的有形力量來論斷，也必須考量該國會如何使用其無形力量。

當然，這個廣泛的架構中也包含民族主義思想。民族主義可以在民眾之間產生巨大的動力，成為推動人民最強大的力量之一。例如：二戰期間，史達林體認到，俄羅斯士兵不會為了共產主義、政黨或領導人獻出自己的生命，卻會為了祖國搏命奮戰；而日本士兵表現出的狂熱也是自小受到愛國戰爭教育與武士道精神影響的結果。武士道是武士遵循的道德準則，在戰鬥中要求忠誠與榮譽，而且絕不投降。

根據德國總理比羅的說法，英國人民則擁有美德、力量與對歷史的崇敬（偉大民族的關鍵特質），還有桀敖不馴的國家自豪、堅定不移的愛國精神以及無懈可擊的政治直覺。毫無疑問，令比羅既欽佩又忌妒的這種自豪，有部分是來自於英國人書寫、改寫歷史和主導敘事的力量（無論是對自身，還是對其他民族），一如邱吉爾經常被引用的名言：「歷史將會善待我，因為我打算自己書寫。」（History will be kind to me, for I intend to write it.）

另一個需要考慮的無形因素是美國政治家漢斯・摩根索（Hans Morgenthau）所說的「社會動員能力」，也就是當一個國家面臨嚴重危機或外部威脅時，全體人民是否能夠為了實現共同利益而予以支持，概念上類似於法國社會學家雷

蒙・艾宏（Raymond Aron）所說「一個國家集體行動的能力」。然而，要達到這個目標，全體人民必須有一致且堅定的政治意識。

　　此外，中國人民解放軍空軍退役軍官喬良與王湘穗認為，無形的戰略資源包括地理因素、歷史、文化傳統、民族認同感，以及在國際組織中的影響力。最後一項因素尤其引人注目，因為這些機構確實在大國的操縱下主導著全球決策。

　　正如中國軍事學家彭光謙與姚有志在《戰略學》中所陳述的，一國想要獲得軟實力，須具備一系列無形的國家因素。其中一項便是國家尊嚴，也就是一國的國際地位與威望，兩者都與該國在國際間的影響力及形象有關。有時候，對一個國家而言，國家尊嚴低下可能會產生比實質傷害更嚴重的後果。兩位作者皆強調一國對全球決策的影響力是國家權力支柱的一環，亦是世界大國的優先目標之一。美國也是這麼想，因為 2021 年《國家安全戰略》報告的優先事項之一便是增加美國在全球的影響力，力圖在各方面領導國際組織。

　　但無形力量最終也可能會反噬擁有這些力量的人民。擁護希特勒的德國人民即為原是優點的民族主義賦予負面形象，展現出民族主義可能導致集體自毀的一面。二戰期間，民族主義也成為一種罪惡而非美德，撼動了日本社會，正如他們帶給朝鮮、緬甸和滿洲人民的痛苦回憶。

比軍事更令人恐懼的是思想

> 文化是認同的深度運用。
> ──阿根廷作家柯塔薩（Julio Cortázar）

　　儘管眾人絞盡腦汁，全世界對於文化的定義至今仍未能形成普遍的共識。能讓最多人同意的說法也許是美國人類學家暨作家馬文・哈里斯（Marvin Harris）所提出的：「文化是社會成員從社會上習得的一系列傳統和生活方式，包括他們的遵循的準則和一再重複複的思維、感受與行為模式。」因此，文化代表了一種詮釋世界的方式，而一個民族透過各種實質與精神上的活動和產物所

凝聚而成的文化，是形塑集體認同（collective identity）的要件。文化不存在於基因之中，而是從代代相傳的家庭與社會習慣中學習而來。

語言和宗教是構成文化的基本要素，有助於凝聚或區分團體，強化群體認同並打造真正的界線。而語言作為組成要件之一，其重要性甚至高過宗教（或種族），往往是凝聚或區分團體的最主要因素。不僅如此，語言和宗教也是構成地緣政治的要素，畢竟無論過去或現在，兩者都是領土爭端的主要起因。

在古代大多是以語言來劃分領土邊界，直到殖民時期才開始根據地形，而非群體間的祖籍和共享的歷史連結來劃定邊界。這種不協調的劃界方式主要發生在非洲，成為今日非洲大陸上許多國家衝突不斷的主因，同時也是非洲的治理與發展如此複雜的緣由。

當今世界是建構在人類想要影響他人，以及傳播自身文化的需求之上。大帝國的擴張、鞏固與維繫不單單是依靠武力，也得仰賴文化的強勢傳播。像是印加、蘇美、亞述和羅馬等偉大文明，甚至包括亞歷山大大帝與拿破崙，都不僅僅是藉由軍隊征服，同時也會透過文化精神與思想來擴展勢力。西班牙帝國自卡洛斯一世（Carlos I，1516～1556年在位）[1]起，便以普世天主教為原則擴張帝國版圖（就如同美國幾十年來，一直利用「民主」擴大其權力）。多年以後，法國的自由與平等訴求隨著拿破崙（1804～1815年在位）四處征服而傳播開來，十九世紀的歐洲害怕受到影響，因此拿破崙垮台後，各國的君主制紛紛捲土重來。換句話說，比起法國軍隊的逼近，各國國君更害怕革命思想的蔓延。歸根究柢，思想可能比軍事力量更加膽大妄為且令人恐懼。

◆ 文化的地緣政治：寶萊塢即將「殖民」全世界？

儘管今日各國闡述世界的方式已沒有冷戰時期那麼明顯的分歧，但透過媒體、網路社群、藝術和文化影響其他國家的確有其好處。

宣傳廣告的價值與象徵的重要性不斷提升，無怪乎美國電影中不斷出現國

1　編注：卡洛斯一世同時也是神聖羅馬帝國皇帝查理五世（Karl V，1519～1556年在位），他揭開了十六世紀西班牙稱霸世界的序幕。

▶美蘇冷戰期間，「文化」就是這兩個超級大國的戰爭武器。白宮投入巨大資源執行一項祕密文化宣傳計畫，旨在讓西歐知識份子不再熱中於馬克思主義與共產主義。該計畫由中情局主導，主要透過1950～1967年由麥可·喬塞爾森（Michael Josselson）幹員負責的「文化自由大會」（Congress for Cultural Freedom, CCF）執行。該大會於全盛時期在35個國家設有辦事處，並且聘用大量的工作人員。從事活動包括在20多本著名雜誌上發表文章、舉辦藝術展覽與國際會議，除此之外，大會還設有自己的新聞中心發布社論。

為了達到打擊蘇聯的目的，中情局毫不猶豫地包容親法西斯主義者。這項計畫達到的成果之一，就是改變歐洲人對於擊敗納粹德國主要該歸功哪個國家的看法。根據多個在法國定期進行的民意調查顯示，相較於1945年5月，有57%的受訪者認為最大功臣是蘇聯，到了2004年，則有58%的受訪者認為是美國為擊敗納粹付出了最大努力。

也許上述「文化冷戰」最大的成就，就是把廣島和長崎的殘酷核爆描述成一起正常的戰爭事件。以至於日本每年8月6日和9日的原子彈爆炸紀念活動，國際媒體的報導微乎其微。

旗。電影《玩具總動員》（Toy Story）即是一個絕佳的有趣範例。劇中某一幕是巴斯光年在螢幕上說著他那句著名的台詞：「飛向宇宙，浩瀚無垠」（To Infinity and Beyond），而西班牙放映的版本中針對畫面做了「霧化」處理，因為在原版畫面中有美國國旗在背景飄揚。對華府來說，這是一種增加國家凝聚力的方式，尤其美國又是一個由移民建立起來的國家。最具國家象徵意義的國旗與國歌幾乎在每個大小活動當中都會出現，藉此激發人民的愛國精神，凝聚起這個因具備豐富多樣性而分裂的社會。

大國傳播自身文化的另一種方式，就是在世界各地建立文化機構，透過提供優秀學生獎學金，吸引他們在該國設立的教育機構就讀。毫無疑問，透過教育體系可以加深學生與就學機構母國長期的羈絆與關係。外國年輕人能認識並更加了解大國的風俗習慣與價值，而在未來他們發展事業的過程中，這些經歷都會成為連結、親近該國的紐帶。例如，中國截至2020年，在全球162個國家或地區設立了541所孔子學院與1,170個孔子課堂[2]；而法國截至2022年在138

2　編注：與2019年的數據（550所、1,172堂）相比，2020年是孔子學院自2004年創立以來首次呈現負成長。大約從2017、2018年起，由於政治與人權因素，愈來愈多國家陸續終止與中方合作。以美國為例，根據全國學者協會（National Association of Scholars）的統計，相較於2017年的103所，截至2022年4月，全美僅剩下約20所孔子學院（或課堂），其中有部分預計於下半年關閉。

民意調查：
誰是1945年擊敗德國的最大功臣？

受訪者認同哪一國是二戰功臣的占比演變

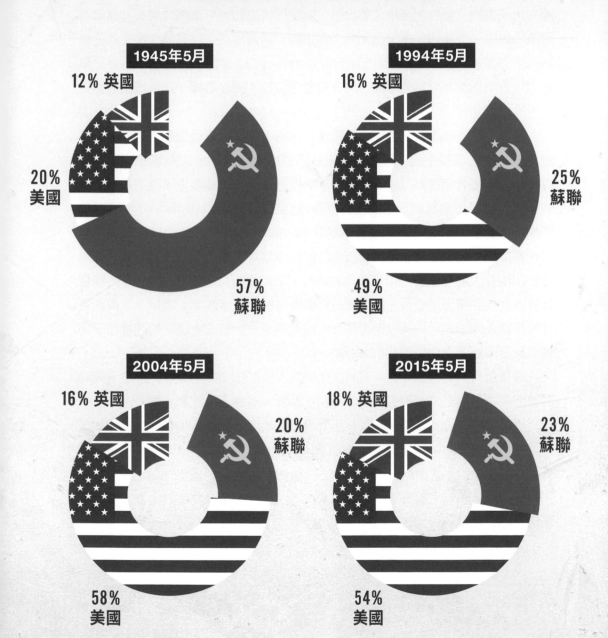

1945年5月

12% 英國

20% 美國

57% 蘇聯

1994年5月

16% 英國

25% 蘇聯

49% 美國

2004年5月

16% 英國

20% 蘇聯

58% 美國

2015年5月

18% 英國

23% 蘇聯

54% 美國

個國家設立了超過552所中小學，在學人數近38萬人。不僅如此，以慈善基金會、非官方組織和智庫作為媒介也是很常見的手法。

至於美國，其世界影響力部分得力於對全球多數青年具有強烈吸引力的美國文化。美國文化位居全球主導地位，對流行娛樂和世界觀的建構有著無形卻深遠的影響。美國的大眾文化尤其不容小覷，涵蓋層面包括基於享樂主義的生活方式、電視節目與電影（占全球市場的75%）、流行音樂、飲食習慣與穿衣風格等，更不用說英語是全球網路的主要通用語言，因而掌握了無可否認的影響力。

俄羅斯也不落人後，積極以文化作為武器，增加自身在世界上的影響力。近年來，極端民族主義電影和電視劇在俄羅斯蓬勃發展，成為思想宣傳的手段。此外，儘管印度到目前為止沒有主宰世界的意圖，印度電影產業日益發展的強大力量仍不容忽視，尤其是表現極為突出的寶萊塢（Bollywood）。寶萊塢製作的電影數量至今已經超越美國好萊塢（Hollywood），成為全球第一的電影出產國及第二大票房國。這無疑有助於印度傳播其文化思想到世界各個角落，並在印度次大陸、南亞、中東和非洲國家引發熱潮。這種「文化殖民」的過程始終存在，如果不這麼做，征服者最終便會遭被征服者的文化吸納，就像西班牙的哥德人（Goths）[3]一樣。與過往最大的差別是，今日文化殖民的速度超乎尋常，且範圍擴及全球，因此很難迴避。

最後還有一點需要注意：若將文化視為各族群間明顯的差異，那麼不同的群體即使不公開對立，也很可能無法相互理解。事實上，在歷史的長河中，不同文化之間經常發生摩擦，起因便是對事件和情況的解釋各不相同，有時候競爭意識會掩蓋真實，或者基於某些領導人的政治利益，使用「妖魔化」或「貶低」其他文化的方式遂行自己的目的。這些情況很容易導致不可遏止的誤解和不信任的惡性循環，讓雙方的關係迅速從暗潮洶湧變成公開敵對。權力競逐不僅建立在直接或間接的控制領土上，也建立在文化與意識形態的霸權上。

3　編注：四世紀末期，哥德人的領土遭匈奴入侵，部分哥德人因此向西入侵羅馬帝國，後又征服西班牙，於五世紀初建立了西哥德帝國（Visigothic Kingdom）。據傳由於哥德人本身的文化較為薄弱且人數較少，因此後來反而被西班牙當地的羅馬文化同化。

◆ 中國耗資億萬，只為「向世界講好中國故事」

中國同樣想要藉由視聽媒體的軟實力擴大自身對世界的影響力，為此已持續在好萊塢投資多年。2012年，大連萬達集團董事長王健林以26億美元收購北美院線AMC娛樂（AMC Entertainment）。四年後，於2016年1月，萬達又以35億美元的價格收購傳奇影業（Legendary Pictures）[4]。

名列全球四大會計事務所之一的普華永道（PricewaterhouseCoopers, PwC）估計，2019年中國的票房將超越美國，達到89億美元[5]。此外，阿里巴巴也投資了派拉蒙影業（Paramount），湖南衛視則與獅門影業（Lionsgate）簽訂挹注數十億美元的協議，而完美世界影視也出資與環球影業（Universal Pictures）合作。

好萊塢擁有中國所欠缺的說故事能力、行銷經驗與全球發行網絡。拜好萊塢之賜，北京政府獲得了一種可以向內部傳遞有效敘事的軟實力，也有助於抵消美國透過電影進行的全球宣傳。

隨著萬達集團於2018年4月設在山東青島的全球最大電影製片廠「中國好萊塢」[6]正式開幕，中國的影業發展更是如虎添翼。歷時五年興建，耗資約65億歐元，這座中國影城共有40座攝影棚可供使用，其中一座的面積甚至廣達1萬平方公尺，是世界上最大的攝影棚。截至2018年年底，幾乎所有的攝影棚都已被預訂一空。

除此之外，中國政府規定每年最多只能上映34部[7]外國電影，而且這些電影必須符合最低限度的審查標準才能避免遭到刪減。顯然，自製與管控作品是中國的第一要務。近年大獲成功的中國電影非《戰狼二》莫屬，該片是好萊塢式的動作片，不僅激發了中國的愛國主義，也正當化了北京干預外國的行為。

4　編注：自2017年起，由於中美關係日益緊繃，電影產業的投資與合作也逐年減少。
5　編注：根據普華永道於2021年發表的報告，中國2019年票房收入為10億美元；2020年為29億美元，首次超越美國；2021年則降為14億，預計2025年將回升至18億，占全球470億美元總收入的23.5%，僅次於美國的24.1%。
6　譯注：正式名稱為「東方影都融創影視產業園」。
7　編注：中國進口外國電影主要有兩種形式，一種是分帳片（即票房收入須與國外版權方拆分），原則上一年配額為34部；另一種是買斷片，一年配額約為30部。

情緒操控與神經科學

▲簡單來說，神經溝通學即是將神經科學應用在人與人的溝通上，這門學問立基於大腦傾向優化結果，也就是希望以最少的努力達到最大的功效。經濟領域的神經溝通學（又稱神經行銷學〔neuromarketing〕）會從消費者的價值觀、原則、信仰和情感等方面著手，尋找他們為何感到有必要購買某些商品或服務。

據估計，消費者決定購買一件商品的時間只比2秒多一點點，而且在絕大多數的情況下，購買都是無意識的行為，沒有經過仔細思考，買的東西甚至不是真正需要的。因此，神經溝通學就是盡一切努力讓目標消費者在不知不覺間被迫購物。

神經溝通學也可以應用在其他領域，像是政治，功用在於讓人民不假思索地進行或放棄某些活動。無論在小圈子裡或是在大型街頭示威活動中，參與者都很可能已經抱持某種特定傾向。如果以有效的神經科學應用向當事人灌輸與其當下所持相反的信念，在很短的時間內，當事人便會改變主意，擁護與之前相左的想法，而且會認為這是生活中不可或缺、不可動搖的原則。

以思想驅動無形力量

> 那些改變世界的人，
> 永遠是藉由煽動群眾來達到目的，
> 而非透過取代統治者。
> ——拿破崙

「無形的力量」無疑對國家之間的團結與聯盟有極大的影響，但反過來卻也會導致對抗。國際衝突與對抗過去主要體現在暴力性的軍事控制，而今日則是透過一些更「和緩」的手段來進行，不過這些手段同樣具有破壞力，甚至有過之而無不及，例如：語言和宗教。這些力量不容小覷，畢竟古往今來，地理空間不斷在此類名義之下遭到改寫。

然而，如果沒有思想的驅動，沒有透過廣告、宣傳、假消息與神經溝通學來控制人民的「意向」，也無法獲得無形的力量。

就像拿破崙所說的，控制群眾可以讓統治者下台。無形的力量雖然見不到，卻能感覺得到，可以讓思想變得更加強大。如果使某個訊息滲入集體情感（collective sentiment），並讓集體認為是自己的想法、吸收成為自身的一部分，如此一來便非常難以抹除，能給予集體和個人為此奮戰到底的勇氣。因此，意識形態鬥爭、思想與情操戰爭十分重要，企圖操縱社會的人必須確保其他人的想法和願望與自己所設定的方向一致。時至今日，控制人民不再像工業革命時期那樣簡單，光是控制下層建築還不夠，也必須控制上層建築[8]，以作為權力的槓桿。

8　譯注：馬克思主義（Marxism）將人類社會分成兩個部分，一是下層建築（infrastructures），又稱經濟基礎，也就是社會生產關係的總和；另一個則是上層建築（superstructure），意即建立在經濟基礎之上的社會意識形態，以及與其相應的政治法律制度。

第八章

知識和技術
人類未來生存的關鍵

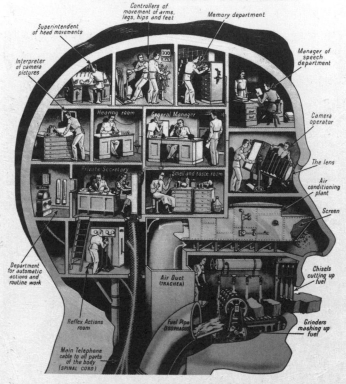

科學革命是一場最具共鳴的運動，
刻畫出現代文明的步伐。

——前英國首相貝爾福（Arthur James Balfour）

科技宰制的未來世界

不是無知本身，而是對無知的無知，才是知識的死亡。
——英國數學暨哲學家懷德海（Alfred North Whitehead）

如果想要了解未來是什麼樣子，或至少知道未來的主流趨勢是什麼，關鍵之一就是逐字逐句地仔細研究那些制定世界準則之國家的重要文件，因為在這類官方出版品中往往可看出地緣政治的基本要素之一——知識與技術。

儘管與美國爭奪全球優勢地位的對手愈來愈多，但毫無疑問，美國仍然是現今國際事務的主導者。因此，研讀其官方文件成為所有自詡為分析師者的必做功課。其中最重要的文件當屬2015年2月6日和2017年12月18日公布的美國《國家安全戰略》報告。

歐巴馬政府最後一次發表的《國家安全戰略》報告中列出了美國的主要威脅，包括蓋達組織、ISIS、俄羅斯、中國、北韓等，同時也表示美國主要的戰略目標是維持長久不墜的強勢領導地位。原則上，這份報告的內容並沒有打破此類官方文件的規則。不過，深入分析後可以發現有三個詞在整份報告中頻頻出現，且乍看之下與戰略、安全及地緣政治之類的報告主題毫無關聯，因此很可能被忽略。這三個詞就是「創新」、「科學」與「技術」。

歐巴馬總統在引言中非常明確地指出：「美國將繼續在全球經濟中引領科學、技術和創新的步伐。」無論用字遣詞如何變化，報告中都不斷提及這三個關鍵詞：「美國的領導地位奠基於經濟與科技實力」、「科學發現和技術創新鞏固了美國的領導地位」、「美國必須加強『科學（science）、技術（technology）、工程（engineering）與數學（mathematics）訓練』（上述四個面向取英文首字母合稱為STEM）」。

儘管繼任的川普在意識形態上與歐巴馬背道而馳，但在其簽署的2017年《國家安全戰略》報告中，兩人對於科技與經濟發展的態度十分相似。該份文件再次強調STEM教育與應用是促進美國繁榮的重要關鍵因素，且一再主張美國需要促進公私部門的創新，並保持科技優勢。因此，國家必須優先考慮有助於經濟增長和安全的新興關鍵技術，例如加密、自動化技術、新材料、奈米科

▶如果想要對未來科技進步的關鍵領域有更加確切的概念，奈米技術（在原子或分子的等級上控制物質）是個不錯的例子。一如預期，美國擁有的奈米專業中心比德國、英國和中國的加起來還要多，政府挹注的資金是其最大競爭對手日本的2倍，此外，美國註冊的專利數也在世界上名列前茅，吸引了全球85%的研發與創新創投資金。在生物科技方面（將生物系統用於醫療、農業和工業產品），其發展程度是歐洲的5倍，占全球總營收的76%。

　　而領域廣泛的醫學，則可從幹細胞（可以轉化為任何類型細胞的細胞）實驗一窺其發展。幹細胞建構了醫學的未來，不僅可以治癒疾病，還可以再生細胞和生物體，同樣也可以應用於生物體外製造器官，甚至能以幹細胞作為「墨水」，進行器官3D列印❶。至於其他攸關人類生存的關鍵領域，像是食品，也可藉由基因改造提高作物產量、獲利和抵禦惡劣天氣的能力。別忘了未來替代能源的發展也值得關注，像是生物光伏（BPV）、薄膜技術（thin film technology）和第三代太陽能電池。

---

❶ 編注：2019年，以色列與美國的科學家先後發表研究成果，表示以3D列印做出具備血管的心臟與肺臟，不過目前體積還很小，尚不能用於人體移植。台灣也於2021年研究出結合幹細胞和3D列印的「預血管化組織構建體」。

技、先進電腦技術和人工智能等。為達到此一目的，報告中表示，美國政府將更加專注於吸引、留住發明與創新人才[1]。

　　如果單獨看報告中的句子，可能會以為是出自科學刊物，而非《國家安全戰略》報告。不過，了解其深層意涵，便可以得知美國如何試圖控制世界及行使地緣政治的權力，這對於預測未來極其重要。

　　時至今日，一個超級大國要想在全球地緣政治中遂行其意志，影響全球決策，並且讓各個國家、組織和個人受其控制或是甘願追隨，就需要仰賴科技的力量。從這個前提出發，我們更能理解「創新」、「科學」與「技術」這幾個詞是上述戰略不可或缺的要素。不過，對美國而言，這不僅僅是精神口號，而是國家領袖日常必須落實的優先事項。

　　事實上，中美等國已逐步刪除中高等教育裡與STEM領域無直接相關學科的預算，而許多新興國家才剛要將這些科目納入教學方針。

　　在軍事領域，美國國防部每年向國防高等研究計畫署提供至少30億美元

1　編注：2022年10月12日，拜登政府發布第一份《國家安全戰略》報告，其中也提及STEM對於美國國安的重要性，並強調將藉由簽證發放等措施匯集更多人才。

全球名列前茅的專利大國

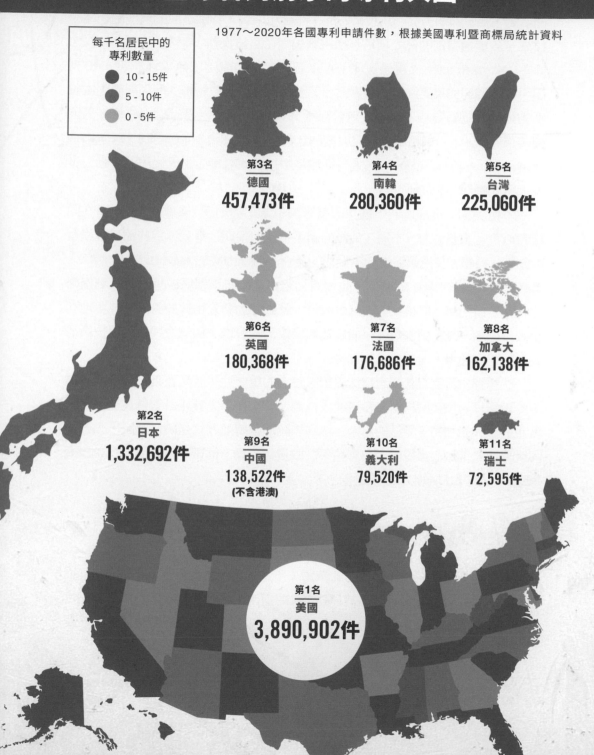

1977～2020年各國專利申請件數，根據美國專利暨商標局統計資料

每千名居民中的
專利數量
- 10 - 15件
- 5 - 10件
- 0 - 5件

第3名
德國
457,473件

第4名
南韓
280,360件

第5名
台灣
225,060件

第6名
英國
180,368件

第7名
法國
176,686件

第8名
加拿大
162,138件

第2名
日本
1,332,692件

第9名
中國
138,522件
(不含港澳)

第10名
義大利
79,520件

第11名
瑞士
72,595件

第1名
美國
3,890,902件

的資金,用於軍事方面的新技術研究、開發和創新,特別是與網路空間相關的技術。該機構目前的優先項目包括電腦與電子科技操作、頻寬、無人系統(用於陸、海、空和太空)、資訊管理、人工智慧、生物識別、無線通訊戰、3D列印、電磁輻射與導能武器。事實上,美國海軍已在一艘船艦上配備能產生電磁場的大炮並進行實驗,這座大炮射程達185公里,且速度是音速的7倍。美國國防部甚至設有「戰略環境研究與發展計畫」(Strategic Environmental Research and Development Program, SERDP)[2],進行從環境中接收或收集能量、使用混合動力車及太陽能帳篷等相關研究。

不僅美國,俄羅斯、中國和印度等國也為了與對手(美國)競爭,而在同樣領域投入大量心力。不過,最後的結果卻不如預期。畢竟,這些國家既沒有對創新、科學和技術領域進行中長期的投資(所謂的投資是指從基礎到最高等階段,都盡可能給予最好的教育及訓練),也沒有強化自身的科學領域或是試圖找到優勢的利基,自然無法與科技大國同場競技。就如同加拿大相較於美國,或奧地利相較於德國,這些國家終究只能成為地緣政治的跟班,別無選擇地隨著技術最先進的國家起舞。

法國總統馬克宏意識到技術對國家實力的重要性,於是在2017年5月發表了一段影片延攬美國科學家和研究人員到法國工作,尤其是針對氣候變遷、可再生能源和新技術等領域的專家。法國總統的延攬並非只是隨口說說,因為美國大學與研究中心獲得的諾貝爾獎累計數量比英國、德國、俄羅斯(包括前蘇聯時期)、法國和日本加總起來還多。

◆ 不要落入科技的陷阱

羅馬帝國是當時技術最先進的帝國,不過最後卻敗給所謂的「野蠻人」而非其他帝國。以偉大的羅馬為例,其宏偉的道路、橋梁、輸水道也同樣為敵人所利用,使得科技成為危害帝國的「雙面刃」。因此,在地緣政治事務上千萬

2　編注:美國國防部的環保科技計畫,由美國能源部與環保署執行,旨在研究環境變遷可能對國防造成的影響及因應的辦法。

全球大學排行 TOP10

*2022年資料

第1名	第2名	第2名 (並列)	第4名	第5名
牛津大學	加州理工學院	哈佛大學	史丹佛大學	劍橋大學

第5名 (並列)	第7名	第8名	第9名	第10名
麻省理工學院	普林斯頓大學	加州大學 柏克萊分校	耶魯大學	芝加哥大學

▲美國在高等教育領域下足了工夫，所以該國的大學普遍公認是全球最好的大學（根據調查研究顯示，10所最佳大學中美國大學就占了8所❶）。這些大學培養出最優秀的電腦科學家，還有超過一半的諾貝爾科學獎得主。除此之外，他們倡導一種「不是只要通過考試就好」的教學與思考體系，在這裡，「菁英政治」（meritocracy）不像其他誇誇其談的國家那樣僅僅是句空話，而是真的鼓勵、獎勵具備才能、靈活思維與解決問題能力的人才。

　　這項巨大優勢再加上政府大力參與新技術研發，是美國保持世界領先地位的主要因素之一。但美國大學吸引世界各地的人才同樣也帶來壞處，因為成千上萬的外國學生渴望吸收這些大學所教授的知識，而在科技和經濟上與美國競爭的國家也得利於此。目前美國大學中約有80%的外國學生是亞洲人，主要來自中國。美國政府發覺如此一來將會洩漏專業知識，直接影響國家安全，因此正想方設法要避免或至少約束這種情況。

---

❶ 編注：2022年全球大學排名，不論THE、U.S. News或CWUR的調查，美國大學皆在前10名中占了8名；而QS公布的排名中，美國大學也占了5名。本圖表以THE（英國《泰晤士高等教育》特刊）公布的全球大學排名為依據。

不要落入技術樂觀主義。技術不會變成藏身的戰壕，不可能躲在裡面等待敵人失敗或停止努力。精神士氣與求勝意志永遠是最重要的，沒有這兩者，再好、再專門的技術也無法制勝，因為技術永遠是由人的意志操控。

　　此外，如果大國之間爆發全球科技大戰，可能會發展出一個奇怪的態勢：那些科技最不發達的國家將會在不知不覺間成為贏家。

太空競賽死灰復燃

> 我們登陸月球不是為了研究或收集土壤樣本，
> 而是為了在太空競賽中贏過俄羅斯人。
> 其他一切都是次要的。
> ——美國太空人伯茲·艾德林[3]

　　說到技術霸權之爭，就不得不提到太空競賽，亦即蘇聯和美國在1960年代爭奪太空主導權的拉鋸戰。這是一場時間的競賽，科學反而無足輕重。蘇聯人率先於1961年4月12日將人類送上宇宙，參與此任務的太空人是尤里·加加林（Yuri Gagarin），然而就在不到一個月後，美國國家航空暨太空總署（National Aeronautics and Space Administration，以下簡稱NASA）也將美國人艾倫·謝波德（Alan Shepard）送上軌道。

　　儘管鮮為人知，蘇聯也是將女性送入太空的先驅。1963年6月16日，代號「海鷗」（Chaika）的瓦倫蒂娜·泰勒斯可娃（Valentina Tereshkova）乘坐東方六號（Vostok 6）成為第一位進入太空的女性。將女性送進太空不僅是一項科學壯舉，更是一場文化革命與對美國體系的羞辱。在當時的美國，無論是社會或是媒體都要求女性當個「完美的家庭主婦」，蘇聯的目的是要展現蘇聯社會致力於推動全體成員的進步與平等，而這正是共產主義社會的典型特質。因此，這非但是一場贏得太空主導權的競賽，更是兩個對立體系意識形態的對抗。

3　　譯注：伯茲·艾德林（Buzz Aldrin）曾參與阿波羅十一號任務，是第二位踏上月球的地球人。

　　不過，最後終究是美國於1970年代末贏得了太空競賽。1969年7月20日，美國的阿波羅十一號（Apolo 11）成功登陸月球。然而，這場美蘇冷戰時期的太空競賽也就此失去意義，因為大眾對太空發展不再感興趣，畢竟難以置信的事情都已經實現了，而媒體對太空飛行的關注度也大幅下降，再加上發射火箭和登陸月球計畫的高額成本，使得太空任務無可避免地遭到縮減。美國上一次執行載人登月任務是1972年9月的阿波羅十七號（Apolo 17）。

　　美國繼續探索太空的意願逐漸降低，而太空競賽又已經獲勝，自此月球上唯一能做的就只剩下科學研究了，但以這種高價進行研究無利可圖，因此NASA放棄登陸月球，以更經濟實惠的計畫取而代之，例如：國際太空站（International Space Station, ISS）。蘇聯同樣對月球興趣缺缺，尤其在競爭失敗後更加意興闌珊。似乎沒有人願意繼續在這方面再次揮霍巨額預算，據統計，長達十年的太空競賽，兩大強權花費共約1,000億美元。然而，儘管探索太空的速度減緩，卻依然有所進展。在加加林飛行20週年紀念日，也就是1981年4月12日，美國發射第一艘可重複使用的太空梭。1988年，蘇聯也發射了第一艘也是唯一一艘無人駕駛太空梭「暴風雪號」（Buran）。

　　二十世紀末，第二輪的太空競賽很可能業已展開。例如，歐洲太空總署（European Space Agency, ESA）主導發射阿利安四號（Ariane 4）運載火箭的計畫，顯然想在無人機探索太空方面與NASA一較長短。歐洲太空總署投注的心血與雄心壯志也體現在「曙光女神計畫」（Aurora programme）上，該計畫預計在2030年載送太空人抵達火星。不只歐洲，許多國家也有能力加入這場太空競賽，其中又以中國為最，當然印度也不甘落於人後。

◆ 中國崛起：太空是中國的下一個非洲？

　　近年來，中國似乎在新一輪的太空競賽中取得領先，儘管他們起步較晚，直到2003年才把人送上太空。中國投入太空競賽不僅僅是為了科學研究，也是為了宣傳，北京政府意圖藉由太空活動，向國內人民及世界展示其科技與軍事實力。

　　如同在其他領域的發展，中國推行太空計畫的速度也是銳不可當。2011

年，中國發射了自己的太空站「天宮一號」。兩年後，也就是 2013 年，又以一輛小型無人探測車成功登陸月球。2016 年，中國將第二個太空站「天宮二號」送入太空，接替停止運作的「天宮一號」。2019 年 1 月，「嫦娥四號」探測器順利在月球背面登陸。2021 年，中國計畫要獨自建立「天宮太空站」，至今階段性目標已陸續達成，預計於 2022 年底完工；同年，「祝融號火星車」成功登陸火星表面，將長期對火星進行探測。不僅如此，中國還建造了世界最大的電波望遠鏡，希望能證明宇宙某處存在其他智慧生命。北京政府也計畫在 2030 年將中國太空人送上月球，未來更打算載人登陸火星。

◆ 美國重返月球：以月球為跳板，征服火星

為了抵禦中國在太空領域的推進，時任美國總統的川普於 2017 年 12 月 11 日簽署了一項太空政策指令，指示 NASA 重返月球建立基地，以作為執行火星任務的中繼站。簽署儀式充滿象徵意義，一向是表演大師的川普特別將簽署日訂在阿波羅十七號最後一次登月的 45 週年紀念日，並且由最後兩位踏上月球的太空人之一，哈里森・「傑克」・舒密特（Harrison "Jack" Schmitt）陪同。正如川普本人所說，華府計畫再度以載人太空飛行器探索太空，並將探索的重心放在火星[4]。

毫無疑問，美國不讓中國率先「殖民」火星。更重要的是，最新的科學數據顯示這顆紅色行星蘊藏大量水源，代表人類理論上有可能在火星居住[5]。

---

[4] 編注：2022 年，美國總統拜登下撥下 260 億美元預算給 NASA，被視為持續支持「阿提米絲計畫」（Artemis）的舉動。此計畫最初於 2010 年提出，2017 年 10 月正式宣布實行，旨在讓美國太空人於 2025 年重返月球，並於 2028 年建立永久基地，以作為研究及登陸火星的基礎。NASA 預計將於 2040 年登陸火星。

[5] 2018 年 1 月，美國太空總署展示了火星中緯度區域地表下幾公尺處水冰層（layers of water ice）的重要照片。隨後，在同年 7 月底，義大利科學家利用 ESA「火星快車號」（Mars Express）探測器獲得的數據顯示，在這顆紅色星球的南極冰層下，有一個長 20 公里的液態鹹水湖。

星際大戰成真，銀河系將成一級戰場？

儘管國際公約明確禁止，但太空實際上已明顯軍事化，而且很可能引發公開戰爭。老實說，太空軍事競賽從2007年中國摧毀一顆在軌道上運行的衛星後，就已經開始了[6]。從那時候起，無論是架設在地面或直接部署於太空的武器，在保護和摧毀衛星的技術上都已有長足的進展。許多超級大國也利用太空軍事化來展示自身力量與科技。

大國為了在太空取得優勢地位而紛紛發展太空戰略計畫，致使防禦與攻擊措施方面的競爭愈演愈烈。除了改進導彈技術外，還包括導能和雷射武器等最先進的項目。在這場快速升溫的太空競賽中，大國想方設法要在以太空為目標的新殖民時代搶得先機，上述種種只不過是其中一部分罷了。

各國發展的具體項目的確切數據不多，因為此類計畫都屬於高度機密，大眾或許可以從維基解密洩漏的資訊中得知概況，但其餘部分便純屬猜測。不過，太空殖民時代確實已經開啟，因為聯合國在近年的報告中，對於太空軍事化及太空戰爭的風險也表示極度擔憂。無庸置疑，太空已經成為大國競爭的首要舞台。

總而言之，現在的情況就如同1980年代雷根總統「星際大戰」（Star Wars）計畫的翻版。雷根計畫的官方名稱是「戰略防禦計畫」（Strategic Defense Initiative），目的是要利用安裝雷射或其他導彈系統的太空衛星，在敵人的洲際彈道飛彈（intercontinental ballistic missile, ICBM）擊中目標前將之摧毀，且最好是在敵人的領空就予以破壞。回顧冷戰時期，美蘇競賽曾讓蘇聯疲於奔命，而今日這場捲土重來的太空競賽，則因為科技進步而更加嚴峻，尤其是其中還加入了中國這位新角色。

川普在總統任內的舉措就是最佳例證，他決定建立一支專責確保太空安全的獨立部隊。2018年6月中旬，川普命令五角大廈成立一個他稱之為「太空軍」（Space Force）的新武裝部隊機構，並且列入國家安全的第一優先事項。當

6　編注：此指2007年中國進行的反衛星飛彈試射，成功擊落一枚失效的氣象衛星，詳見p.205。

時空軍已有一個「太空司令部」（Space Command）[7]專門負責太空行動，人員編制約4萬人，分布在130多個國家，主要是管理通訊、氣象和全球定位系統（GPS）衛星。這一次，川普毫不猶豫地公開表示，他的意圖是要防止中國、俄羅斯或其他國家在太空領域搶先美國一步。

川普的命令獲得重視。兩個月後，也就是2018年8月9日，國防部針對成立太空軍提出了建議書，並送交國會批准。白宮設想的第六個軍事部門[8]，即太空軍，需要大約80億美元的資金，預計於2020年全面開始運作[9]。在長達15頁的報告中，國防部建議設立與其他戰略司令部處於同一級別的太空司令部，並由國防部副部長領軍，另外再成立太空局（Space Agency）[10]支援司令部，負責研究與創新計畫。

報告中，副總統彭斯（Mike Pence）為川普的決策想了個正當理由，那就是中國、俄羅斯、北韓和伊朗等美國主要地緣政治對手已展開激烈的太空競賽。彭斯的言下之意是，華府已經從主宰一切的美夢中醒來，未來勢必要扭轉局面，重新掌握美國失去的特權。而誠如彭斯所說，太空是掌握世界主導權不可或缺的一環，如今已不再是一個「和平的地方」，而是與國家切身利益相關，且必須完全宰制的一級「新戰場」。

俄羅斯第一時間便做出反應。2018年8月底，副總理波瑞索夫（Yury Borisov）宣布待隔年4月合約到期，俄羅斯將不再與NASA續約，替美國將太空人運到國際太空站再送返地球。對很多美國人來說，使用俄羅斯的「聯盟號」（Soyuz）太空船將美國太空人送上軌道，不僅要付出金錢為代價（2018年，NASA為每個座位支付8,100萬美元），還是種差辱。因此彭斯接著宣布美國「很快」就不需要俄羅斯協助送美國人進太空，並且會在2025年重返月球。為此，華府即刻安排「天龍號」太空船（SpaceX Dragon）進行載人太空任務，這是自2011年取消太空梭計畫以來首次執行載人任務。

7　編注：隸屬於空軍的太空司令部成立於1982年，是美國的第一個太空軍事機構。2019年太空軍（USSF）正式成立後，便重新劃分至太空軍作為過渡總部，並於隔年更名為「Space Operations Command」。

8　譯注：美軍原本已有五個軍事部門，分別是美國陸軍、海軍、空軍、海軍陸戰隊及海岸防衛隊。

9　編注：太空軍於2019年12月宣布成立，並於2020年5月舉行軍旗亮相儀式，編制及設備陸續充實當中。

10　編注：2019年正式成立後的名稱為「太空發展局」（Space Development Agency, SDA）。預計2022年年底與太空軍合併。

美蘇兩大強權在緊張情勢下已合作近二十年，此次雙方決裂說明了太空競爭日益加劇。畢竟在太空軍事化的過程中，強勢國家形成對立無可避免，由此產生的地緣政治後果也會影響世界上的其他國家。

另一個問題是，太空軍事化的過程可能導致國家的軍事預算超出負荷。截至目前為止，太空還沒有為這些「征服者」帶來任何好處。無論是利用行星和小行星上的現有資源也好，還是建立減輕地球人口壓力的殖民地也罷，如果不盡快找到經濟利益，即使在軍事或權力上有利可圖，征服太空的未來仍不甚明朗。就如同西班牙之所以能征服美洲，是因為從哥倫布第一次航行開始，西班牙獲得的利益就足以讓政府支付之後連續探險的費用。

◆ 太空武器「殺手衛星」、「自殺衛星」

太空霸權的競爭愈演愈烈，事實上，一直有人試圖在太空遂行軍事目的，尤其是透過衛星從事軍事行動，無論是用於偵察、獲取敵人的資訊，還是用於通訊。不過，至今還未發展出能部署在軌道上，用以攻擊太空或地表目標的軍事武器[11]。當前最大的威脅是在軌道和地面部署反衛星武器（anti-satellite weapon, ASAT），透過物理破壞來達到目的，但缺點是會製造垃圾，阻礙本國的衛星軌道，相較之下更有效的做法是干預、擾亂、扭曲或駭進敵人的衛星。

現代人對衛星的依賴與日俱增，愈是科技發達的國家愈是脆弱。據統計，西方國家有7%的國內生產毛額有賴衛星運作，且每天大約有40億人使用GPS。而在戰爭期間，衛星的影響極大，不僅在情報和偵察事務、指引導彈及其他武器、導航、製圖、地形及氣象方面支援軍隊，還能協助通訊、指揮與控制部隊。由此可見，誰能主宰太空，誰就可以控制地球。截至2022年9月，太空中大約有6,706顆正在運作的主要衛星。任何國家只要優先在太空部署武器，就可以在太空橫行無阻。

衛星本身也可以成為武器。有些衛星能拍攝其他間諜衛星的祕密設備、攔

11　不僅是爭奪控制衛星頻譜，各國還必須考量到衛星經過的軌道，因為軌道是有限的，所以獨占軌道的競爭十分激烈。

全美太空港分布圖

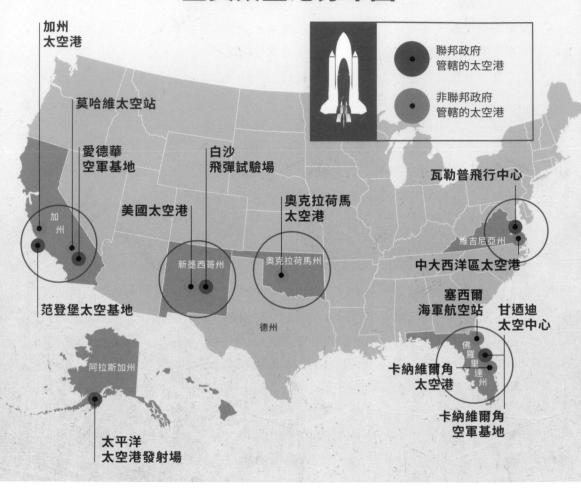

聯邦政府
管轄的太空港

非聯邦政府
管轄的太空港

加州
太空港

莫哈維太空站

愛德華
空軍基地

白沙
飛彈試驗場

美國太空港

奧克拉荷馬
太空港

瓦勒普飛行中心

加州

范登堡太空基地

新墨西哥州

奧克拉荷馬州

維吉尼亞州

中大西洋區太空港

塞西爾
海軍航空站

甘迺迪
太空中心

德州

阿拉斯加州

佛羅里達州

卡納維爾角
太空港

太平洋
太空港發射場

卡納維爾角
空軍基地

▲在美國境內，聯邦與各州政府有十幾間主要用於或專門用於太空事務的設施，其中一部分在某些情況下可供軍民兩用。儘管發射場的設置頗為低調，但此類設施數量之多，不難想像太空發展對美國的重要性。

俄羅斯也不甘落後，近年積極研發一種特殊設計的新火箭安加拉（Angara）❶，用來把大型貨物送上軌道。此外，俄國政府在俄羅斯東部的阿穆爾州（Amur Oblast）斥資約7.5億美元建造的東方太空發射場（Vostochny Cosmodrome）於2016年開始運作，至今已成功試射多次火箭，目前仍有部分發射台尚在建設中，預計2023年完工。如此一來，俄羅斯就不用再依賴哈薩克的貝康諾太空發射場（Baikonur Cosmodrome）進行太空飛行。

---

❶ 編注：2021年12月27日，俄羅斯第三次試射安加拉火箭，可惜依然未能成功。

截信號與通訊，甚至發動網路攻擊，或者使用某些器械（如機器手臂）攻擊或損害天線，讓他國衛星失效。這些衛星被稱為「殺手衛星」（killer satellite），此外也有「自殺衛星」（suicide satellite），功用是摧毀其他目標，或至少藉由撞擊讓目標對象無法運作。

◆ 衛星戰勝者為王，中俄美互不相讓

如同前文所述，當前的太空對抗始於2007年1月11日，中國摧毀一顆名為FY-1C的老舊氣象研究衛星。該衛星為1999年發射的風雲系列第四顆衛星，重達750公斤，以高度約865公里的繞極軌道環繞地球。用來摧毀衛星的是雙城-19（SC-19）反衛星飛彈，裝載彈頭與美國的外大氣層擊殺載具（Exoatmospheric Kill Vehicle）相似。飛彈從西昌衛星發射中心的直立式發射架運輸載具發射，彈頭以極高的相對速度直接碰撞並摧毀FY-1C衛星。

北京政府展示出摧毀軌道衛星的能力，讓其他擁有衛星的國家危機感大增，而緊張的局勢也隨之升溫。2008年2月，俄羅斯與中國向美國提出一項太空非軍事化協議，其中包括放棄在太空「使用或威脅使用武力」。華府拒絕了該項提議，認為這會限制美國控制自己領土範圍內衛星通行的能力。

為了向世界證明自己也和中國有同樣的能力，2008年2月21日，華府從位於夏威夷近海的飛彈巡洋艦「伊利湖號」（USS Lake Erie）上發射了一枚SM-3（Standard Missile，標準三型）飛彈，以摧毀故障的偵察衛星US-193。這枚間諜衛星於2006年12月14日從隸屬於美國空軍的加州范登堡太空基地（Vandenberg Space Force Base）發射，不過從未抵達正確的軌道，而且有墜落地球的跡象。

從此以後，太空中的意外事件頻傳。例如2008年，一枚NASA的觀測衛星遭到網路攻擊。隔年，一顆俄羅斯衛星和美國衛星發生看似意外的碰撞。2010年1月，中國測試SC-19反衛星飛彈的改良版，摧毀了高度240公里的火箭。美國則於2010年4月將一艘出人意表的祕密飛行器「X-37B」送入軌道。X-37B是一種重達5噸的無人軍用飛行器，又稱「軌道測試載具」（Orbital Test Vehicle, OTV），可以在地表上方350公里處的軌道上運行，執行「實驗任務」

（X-37A隸屬於NASA，非軍用）。X-37B在設計上可以飛行超過兩年[12]，由於能長時間停留在太空，且在不摧毀敵方衛星的情況下挪開衛星，而被視為一項十分有效的武器，至少中國人對此深感憂心。2011年，中國測試航天飛機神龍號，而NASA則開發出一種能清除太空垃圾的雷射。

2013年5月，北京在西昌衛星發射中心試射飛彈。美國懷疑中國實際上是在測試新型動能2號（DN-2）反衛星飛彈，該飛彈足以摧毀美國的間諜與GPS衛星。同年稍晚，中國發射了實驗7號（SY-7）祕密衛星，據NASA表示，該衛星配備能在太空中抓取其他物體的機械手臂，得以拔掉其他衛星的太陽能板。2015年10月30日，中國在庫爾勒飛彈試驗場進行動能3號的第八次測試，而這是一種可以讓美國衛星失效的新型導彈。

俄羅斯也密切注意太空競賽的發展。2015年，莫斯科政府對太空部隊進行改革，將航太防衛軍（Aerospace Defence Forces）與空軍合併，建立俄羅斯航空太空軍（Aerospace Forces），以尋求更高的效率。根據美國的情報，俄國曾在2014與2015年進行內容不明的演習，可能是祕密發射殺手衛星，例如Kosmos-2499和Kosmos-2504。接著在2016年12月，又有傳言指稱莫斯科進行了一場反衛星武器測試，不過推測沒有成功，因為事後並未發現衛星遭到破壞的碎片。

2016年8月，中國發射全球第一枚量子通訊衛星「墨子號」，令眾人大吃一驚。這枚衛星意義重大，因為北京政府可以藉此將無法解密的金鑰從太空船傳輸到地球，建立不會遭到數位攻擊的量子通訊。這種做法能抵擋傳統的駭客攻擊，系統一旦檢測到入侵，就會銷毀加密的資訊。

這場形態特殊的戰爭持續延燒，據信，俄羅斯於2016年12月23日測試了反衛星飛彈。無獨有偶，2017年9月，美國也發射X-37B以測試電子和其他高度機密系統。毫無疑問，如果衛星因動力問題或受干擾而失效，整個西方的軍事體系很可能會崩潰，讓美國和大西洋聯盟喪失軍事力量。摧毀衛星將令美國這樣的現代軍隊喪失精確引導飛彈、無人駕駛科技和協調行動的優勢，還可能

12　編注：X-37B隸屬於美國空軍，至今已執行過五次任務，目前正在執行第六次任務（2020年5月發射升空），在軌道運行時間已超過先前最長紀錄780天。

癱瘓軍隊、使其失去判斷能力，並且切斷部隊與指揮中心的聯繫。

因此，當前的中國領導人把太空看作是極可能爆發衝突的「大型戰區」，而在太空掌握主導權，對於獲得最終勝利極其重要，所以中國的軍事專家十分認真地思考該如何作戰，好贏得未來的宇宙戰爭。

◆ 搭載印度太空夢的月球飛船

在這場太空科技競賽中，印度等新興國家也急起直追。1975年，新德里政府將印度第一顆自製衛星「阿耶波多」（Aryabhatta）推上軌道，接收無線電信號。2011年，再發射能自主運作的地球同步衛星運載火箭；涵蓋電視、通訊和氣象領域的印度國家衛星系統（Indian National Satellite System, INSAT），其新衛星亦於2014年發射成功。此外，印度斥資7,300萬美元研發的探測器「曼加里安號」（Mangalyaan），同樣自2014年起繞行火星軌道。2019年，印度發射「月球飛船2號」（Chandrayaan-2）試圖登陸月球，但探測車不幸著陸失敗，預計於2023年再發射「月球飛船3號」，未來更計畫探測金星。

太空是地球能源危機的解方？

某些國家有意在月球上設置太陽能發電廠，透過無線的方式將電力發送到地球，其原理是將電流轉換成微波遠距離傳輸，然後再轉換回電流，就像特斯拉（Nikola Tesla）的理論中描述的那樣。儘管這個想法在半個世紀以前就提出了[13]，但華府直到2007年才有具體計畫。五角大廈也在一份報告中建議於太空建造特設平台，上面安裝配備大型太陽能板的太陽能發電機。該平台將繞著地球運行並持續接收強烈的陽光，如此一來，不只能比地球表面的太陽能板更接

13　編注：此指1968年美國科學家格拉澤（Peter Glaser）提出的太陽能發電衛星（solar power satellite, SPS）計畫。NASA曾於1970、1990年代投入研究，但限於經濟與技術問題未有成果，2007年的構想也仍在發展中。2020年5月，美國海軍實驗研究室（Naval Research Laboratory, NRL）首次進行太陽能發電衛星測試。

近太陽，也沒有會遮蔽太陽光線的雲。據估計，僅僅一公里寬的地球同步軌道，每年接收的陽光就相當於地球上所有現儲石油的能量，因此極度有利可圖[14]。

　　無論是來自國家還是私人的倡議，其他與太空相關的重要創新概念還包括：發展能在大氣層與太空使用的「太空機翼」、可回收利用的火箭、太空旅遊、發射電子衛星、從小行星採集水和礦物、微型化衛星以及實現登陸火星的偉大夢想。

　　說到太空發展，就不得不提及天體輻射，因為輻射是妨害人類在太空生存的關鍵要素，輕易就能穿透太空人的太空衣與防護裝備，無論這些裝備多麼厚實或絕緣都於事無補。除此之外，還有失重狀態對骨骼與肌肉的影響，就算在國際太空站藉由運動復健，也會對身體造成嚴重損傷。因此，每位太空人在太空站最多只能停留六個月，隨後就必須回到地球上進行長期復健。由於外太空的條件不利於人類生存，機器人化（robotization）是目前發展太空活動的唯一手段，即使如此，美國、中國等參與太空探險的國家仍抱持著「殖民」的幻想，冀望等科技發展成熟後把預期的未來化作現實。

14　編注：除了美國，日本、中國、俄羅斯、印度、英國也投入發展太空太陽能發電。日本歷經數十年研究，預計於2025年完成發電模組；中國則自2019年起搭建實驗基地，預計2035年啟用太空發電站；英國也計畫於2040年啟用太陽能發電衛星。

第九章

戰略溝通
靠一張嘴主導世界

在現代，誰控制了媒體，誰就控制了人的思想。

——西班牙作家豪爾赫·布拉施克（Jorge Blaschke），
摘錄自《是這些破壞了和平》（*Estos mataron la paz*）

無處可躲的資訊轟炸

我們不再追尋新聞，因為新聞會自己找上門。
——美國作家艾瑞克·奎爾曼[1]

今日，人們無時無刻不接收到大量的資訊，就算是住在地球上最偏遠地區的居民也不例外。而且使用者不再是依據自己工作或娛樂上的需要主動搜尋資訊，而是經常遭到不必要的資訊轟炸，甚至在多數情況下，是被「人民有知的權利」的概念所綁架。這些資訊有時甚至不是真的，在氾濫的「言論自由」保護下，蓄意提供虛假或不準確資訊的惡行已是司空見慣[2]。

現今的媒體具有普遍性與即時性的特質，可以觸及地球上最偏遠的地區，即使是社會並未高度發展的區域也能抵達。而且使用的媒介不再局限於廣播和電視，據估計，今日最少有40億人（超過全球一半的人口）擁有可以上網的筆記型電腦、手機或平板[3]，甚至是在沒有民生基礎建設或自來水的地方亦然。基於所謂的「通訊民主化」，愈來愈少人能擺脫資訊的轟炸。谷歌和臉書等公司便是以此為由，首創使用熱氣球和太陽能板驅動的無人機，試圖將數據傳輸到最偏遠的地方，以利拓展客群。

儘管某些國家的政府試圖完全或在某種程度上保護公民不受媒體「入侵」，因為媒體無疑有能力改變對生活各個面向（社會、政治、宗教……）的詮釋，甚至改變幾千年來的文化與傳統，然而許多低度開發國家的人民更寧願獲得衛星電視接收器或行動電話。

現代人一天之內獲得的資訊量，比祖父輩一生獲得的還要多。更有甚者，官方立場也不再堅定不移，立場180度大轉彎的事時有所聞，有時還變得荒誕不經，而且趨勢變化（通常是有人刻意帶風向）之迅速，人們甚至還沒意識到新的

---

1   譯注：艾瑞克·奎爾曼（Erik Qualman），美國知名作家，曾於霍特國際商學院（HULT International Business School）擔任企管教授。

2   本章部分內容出自我在第十八屆國際防衛課程「媒體與軍事行動」（XVIII Curso Internacional de Defensa titulado Medios de comunicación y operaciones militares）發表的〈戰略溝通：二十一世紀勝利的關鍵〉（*Comunicación estratégica: la clave de la victoria en el siglo xxi*）一文。

3   這40億網路用戶每天在Google上進行60億次搜索，並發送2,500億封電子郵件和8億5,000萬條推特。

現實，資訊就已經過時了。無庸置疑，上述種種讓公民意識到自己在社會博弈中愈來愈舉足輕重，透過灌輸資訊，即使是誤導的資訊，都能促使公民相信自己有權參與某些決策。無論如何，資訊的廣泛傳播，意味著人們必須將之視為國家和國際政治的基本要素，同時也是在各個領域取得勝利的關鍵，因為能夠控制觀念、思想、言論、敘事和影像的人，就能在當地或在全世界占據主導地位。

即使是戰爭，在某些層面上也少不了這些大眾傳播工具作為武器，或者可以稱之為大規模分散注意力武器，因為如果沒有充分有效地使用媒體，敵人將會贏得重要的傳播戰。因此，聰明的政府會擬訂一套由最高政治層級指揮的溝通戰略，以利國家在各個領域的行動都能取得成效。企業也是如此，尤其是業務範圍遍及全球的企業，正面的品牌形象更是至關重要。

◆ 歷史上的輿論操縱大師

> 很顯然，傳播戰是本世紀最強大的作戰方式之一；
> 事實上，在所有的戰事籌備中，傳播戰的比例高達90%。
> ──賓拉登

利用傳播來影響大眾認知早已不是什麼新鮮事。亞歷山大大帝就是操縱輿論的佼佼者，他掌握了演說的藝術，並具有一種不尋常的能力，擅長用充滿鼓勵的言詞和勝利的保證來說服他的士兵。而成吉思汗的蒙古軍隊則是透過散播謠言，誇大自身的殘酷行徑與騎兵數量，向即將侵略的地區灌輸恐懼（如第一章所述）。

拿破崙也許是最具代表性的例子，他透過報刊與藝術放大自己的勝利，建立起自身的神話，並且為他的大軍打造出所向披靡的形象，同時也將自己提升到近乎神聖的地位。這麼做的目的是要取得法國的領土及其盟友的支持，引發真實或潛在敵人的恐慌。當時拿破崙廣泛使用傳單、快報及戰爭紀念勳章來打傳播戰，英國則是透過發行諷刺拿破崙及其政策與軍事功績的漫畫、傳單等極具挑釁意味的反宣傳回擊。西班牙同樣發起針對拿破崙及其追隨者的激烈媒體

運動，他們使用各種不同的文宣品（信件、小冊子、傳單……）及戲劇作品，將拿破崙一眾描繪成人類所有邪惡與罪行的化身。

◆ 從越戰挫敗中崛起的戰略溝通

> 掌控資訊領域的困難之處在於，
> 我們面對的是一個適應力強、無情且具人工智慧的對手，
> 而且它深知全球資訊網路是最有效的工具，
> 能直擊我們的痛處：公眾輿論，不論國內外。
> ──美國陸軍中將湯馬士・梅茲（Thomas F. Metz）

「戰略溝通」（strategic communication）這個概念的起源與大眾傳播媒體脫不了關係，尤其是電視。1981年雷根出任美國總統，當時美國才於六年前結束越戰（第一場有電視傳播的戰爭），在國際間威望盡失，被視為道德沉淪的國家。為了從越戰的挫敗中振作起來，雷根政府採取的主要措施之一便是於1987年起草《國家安全戰略》報告，並從那時候起，即強調戰略溝通對於恢復國際名聲，以及喚醒全民對於美國的巨大潛力與核心價值的認同至關重要。

《國家安全戰略》報告將「戰略溝通」定義為結合資訊與科技，影響各國政府、超國家組織（supranational organization）、非政府組織和私人企業運作，以讓他們在國際上支持美國國家安全戰略和目標的工具。簡而言之，美國打算利用曾積極投入報導越戰的大眾媒體，以更輕鬆、更可靠的方式實現其政治和地緣政治目標。

美國自此便相當重視戰略溝通，這一點可以從與安全、國防及地緣政治相關的重要文件獲得證實，而戰略溝通也被視為穩固國家權力的基石之一。例如：2008年的《國家安全戰略》報告中，明確指出戰略溝通「對於促進國家安全統合日益重要」。除此之外，2010年的《國家安全戰略》報告也指明戰略溝通是維繫美國領導全球的正當性，與支持國家政治目標不可或缺的一環。儘管在2017年的《國家安全戰略》報告中沒有確切使用這個詞語，但有整整一個章節在闡述「提升美國影響力」，而實際上兩者的目的並無二致。

歐巴馬當選，是必然不是偶然？

▲某些專家認為，歐巴馬當選美國總統是史上最大戰略溝通活動的結果。美國在小布希（George W. Bush）八年總統任期內，在世界大部分地區留下了非常可怕的印象，因此必須大幅改善世人對美國的看法，才能繼續達成美國地緣政治的目標。而美國也確實收到了預期的效果，雖然歐巴馬總統的某些行動明顯招致批評，但透過上述的傳播活動得以緩和下來，讓華府的某些政策獲得其他國家的同意、允許或是消極應對，成功將世界的反對聲浪減至最低，以利推行。

◆ 足以與大國抗衡的媒體戰權威

> 我們正在打一場仗，一場主要透過媒體較量的戰爭。
> 各方媒體彼此角力，試圖搶先贏得伊斯蘭信徒的心。
> ——2005 年 7 月 9 日，薩瓦里給札卡維[4]的訊息

　　採取「不對稱作戰」（asymmetric warfare）的一方往往都是使用戰略溝通的大師，無論是與薩拉菲聖戰（Salafi jihadism）運動有關的恐怖組織，如蓋達組織或自稱國家的ISIS，還是塔利班（Taliban）等叛亂武裝團體皆是如此。為了以不平等的軍力及明顯處於劣勢的軍事科技下，獲取看似不可能的成功，他們用最小的軍事成本尋求最大的新聞媒體效益，目的是影響西方民主國家輿論的重心，進而影響政治決策者。

　　他們的主要目的是放大媒體的影響力，企圖在西方社會製造一種永久的不安全感，削弱國與國之間的團結、破壞聯盟並且逼迫民主政府違背自己的價值觀；與此同時，也希望能促使西方國家放棄對抗，以獲取空間及時間來重整、訓練、強化並準備後續的戰鬥。善用戰略溝通，再利用敵對國家的技術資源、透析其弱點，恐怖份子儼然成為心理戰和媒體戰的權威，因為他們即使面對實力強大到足以輾壓自己數千次的對手，依然有辦法另闢蹊徑、謀求勝利。

　　不對稱作戰方還有一個更大的優勢，那就是無須對公眾輿論負責，也沒有議會之類的組織足以質疑或是左右他們。此外，他們面對自己的受眾會合理化自身的作為，並且尋求外部的兵力與經濟支援。他們傳遞的訊息都非常基本且重複，但極具說服力。例如：外國人正在殺害我們的婦女及兒童；現在的政府是猶太基督教的傀儡；異教徒在伊斯蘭教的土地上定居，掠奪我們的資源；基督徒企圖終結我們的價值觀和生活方式；必須對抗無神論者帶給我們的恥辱；儘管曠日廢時，但勝利女神會站在我們這一邊。他們也很清楚不對稱作戰是一把雙刃劍，有可能反過來傷了自己，因此，他們會根據自身的利益，有時密集宣傳，有時低調蟄伏。

4　譯注：札卡維（Abu Musab al-Zarqawi，1966 ～ 2006年），伊斯蘭國領導人，死於美軍轟炸。

決定勝負的是恐懼的人數

▲公眾輿論是民主社會的弱點。因此，操縱輿論是所有恐怖份子與叛亂份子的首要目標，他們深知「大後方」無法忍受死亡的場景。事實上，薩拉菲聖戰恐怖份子不過是實踐了一句古老的阿拉伯諺語：「決定勝負的不是死亡的人數，而是恐懼的人數。」

這些團體一方面毫不猶豫地將衝突延長，持續對西方社會施加精神壓力，直到眾人無法忍受；另一方面則使用自殺攻擊，並記錄下最血腥的場景大肆傳播以引發恐懼，同時鼓舞其追隨者。至於威脅要殺害士兵、攻擊特定國家首都或損害經濟財產等手段，需要用上時他們也絕不會遲疑。他們充分利用了現代媒體的力量，將攻擊當作一場表演，一齣尋求最高收視率的戲劇。

比起炮彈，你更需要網路來打贏戰爭

▲戰略溝通是實現和維護地緣政治與國家安全目標的絕佳手段，不過說到底，除了維護國家利益之外，戰略溝通也沒有其他的目的。此外，在傳播的領域中，國家還必須面對愈來愈精通此項技術的不對稱對手，而且對方堅信可以透過戰略溝通達到目的，也是除了武力以外唯一的制勝方式。

若說現代的衝突是在輿論而非戰場上決勝負也不為過，這是國家的軍事資源史上頭一次毫無用武之地。有時候，為了維持人民和軍隊的士氣及取得的成果，以良好形象結束衝突遠勝於坐收疑點重重的勝利。別忘了，在一個形象比最強炮彈更有影響力的社會環境下，如果不抓緊民心，自己的人民很可能就會轉而支持對手。

誰輸誰贏其實無關緊要，重點是誰被視為勝利者，比起現實情況，大眾的觀感更為重要。在現今的不對稱作戰中，檯面上的事實很可能極具誤導性，而且難以辨識真假。儘管看似弔詭，但最有利可圖的情況是在軍事上輸了，卻在媒體上贏了。各國必須在傳播戰中盡全力獲勝，否則所有的努力都將白費，甚至反倒讓對手利用傳播媒體贏得最後的勝利。

因此，立基於影響力的行動策略才是致勝關鍵，善用媒體傳達一則好故事，成效絕對遠遠超越完全倚靠傳統戰爭。

外星人入侵地球？——傳播媒體的使用與濫用

> 媒體所造成的傷害比原子彈還大，
> 因為會摧毀腦袋。
> ——杭士基[5]

　　若要控制人民，首先須獲取文化權力而非政治權力。如果可以影響個人對現實的詮釋，就可以讓他們相信你想要他們相信的，甚至說服他們投票支持某位候選人或政黨。正如前文所述，電影和傳播媒體作為向世界推銷思想的手段，堪稱是傳播戰的完美武器。

　　歷史已證明傳播媒體在形塑公眾輿論方面十分有效。透過各種媒體工具與宣傳，便足以創造或是破壞社會及政治運動、將戰爭合理化、引發金融危機，或帶動思想潮流。媒體本身也成為群體心理真實的生產者。在眾多體現大眾媒體影響力的案例中，希區考克（Alfred Hitchcock）於1940年在西班牙上映的電影《蝴蝶夢》（Rebecca）很值得一提。主角在整部電影中所穿的無領開襟衫在當時的西班牙相當少見，而受到這部電影的影響，無領開襟衫從那時起在西班牙就被稱作「rebecca」。除此之外，奧森・威爾斯（Orson Welles，電影《大國民》〔Citizen Kane〕的導演）1938年製播的廣播劇《世界大戰》（The War of the Worlds）也是媒體影響力的又一例證。這部有關外星人入侵的廣播劇在美國引發騷動，因為播出當天有許多聽眾以為外星人真的入侵地球。

　　近年在西班牙最具代表性的例子是記者喬迪・艾沃勒（Jordi Évole）2014年在西班牙電視台第六台（La Sexta）製播的偽紀錄片：《宮殿行動》（Operación Palace）。該片提出的論點是，在西班牙民主轉型時期是警察、高級防禦情報中心（Superior Center of Defense Information，國家情報中心前身）與王室策畫了1981年2月23日的失敗政變。紀錄片播出後，絕大部分觀眾因為內容是電視台提供的訊息而深信不疑。根據艾沃勒的說法，他是希望藉由《宮殿行動》讓人們思考

5　譯注：諾姆・杭士基（Noam Chomsky），美國語言學家暨認知科學家，著有《誰統治世界？》（Who Rules the World?，繁中版由時報出版）、《製造共識》（Manufacturing Consent，繁中版由野人文化出版）等書。

謊言的影響。

　　這就是所謂的「媒體效應」，或稱為「CNN效應」（CNN effect）。媒體就如同巨大的現實產生器，導致新聞本身的真實性遭到忽視。換句話說，那些沒有出現在電視和網路上，以及社群媒體、即時通訊軟體上沒報導的事件，基本上等於不存在。不管是導致許多人死亡的「凍結衝突」[6]或是嬰兒高致死率的區域性流行病，還是無聲的種族滅絕，只要沒有出現在新聞上，或是在網路上沒有聲量，就不會有人在意。即使有人意外接收到戲劇性的突發新聞，也很可能會因為沒有得到主流媒體或主要社群媒體的證實，而懷疑其真實性。

　　如今，社群媒體試圖抵消主流媒體網絡強加給大眾的偏見與曲解的事實。然而，即使社群媒體向使用者提供了另一種觀點，但除了檯面上的所有者，究竟是誰真正控制了這些社群媒體與即時通訊軟體仍是個問題，所以操縱依舊存在，甚至更加明顯。

　　社群媒體並沒有取代傳統媒體，而是成為傳統媒體的傳聲筒，進而讓傳統媒體擺脫了新聞道德規範的約束，也無須生產內容。此外，網路媒體基於演算法投放消息、以商業目的過濾內容，卻仍然具有政治與社會影響力也是一大問題。

6　凍結衝突（frozen conflict），意指衝突雙方雖然停火，但並未達成任何協議，衝突隨時可能再度發生。例如葉門就是如此，儘管那裡遭受了可怕的人道災難，但媒體的興趣卻微乎其微。不過這並非偶然，這場由沙烏地阿拉伯及其主要盟國發起的衝突事件，因為涉及巨大的國家利益，因此媒體能見度愈低愈好。

▶各國使用宣傳與文化來操控公眾輿論，並非這個時代獨有的產物，過去幾個世紀以來便時有所聞，比如著名的「西班牙黑色傳說」[1]。1914年，胡立安・胡戴利亞斯（Julián Juderías）在其著作《西班牙的黑色傳說》（La leyenda negra de España）中首次使用此一詞彙。根據作者：「藉由黑色傳說，我們可以了解在其他國家流傳的西班牙奇妙故事所營造出的氛圍；對於西班牙個人或集體性格的怪誕描述……；無知、狂熱的西班牙宗教審判，總是採取強烈的鎮壓、暴力手段，文明人再也無法與之為伍；是進步與革新的敵人；或者，換句話說，這個從十六世紀宗教改革以來便流傳的故事，一直被用來對付西班牙，尤其是在關乎西班牙存亡的關鍵時刻。」

這種帶有貶低意味的西班牙形象始於十六世紀，出自教士卡薩斯（Bartolomé de las Casas）所著、關於印第安人的作品[2]；而在神祕的蒙德斯（Reinaldo González Montes）著作《宗教審判的藝術》（Artes de la Inquisición）中，再次強化了這樣的形象；1581年，由法蘭德斯（Flanders）奧倫治親王威廉一世（William of Orange）撰寫、發表的《辯護書》（Apología）也讚揚此一說法。威廉一世因遭西班牙國王腓力二世（Felipe II）驅逐而發動武裝起義。起初，低地國（Netherlands）的反叛遭到鎮壓，迫使奧倫治親王流亡到德國，他散盡家財在當地招募傭兵，但很快就被阿爾巴公爵（Duque de Alba）的大方陣[3]擊潰。流放、窮困，再加上被腓力二世懸賞項上人頭及婚姻不幸，奧倫治親王為自己（一說是他人代筆）撰寫了一份辯護書，並在這份文件中大力詆毀西班牙王室的形象。

奧倫治親王在《辯護書》中指控腓力二世亂倫、重婚、通姦，而且還謀殺妻子瓦盧瓦的伊莎貝爾（Isabel de Valois）和兒子亞斯都利亞親王卡羅（Carlos de Austria）。儘管腓力二世力圖澄清，卻總是擺脫不了暴君和殺害妻兒的劊子手形象。而奧倫治親王的攻訐雖然主要是針對王室，但西班牙人也蒙受其害，被描繪成驕傲、貪婪、狂熱、報復心重且四處樹敵者。這些對抗腓力二世與宗教裁判所大法官的政治與宗教壓迫事件，後來也被改編成戲劇，例如德國劇作家席勒（Friedrich Schiller）於1787年首演的戲劇《唐・卡羅》（Don Carlos），以及1867年首演的義大利作曲家威爾第（Giuseppe Verdi）同名歌劇，都在在強化了這些論點。

奧倫治親王的《辯護書》重創西班牙的形象，直到今天仍未撫平，因為這種形象已經深植人心，甚至許多西班牙人也對此深信不疑。

---

[1] 更多有關西班牙黑色傳說的資訊，請見瑪麗亞・巴雷阿（María Elvira Roca Barea）所著的《帝國恐懼症與黑色傳說》（Imperiofobia y leyenda negra）。

[2] 譯注：此指曾在美洲進行傳教的卡薩斯於1542年所寫的《西印度毀滅述略》（Brevísima relación de la destrucción de las Indias）。書中記載許多西班牙人對美洲印第安人的暴行。

[3] 譯注：大方陣（Tercio）是一種綜合長槍兵與火槍兵的步兵方陣。

西班牙的黑色傳說

商業塑造的美麗天堂

> 無論是商業或是政治廣告，
> 之所以能成功，都歸功於持續不斷地曝光。
> ——希特勒，摘錄自《我的奮鬥》（*Mein Kampf*）

　　今日，商業公司採用複雜的神經行銷技術來增加銷售量，但這已經變成一種強加在消費者心理上的壓力。這樣的策略迫使消費者因為沒有享受到某些商品、服務或活動而感到不開心、不快樂，例如無法到充滿異國風情的地方旅遊。然而，事實上，國內的休閒度假村和世界上其他地方沒什麼兩樣。

　　這種強加在大眾身上的消費需求所導致的後果經常遭到忽略，也就是所謂

為什麼你總是想換新手機？

▲「計畫性報廢」（planned obsolescence）是許多公司奉行的概念，也就是說，一個產品的使用年限是經過設計的，通常是由製造商或公司決定，在商品設計階段就預先計算好一個時限，過了時限後商品就會過時、無法正常運作或失去效用。另一個相關的概念是「認知性淘汰」（perceived obsolescence），後者運用在多種產業，如時尚界、汽車業與電子產品；手法包括頻繁改變設計方式，讓消費者覺得擁有的產品已經過時，從而產生購買新上市產品的「需求」。

當然，消費者在取得這些產品後快樂感並不會增加，只是處在渴望新產品問世的過渡時期。消費者可以說是面臨托爾斯泰（Leo Tolstoy）的〈國王與襯衫〉（The king and the shirt）故事悖論：沙皇的使者終於找到一位快樂的人，打算用他的襯衫來為沙皇恢復健康，然而卻發現那個人根本沒有襯衫。商業操作帶來的唯一改變是消費者對物質的渴望更加迫切，這股欲望不斷提醒我們缺少了什麼東西，導致快樂離我們愈來愈遠。

的「不公平感」或「Instagram效應」（Instagram effect）。和過去不同的是，如今最弱勢的族群每天透過衛星電視、網路或社群媒體，看到一個猶如天堂般的世界，裡頭的人因為擁有各種物質產品而十分快樂，是一個沒有疾病和醜陋的社會。因為顯然Instagram的用戶只會發布他們在美好時光拍下的照片及影片，而且在許多情況下，這些照片和影片都是人為塑造或經過精心修飾的。面對如此閒適恬靜的景象，生活在相反條件下的人們自然會感到命運不公，並渴望享有同樣的世俗樂趣。反覆循環的洗腦廣告有系統地引導大眾，讓我們覺得如果沒有擁有廣告中的商品，此生就與快樂無緣。這顯然也是導致人口流動，以尋求物質天堂的原因。

假新聞：與政治掛勾，為操弄思想而生

> 任何關注美國「新聞」的人都看得出來，
> 政府是如何運用媒體來控制大眾的看法，
> 以確保人民接受寡頭統治。
> ——保羅・羅伯茨[7]

◆ 白宮帶頭捏造的肯塔基州大屠殺

> 沒有比說真話的人更令人討厭了。
> ——柏拉圖

自古以來，有人類的地方就有假新聞，這可不是什麼新發現。假新聞是真相的雙胞胎兄弟，從出生起就沒有絲毫改變，而現代科技更推波助瀾。歷史上最典型的案例之一是六世紀的拜占庭歷史學家凱撒利亞[8]的普羅柯比（Procopius

---

7　　譯注：保羅・羅伯茨（Paul Craig Roberts），美國經濟學家、作家暨政治人物。
8　　編注：凱撒利亞是位於地中海東岸的古羅馬王城，現屬以色列，又譯「該撒利亞」。

▶你可能會認為，當今社會如此進步，公民會更有能力來判斷媒體所說的內容是真是假，但實際上「資訊中毒」（infotoxication）或「資訊過多」（excess information，又稱為「資訊超載」〔infoxication〕、「資訊汙染」〔infopollution〕）導致混亂和假新聞滿天飛，因為在大多數的情況下，公眾掌握的資訊既不可靠也不確實。過度資訊的負面影響是讓人無法獨立思考，因為受眾根本來不及去反應或是分析轉瞬即逝的雪崩式新聞，有時候甚至會誤以為自己是在獨立思考。資訊超載已成為操縱人心的終極手法。

of Caesarea），其著作《祕史》（*Secret History*）敘述了許多關於皇帝查士丁尼一世（Justinian I）與妻狄奧多拉（Theodora）的卑鄙謊言，這些謊言更波及皇帝的好友貝利薩留（Belisarius）和其妻子安東妮娜（Antonina）。儘管當時普羅柯比表面上對查士丁尼畢恭畢敬，卻企圖藉由這部作品毀壞他的名聲。

　　多年來，流行歌曲、詩歌、戲劇及木偶戲也被用來詆毀各式各樣的競爭對手。等到印刷術問世，諷刺傳單、機構通訊快報和報紙自然也隨之普及。時至今日，大眾已經無法確切證實某條新聞是真是假。這類案例層出不窮，值得一提的是美國前總統川普的競選經理暨白宮顧問凱莉安‧康威（Kellyanne Conway）捏造的一則消息。康威聲稱在歐巴馬任內，有兩名伊拉克人於肯塔基州犯下一場大屠殺[9]。她表示大眾之所以對這件事一無所悉，是因為歐巴馬政府將消息壓下，並試圖以此一屠殺事件替川普政府禁止多個穆斯林國家公民入境美國的政策護航。然而，雖然確實有兩名伊拉克公民在肯塔基州被捕，但他們並無犯下任何攻擊事件，而康威最終不得不承認錯誤。

◆ 錯誤的新聞不等於「假新聞」？

有時沉默是最糟糕的謊言。

——烏納穆諾[10]

9　譯注：此指康威捏造的「鮑林格陵大屠殺」（Bowling Green massacre）。
10　譯注：烏納穆諾（Miguel de Unamuno，1864 ～ 1936年），西班牙作家。

用資訊塞爆你的腦袋

社群媒體和搜尋引擎上的新聞報導排序是由演算法決定的，而任何熟悉演算法的人都能加以操弄，以利傳播特定訊息。因此，經常有人散布論點簡單明瞭的錯誤訊息，來欺騙容易上當的人。事實上，這些消息幾乎都是假新聞，而不是錯誤的新聞，就如同西班牙作家阿格雷達所說，這些新聞的內容並不是錯誤的（儘管也有錯誤的，而且還不少），而是為了某些人的利害關係而加以偽裝的故事。此外，很少有人會編造完全錯誤的消息，多半是巧妙地在真的消息中摻入謊言，如此一來真假就更加難以分辨了。

儘管自人類會溝通以來就有虛假消息，但「假新聞」（fake news）這個術語是近年才出現的。2016年12月，川普第一次使用這個詞彙駁斥他將繼續在美國真人秀《誰是接班人：明星賽》（*The Celebrity Apprentice*）掛名製作人的消息。隔年，身為美國總統的川普一再使用「假新聞」一詞，次數高達150次[11]。他讓「假新聞」這個詞與政治失格掛勾，以至於許多學者在提到新聞或社會領域的虛假消息時拒絕使用這個詞彙。

為了打擊假消息，各國事實查核機構不斷激增，例如西班牙的「Maldita.es」（Maldita意為「該死的」）和「Propaganda.is」，以及義大利的「Pagella Politica」。這類機構運作的方式是檢查網頁或接受第三方舉報虛假消息，再透過自己的網站公布事實或將更正啟事連結到相應的假消息臉書帳號，從而達到闢謠的效果[12]。

◆ 讓假消息成為唯一的消息

> 真相在戰爭時期彌足珍貴，
> 以至於必須隨時用謊言保護。
> ——邱吉爾

11　Steve Coll. Donald Trump's "Fake News" Tactics. *THE NEW YORKER*. December 3, 2017.
12　Yasmeen Serhan. Italy Scrambles to Fight Misinformation Ahead of Its Elections. *The Atlantic*. February 24, 2018.

11　　12

綜觀歷史，國家大多是以控制資訊傳播來捍衛官方發言。媒體集中在少數人手裡，更容易讓敘事一致，或至少關鍵部分一致。事實上，只要受眾認同特定媒體，就容易形成言論相對封閉的社群。更糟的是，在位者很可能特別針對少數傳媒予以施壓。

近年來，土耳其和埃及的新聞自由惡化就是一個例子。兩國政府皆將消息集中在官方控制的少數媒體手裡，並以傳播假新聞、缺乏客觀性或不愛國為藉口，妖魔化政見相左的媒體，讓對手喪失信譽。這種做法雖說比較溫和，但結果一樣有效。

1960年6月8日，土耳其與蘇格蘭的國家足球代表隊在土耳其首都安卡拉（Ankara）的「19 Mayıs體育館」進行比賽，最終由土耳其以4：2獲勝。本次球賽除了現場開放2萬2,500名球迷觀賽之外，土耳其國家廣播電台也做了實況轉播。數百萬的土耳其人聚集在收音機前，聆聽球評喊出土耳其代表隊進球。這場比賽的時間點正值土耳其政治局勢緊張時期，畢竟不到兩週前，蒂爾凱什（Alparslan Türkeş）上校才剛發動政變。收音機前的聽眾無從得知，多名荷槍實彈的軍人就站在球評旁邊，以防這場歡樂的體育賽事轉播中出現任何一時興起的政治言論。如果「只需要掐住一個脖子」來引導發言，就能輕易控制消息了。難怪「希望所有羅馬人只有一個脖子」（Utinam populus Romanus unam cervicem haberet.），曾是許多獨裁者的願望[13]。

◆ 躲在言論自由背後的謊言

> 有時候，人們將「言論自由」與「宣洩壓力」混為一談，
> 或將之簡化成一群企業家的好惡，
> 由他們決定什麼新聞可以留，什麼不能。
> ——加萊亞諾[14]

---

[13]　更多關於羅馬帝國第三位皇帝卡利古拉（Caligula，12～41年）傳記的資料，請參見古羅馬歷史學家蘇埃托尼烏斯（Suetonius，69～122年）所著的《羅馬十二帝王傳》（The Twelve Caesars）。

[14]　譯注：愛德華多・加萊亞諾（Eduardo Galeano，1940～2015年），烏拉圭記者暨作家。

言論自由經常被當作散布假消息、謠言、誹謗或偏見的藉口。人們企圖將這種自由變成一種絕對價值，而非用以促進其他權利。真正的自由是大眾能依據真實的資訊做出選擇。1978年《西班牙憲法》第二十條第一點d項規定所有西班牙人都有權「透過任何媒體，自由地傳播或接收真實資訊」，其中並不包括提供虛假資訊或傳播不真實資訊的權利，因為這等同於剝奪公民自由。

◆ 當網路謠言成為新聞來源

> 忘記訊息的喧囂，專注於知識。
> ——拉托雷[15]，摘錄自《量子》（*Cuántica*）

　　如今主要是美國在進行關於假新聞的研究，歐洲各國對於這方面的深入研究才剛起步。而這些相關研究得出的結論是，透過網頁散播假消息的影響力遠低於傳統的「正經媒體」。舉例來說：2017年，平均僅有3.5%的法國網路使用者接觸過散布假消息的網站；同一時期，曾閱覽過《費加洛報》（*Le Figaro*）或《共和國報》[16]這類報紙的讀者比例則分別為22.3%與50.9%。此外，法國網路使用者觀看假新聞的時間較習慣使用傳統媒體的人減少17倍，在義大利則是減少6倍。儘管如此，這類消息在社群媒體的交流與再傳播，與真實消息的傳播模式極度相似，而假消息的傳播速度甚至比真實消息還要快。

　　假消息看似有很多人談論，但影響的範圍其實沒有預期的廣泛。不過，有趣的是，社群媒體漸漸成為傳統媒體頭條新聞的來源之一，因此，如果一則新聞在網路上迅速流傳，通常之後就會出現在傳統媒體上，並且獲得傳統媒體加持的正當性。

15　譯注：荷西・拉托雷（José Ignacio Latorre），西班牙物理學家。現任新加坡量子科技中心（Centre for Quantum Technologies, CQT）主任。

16　譯注：《共和國報》（*la Repubblica*）為1976年創刊的義大利綜合型日報。

◆ 所有的新聞都是娛樂新聞

> 以恐懼為基礎的統治非常有效。
> 恐懼使人逆來順受，也使人裹足不前。
> 而報紙和電視每天都帶給我們恐懼。
> ——西班牙經濟學家桑貝德羅

　　顯然，最糟的結果是新聞完全喪失參考價值或吸引力，就如同俄裔英國籍記者彼得・波莫蘭契夫（Peter Pomerantsev）[17]所說，當「沒有一件事是真的，凡事都可能發生」（nothing is true and everything is possible）的時候，我們失去的其實是想要了解真相的意願。一旦媒體將策略著重在如何增加受眾或是為新聞提高點擊率，則大眾終將因為無法獲得真實的消息而大失所望。長此以往，大眾便會將媒體視為娛樂和消遣，而非取得資訊的管道，自然也就成為媒體虛構故事中的旁觀者了。

　　人類與生俱來的好奇心驅使我們去了解、尋找事物的因果關係，然而，也有許多人更喜歡既定事實帶來的安心感，甚至是聽天由命，就像活在《1984》中的歐威爾式（Orwellian）世界一樣，而不去挑戰周遭的矛盾與不公。

◆ 防堵假新聞，還是排除異己？

> 你聽到的只是意見，而非事實。
> 你所看到的只是觀點，而非真相。
> ——羅馬帝國皇帝奧理略[18]

　　為了讓訊息像病毒一樣在網路上擴散，網路代理商創建了可按照演算法編

17　Miriam Elder. 'Nothing Is True and Everything Is Possible,' by Peter Pomerantsev. *The New York Times*. November 25, 2014.

18　譯注：奧理略（Marcus Aurelius，121～180年），羅馬帝國皇帝暨斯多葛學派哲學家，著有《沉思錄》（*Meditations*）。

碼執行的傀儡程式、殭屍網路（botnet）與機器人帳號。2018年7月，推特公司在其3.36億用戶中檢測到超過7,000萬個虛假帳號，這些帳號不是人類，而是自動機器人。刪除這些帳號估計花了推特大約42億歐元，市值也縮水15%。這些機器人的行為模式和人類略有不同，因此可以用機器識別出來。用戶也可以透過某些網頁，像是「推特稽查」（Twitter Audit）或是Botometer，檢查出那些不具人類行為模式的追蹤者數量，也就是假的追蹤者。

　　社群媒體與網路空間在防堵大規模假消息方面才剛剛起步。例如臉書試圖用標記識別假新聞，比起用推播告知用戶某則新聞證實有假，這種方式似乎更為有效[19]。除此之外，2018年5月，臉書宣布要在西班牙巴塞隆納（Barcelona）設立一個專門檢測假新聞的機構，這很可能會成為隱憂，因為一旦這間機構啟用，那未來的問題將會是：「真相」是否變成臉書說了算。

　　提供不同消息來源的新聞投放策略，的確可以讓讀者接觸到不同的觀點，但前提是受眾必須具備專業素養且真正深入關心時事。否則的話，過度報導只會讓大眾更容易接觸到不同的來源，卻不會減少假新聞造成的影響。2018年4月美國襲擊敘利亞據傳儲有化武的設施，就是一個絕佳的例子。五角大廈宣稱，俄羅斯針對該行動散布了一連串的假新聞。在攻擊發生後的幾小時至幾天內，與攻擊相關的真假消息流量激增了20倍[20]。然而，在現代戰爭中，華府這樣的指控卻啟人疑竇，無法確定其目的是真的要辨別背後有組織操控的假消息活動，還是企圖要消滅所有對於這次攻擊行動說法偏離官方版本的消息。無論如何，就像古希臘悲劇作家埃斯庫羅斯（Aeschylus）於2,500年前所說的：「一如既往，真相永遠是戰爭中的第一個受害者。」

　　愈來愈先進的人工智慧可以用來製造假訊息（無論是文字還是影音），同樣也可以用來抵禦假訊息。機器經過訓練能夠生成文章，自然也能夠辨識人工智慧撰寫的文字。在這場假訊息的戰爭中，攻防雙方（包括其使用的科技）將永不停歇。問題在於，假訊息與傳統武器全然不同，傳統武器得以在某些方面影響

19　編注：根據社群媒體分析網站「Social Media Today」，麻省理工學院的一項研究發現儘管標記對於打擊假新聞的確有效，卻也使得未受標記的假新聞更具影響力、擴散速度也更快。

20　Veronica Rocha, James Griffiths, Lauren Said-Moorhouse, Amanda Wills and Brian Ries. *As it happened: US, UK and France strike Syria*. CNN. April 16, 2018.

戰爭的結果，而假訊息卻會觸及每一個人，改變每一個公民對任何議題的看法和觀點。

◆ 有圖更容易偽造真相

真相還正在穿鞋，謊言已經環遊了大半個地球。
——馬克・吐溫

現今的科技已經可以偽造出名人舉止脫序或極其情色的影片。對於掌握這項技術的人來說，將一個人的臉毫無破綻地改成另一個人的臉可說是輕而易舉，以至於沒有相關知識的人幾乎不可能發現影片是假的。在當前所有抹黑個人形象及名譽的手段中，假影片無疑是殺傷力最大的，而且假影片如此氾濫，讓人更加難以分辨真假。

考量到影像的衝擊力，以及愈是不堪入目，傳播得愈是快速的事實，就不難想像這類呈現不名譽行徑的影片可以在幾分鐘內如病毒般迅速傳播開來，造成無法逆轉的巨大傷害。儘管之後證明影片是假的，但傷害通常已然造成，而當事人的形象也已遭到破壞。

令人遺憾的是，這類假影片屢見不鮮，並且成為摧毀政治或經濟競爭對手的手段。這樣下去，總有一天大眾將無法再相信自己看到的一切，所有聽到和見到的都不能信任，因為連聲音也能造假，或者該說更容易造假。任何人的發言都可能遭到斷章取義，甚至是憑空捏造。簡而言之，真實將不復存在。

如果再結合虛擬實境（VR）、擴增實境（AR）與全像投影（Hologram）等技術，那麼想要不上當都難。現代人離虛擬社會不遠了，身在其中的公民和殭屍差不多，每天都必須吸食虛假現實度日，變得麻木而困惑，被人玩弄於手掌心，過著如同電腦模擬的生活。

那麼我們該相信什麼？依靠新的預言家告訴我們什麼是真相嗎？問題是，這些預言家往往是像臉書和谷歌這樣的大型集團，他們希望自己能成為新的現實創造者，變成大眾膜拜的新神明。

◆ 群組對話也可能成為安全漏洞

> 沒有思想自由，言論自由就毫無價值。
> ——西班牙經濟學家桑貝德羅

　　2018年8月，有人發現WhatsApp有一項嚴重的安全漏洞，那就是可以更改發送和接收的訊息內容。敲響此一警鐘的是以色列Check Point資安公司，該公司將這項漏洞稱為「FakesApp」。

　　這項安全漏洞非常複雜，有心人士透過FakesApp可以進行不同程度的騷擾。這類網路攻擊包括利用引用功能，編輯某個成員在群組對話中發送的訊息，使其看起來就像是該成員所說的一樣。不過，最糟糕的是，騷擾者可以在群組中惡意發送看似公開的訊息給單一接收者，但該訊息只有接收者看得到，而一旦毫無戒心的接收者回覆該訊息，卻是整個群組的人都可以看見。這種漏洞的後果極其嚴重，會導致假訊息的接收者做出一連串魯莽的行為。此外，也會造成法律方面的問題，因為已有部分法院承認WhatsApp的訊息是足以採信的證據，而現在卻可以合理懷疑WhatsApp訊息可能遭到操縱。

◆ 甩鍋俄羅斯？英國的假新聞報告書

> 2017年是充滿偏見，被不公媒體掩蓋，
> 甚至明顯充斥假新聞的一年。
> ——川普

　　2018年7月，英國議會提出一份名為《虛假消息與「假新聞」》的報告[21]。這份冗長的報告精確地描述了假新聞的特徵：虛構出來的內容、意圖操縱或混淆、上下文意義不明確、帶有諷刺與嘲謔意味。但除此之外，該份報告也是針

21　Digital, Culture, Media and Sport Committee. *Disinformation and "fake news"*. House of Commons. 29 July, 2018.

對俄羅斯的判決書，控訴俄羅斯經常使用「假新聞」惡意傷害西方世界。在該份長達七章的報告中，甚至有一章專門討論「俄羅斯對政治活動的影響」。當然，沒有其他國家在報告中被這樣指名道姓，好似俄羅斯以外的國家沒有能力在媒體或網路上說謊一樣。

事實上，只要仔細研究這份報告，就會發現英國對莫斯科的指控是來自情報界知名人士的證詞，他們對俄羅斯的一切，尤其是普丁，抱持高度敵意，因此讀者對於他們的言論應該抱持保留態度。此外，這些證詞都相當模糊，也沒有具體的證據支持。尤其要注意的是結論第41點，其中懷疑俄羅斯有干預他國選舉過程之嫌，並寫道：「……政府擔憂外國干預選舉，但科技公司卻無力察覺問題所在。」這證實了任何相關領域的獨立專家都知道的事：如果沒有適當的技術，要掌握這類行動的源頭和參與者極其困難，幾乎是不可能。更有甚者，結論的其餘部分也沒有提供任何證據，句子通常是以「據信」或「聽說」開頭。

總之，對假新聞有興趣的人無疑會對這份報告的技術部分感興趣，但其他部分還有許多不足。這樣的缺失導致這份報告可能變成「假報告」，在某種意義上，就如同報告中對假新聞的定義，該報告的內容令人困惑，以至於令人懷疑可能受到某些情報單位的操控。

資訊戰：以假亂真的謊言迷宮

> 歐美記者在喬治亞及烏克蘭議題上顛倒是非的能力令人驚嘆。
> 毫無疑問地，他們十分有才華。
> 不過，要是俄羅斯記者企圖捍衛本國利益，
> 就會立刻被視為政府的傳聲筒。
> ——普丁，摘錄自紀錄片《普丁專訪》

大眾每天收到各種不同來源的（錯誤）訊息，大部分都是出自大國之間日益激烈的「資訊戰」，他們為此成立強大且專業的情報部門，或聘請外部專

▶若想在有利害關係的群體之間成功地操縱及傳播敘事，選擇受眾非常重要。針對特定受眾「扭曲真相」，是為了讓他們按照有利於傳播者的方式來理解事實。事實上，傳播者會針對不同群體提出相異的論述，最終目的是希望讓各方意見與自己一致，或至少要讓對手面對極大的反對聲浪而不得不放棄抵抗。比起創造一個新的論述，干預原本就存在的想法更為有效，也就是利用某種情緒或特殊情境來製造混亂或不安，而非從零開始。

面對這種與「戰略溝通」背道而馳的現象，任何國家試圖對抗就必須冒著過度控制訊息或自我陳述加工的風險，因為此舉可能會助長虛假訊息，反而無法建立民眾對政府的信任。現實世界與資訊世界之間行動的根本差異在於後者的特徵。根據想要操縱的訊息，人們可以改變過濾器，也就是更改感知現實的濾鏡，儘管現實本身並沒有更改。這種情況有點類似柏拉圖在《理想國》（The Republic）中所提到的洞穴寓言（Allegory of the Cave），只不過換成地球上所有的居民都被困在一個巨大的洞穴裡任人擺布，而任何想逃離洞穴以了解現實的人都將承擔被消滅的風險。

這是一場看似無傷大雅的遊戲，不過在二十一世紀，現實比以往更加無關痛癢，最重要的是每個人的感知，以及這種感知對人們的意義。如果個人和集體對現實的看法遭到修改，現實的含義將以微妙、甚至合法的方式產生變化。這些漸進的變化就像溫水煮青蛙，讓我們隨著逐漸升高的溫度調整新的感知，永遠都不知反抗。

家。而其他國家便成了大國的角力場，倒楣的一般小公民尤其深受其害。大多數人忽視這樣的事實是因為受到有心人士操弄，或是被集團推派出來（而非民選出來）的強人影響。

在資訊戰中也有士兵。有些是說服自己必須捍衛立場的志願軍，他們與敵對的志願軍對抗，有時甚至可能採取激進手段，卻不知道自己的思想其實被操縱了。有些則是傭兵，而且數量遠比檯面上看到的多，這些人為自己選擇的一方站台，並透過各式各樣的手段獲得好處。他們可能是在社會上位居要職或具影響力的人，像是政治家和記者。

在資訊戰中，媒體的角色十分吃重，而且是必備的工具。因此，任何了解情報工作原理或是觀察力敏銳的人，都能立即意識到主流媒體上的部分新聞擺明有人操縱，只差沒有讓情報機構簽名。尤其在歐洲一些主要報紙上更是屢見不鮮，這些報紙加強對俄羅斯的攻擊，並讓讀者誤以為莫斯科隨時可以策動歐洲分裂。

當然，這場資訊戰爭已經持續多年。波斯灣戰爭期間的娜伊拉（Nayirah

民主只是媒體塑造的假象？

10種媒體操縱策略

避重就輕

用無關緊要的訊息
轉移公眾的注意力，
避免受眾關心重要的議題。

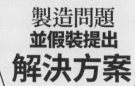

**製造問題
並假裝提出
解決方案**

**推遲至未來
再實施**

接受未來的犧牲
比接受眼前的犧牲
更容易。

**比受眾
更了解
受眾**

漸進

令人難以接受的激進措施
要一點一滴地推行，
避免引發革命。

強化自責

這種策略會讓人
陷入抑鬱和自我壓抑的狀態，
進而抑制個人行為。

**把受眾當成
10歲小孩
對待**

最後受眾很可能會被
剝奪批判性思考的能力。

**催眠大眾相信
愚蠢、粗俗與沒教養
是種時尚**

**讓人民保持
無知與平庸**

下層社會不應該獲得
社會發展所需的工具。

**情感性思維
VS.
批判性思維**

以前者誘發想法、
恐懼、欲望、強迫與衝動，
以及毫無根據的行為。

al-Sabah）一案，便充分體現出情報機構如何有系統地使用假訊息推展工作。這名十五歲的少女於1990年10月在美國國會人權委員會（Congressional Human Rights Caucus）舉辦的聽證會上，宣稱自己在科威特的阿丹（Al Adan）醫院擔任義工期間，看見海珊的士兵荷槍實彈進入醫院，並取出保溫箱裡的新生兒，任由他們在地上死去。果不其然，娜伊拉出庭作證的新聞震驚社會，也占據了所有媒體的頭條版面，除此之外，時任美國總統的老布希（George H. W. Bush）也多次援引她的證詞。

然而，最後娜伊拉卻被揭露是科威特駐美國大使的女兒，整個醫院、保溫箱和小孩被伊拉克士兵丟在地上的故事全是謊言。在這場表演中，該名年輕女子證明了自己是一位偉大的演員，有效促使美國公民支持華府，解救科威特免於伊拉克的戰爭威脅。這齣鬧劇由非政府組織「公民解放科威特」（Citizens for a Free Kuwait）出資上演，但也有人懷疑是中情局在幕後主導。

不幸的是，類似的案例在世界各地的衝突中頻頻發生。1990年代，在前南斯拉夫內戰期間，電視螢幕上會放映模擬敵人攻擊市民的場景，以營造恐怖氛圍，而假造的塞爾維亞「滅絕營」（Death Camps）[22]也在媒體上出現。2013年，馬克・柯提斯（Mark Curtis）在其著作《祕密事務》（*Secret Affairs*）中證實，英國曾為了幫助敘利亞反抗軍而發動資訊戰。倫敦當局金援敘利亞自由軍及敘利亞革命軍（Army of Revolutionaries）的新聞辦公室進行「新聞報導戰」，在英國的指揮下固定提供西方媒體的新聞。

無庸置疑，相似的案例直到今日仍不可勝數。從敘利亞人道救援組織「白盔」（White Helmets）便可見一斑，該組織一再遭到指控是由境外勢力的情報部門所設，企圖抹黑大馬士革和俄羅斯政府。同樣地，根據禁止化學武器組織（Organization for the Prohibition of Chemical Weapons, OPCW）的報告[23]，儘管美國、英國和法國於2018年4月14日，向據稱製造侵略性化學武器的敘利亞設施發起

---

22 *Global Research News, Fake News Used to Justify All Out War: The Bosnian Serb "Death Camp" Fabrication. Pretext for R2P "Humanitarian Intervention" (1992) in Yugoslavia*. Global Research. November 10, 2017. Stephen Harper. *From Bosnia to Syria: 'Fake News', Imperialist Agendas*. STAR & CRESCENT. May 4, 2017.

23 La OPAQ no detecta gas sarín en las muestras recogidas tras el ataque de abril en Duma. *EL PAÍS*. July 6, 2018.

22-1　22-2

23

聯合攻擊，但究竟是誰使用了上述武器至今仍未有定論，因為聯軍所持的理由，是阿塞德在攻擊發動的幾天前，曾對自己的人民使用過化武。

傳播「大眾化」促使媒體轉向小眾

> 人工智慧是人類最好也最糟的朋友。
> ——西班牙物理學家拉托雷，摘錄自《量子》

在思想的傳播上，我們不僅要適應網路和數位空間崛起帶來的新趨勢，還必須面對傳播的「大眾化」（democratization），亦即網路用戶有權使用這些傳播媒介。二十一世紀媒體的重心已經改變，早從幾年前開始，就已聚焦在識別受眾、贏得受眾和影響受眾。重點是溝通的方式，而不是使用的媒介，因為媒介已經不再是少數人的專利。

傳播的內容也不再企圖觸及所有的受眾或影響大眾。然而，這種做法可能適得其反，因為現在的媒體要面對的是情緒和感受，而非資訊和數據。新時代的座右銘是：「每個人都能用更符合己方利益的方式，來理解資訊。」而說到區別受眾，沒有什麼勝得過臉書、推特與谷歌（以及谷歌旗下提供內容最具針對性的分公司 YouTube）這類大型平台的演算法與人工智慧[24]。

◆ 用資訊轟炸建構思想審查

> 無知者斷言，智者懷疑且思考。
> ——亞里斯多德

24 Zeynep Tufekci. It's the (Democracy-Poisoning) Golden Age of Free Speech. *WIRED*. January 16, 2018.

社群媒體效應

▲ 2017年4月，一名亞裔人士因航空公司經常使用的機位超賣策略，不但沒有位子坐，還被拖出聯合航空（United Airlines）班機的機艙。這個事件換作幾年前可能會被忽視，這次卻被同一個航班的幾名乘客錄下。影片立即透過社群媒體傳播開來，還迅速登上世界各地的電視新聞。有鑑於這種行為不僅不公平，還帶有種族歧視的意味，且使用了不必要的暴力，隔天早上，聯合航空的市值便在短短幾小時內蒸發近十億美元，占總市值的4%，收盤時喪失的市值約超過1%（約250萬美元）。

儘管聯合航空事件被視為特例，但此事之所以能引發效應，正是由於由手機鏡頭轉播即時新聞的社群網絡已然形成且需求旺盛，幾乎任何地方都能成為臨時舞台。沒有人可以置身事外，畢竟手機無所不在，形成了一種無遠弗屆、不穩定又不可預測的力量。這種現象突顯出內容生成的大眾化因為缺乏嚴謹與客觀性而危險重重。

除此之外，社群媒體的影響力無庸置疑，發布內容往往猶如病毒迅速傳播，足以吸引大眾仿效，認為是一種潮流而犯下真正的暴行。

　　過多的資訊和錯誤的資訊已經變成一種新形態的審查機制，不過其目的與典型的審查並無二致，那就是將公眾的意見導向同一個方向。而今，審查方法變成持續、猛烈、反覆地用標語轟炸我們，而非除去那些不符合媒體與網路控制者目標的內容。因此，一旦標語在我們的潛意識扎根，我們就會天真地以為這是出自自己的想法，而不去提出異議，甚至不想反抗以巧妙手法強加在我們身上的系統。

　　身為公民的我們唯一能做的便是對這種操縱手法有所認知，並且隨時隨地保持警惕。不過老實說，足以進行思想審查的這股力量大到我們幾乎無法迴避。要是試圖這麼做，最先遭遇到的可能就是來自其他公民的誤解與責難，這些人已經被媒體與數位網路切除了腦葉而不自知。

◆ 利用人的惰性設下陷阱

> 沒有什麼比聽信謠言更容易讓人墮落，
> 相信大多數人同意的就是好的，
> 依循多數的範本，仿效他人而不是讓理智主導自己。
> ——古羅馬哲學家塞內卡[25]

　　世界上沒有巧合。如果同樣的政治或是經濟標語重複了一千遍，那就是為了要說服你，全世界的人都依循這個標語，只有你不聽話。那些手握權力的人知道如何充分利用人的惰性——一種模仿他人或揣摩大多數人做法的心態。人類獨有的特質就是會相互傳播控制者強加在我們身上的想法，導致從眾行為發生。無論是運動、愛好、用語或穿著等，各個領域皆是如此。你真的相信自己有選擇生活方式的自由嗎？其實選擇比你想像中的少很多。人所受到的限制遠遠超過我們的想像。在傳遞給我們的訊息背後往往隱藏著太多狡猾的伎倆。

25　譯注：塞內卡（Seneca, 4BC-65），古羅馬時期的斯多葛學派哲學家暨政治家。

身為公民，我們能做些什麼？

> 公眾輿論受媒體影響，而媒體則掌握在統治者手中，
> 統治者偏愛那些會說出對他們有利言論的人。
> 因此，公眾輿論就是指媒體輿論。
> ──西班牙經濟學家桑貝德羅

　　伊朗裔加拿大籍部落客暨記者德拉卡山（Hossein Derakhshan）認為，新聞業和媒體之所以面臨危機，與公眾對於那些充斥大量參考資料的新聞反而漠不關心有關。值得思考的是，無限制地造訪看似無限的訊息，是否超過了人所能容納的極限？從聽取有限的說詞，轉變到淹沒在雪崩式的訊息中，改變的速度快得讓人不知所措。大眾可能需要更多時間來吸收所有的變化──儘管這是人類自己創造出來的環境，卻不知道該如何好好管理。

　　無論如何，我們都必須盡快適應。唯有有效地吸收真實的訊息，公民才能行使民主權利，成為真正的掌權者。那些企圖讓公眾渾噩度日的人不會輕易讓步，我們必須持續努力。

第二部
未來的決定性關鍵

地緣政治並不是僵化或一成不變的。主宰地緣政治的需求、利益和風險會不斷改變,而且有時隨著事件的發展也會出現特殊的變化。因此,儘管確實有一些不變的原則,地緣策略仍要依照不同的情境來做調整。

在所有迫使地緣政治改變的要素中,科技與往往複雜又有爭議的人口問題無可避免,因為這兩者都會對人類造成威脅,同時也是戰爭研究的主要議題。

因此,仔細研究兩者的現況及未來發展是必要的舉措。假使不這麼做,政府就無法制定出有效且具備戰略眼光的地緣政治計畫,以長期避免所有可能的突發狀況。

從歷史的角度來看,一個國家在國際間的分量,
取決於人口結構與科技實力。

——西班牙前外交部長畢克(Josep Piqué)

第十章

科技
那些失心瘋的破銅爛鐵

我們生活在一個高度依賴科技的社會，
但卻幾乎沒有人懂得科學與科技。

——美國著名科學家、科幻小說家和科普作家
卡爾·薩根（Carl Sagan，1934～1996 年）

在戰爭中崛起的科技史

弓弩手及其致命技術與對上帝的厭惡
不應該用來針對基督徒和天主教徒，否則將處以絕罰[1]。
——第二次拉特朗大公會議教令第29條

綜觀歷史，人類衝突的形式主要是劍與盾牌、矛與盔甲之間的對抗，也就是攻擊與防守之間的技術角力。人類每發明一樣事物，總是很快就會有另外一樣與之抗衡的事物問世。

中世紀騎士穿戴著昂貴的盔甲、騎著驍勇的戰馬馳騁在戰場上，橫掃大批沒有任何保護裝備的敵對士兵。直到改良版的弓箭與弓弩出現，足以穿透騎士的盔甲，作戰的方式才逐漸改變，同時讓步兵成為戰場上的主角。

1415年，英國弓弩手在位於英吉利海峽旁、鄰近加萊（Calais）的阿金庫爾（Azincourt）殲滅了法國的貴族菁英。約三個世紀以前，1139年，教宗依諾森二世（Innocent II）在第二次拉特朗大公會議（Second Council of the Lateran）中頒布教令，將對使用致命武器來攻擊天主教徒的人處以絕罪[2]。

但這樣的演進其實並不稀奇，自從人類學會使用火和燧石斧頭以來，衝突形式就不斷隨著科技進步而變化，尤其是在遇到危機與戰爭等生死存亡之際，更容易突飛猛進[3]。

有許多例子顯示科技意味著衝突與戰爭。不僅是美國南北戰爭，在1870年的普法戰爭中，普魯士運用機關槍、衝鋒槍及近距離和快速射擊的裝填炮取得勝利，從那時起，科技就已成為戰爭中獨立且不可或缺的重要元素。1916年7月1日，德軍在索姆河戰役（Battle of Somme）中使用馬克沁機槍（Maxim gun）對抗大舉入侵的英軍，單日即造成六萬人死亡，就此改變戰爭的形態。

1979～1989年的蘇阿戰爭（Soviet-Afghan War）中，阿富汗聖戰士的致勝關

1　譯注：絕罰（excommunication）為天主教用語，意指逐出教會、開除教籍、革除教門。
2　科技進步總是在人性與道德的議題上引發爭議。目前，在網路空間和數位的領域也發生類似的情況。
3　這種由戰爭帶動的技術發展極具爭議，因為不少人言之鑿鑿地表示，企業可以藉由直接適用於民生領域的發明來投資社會，讓技術得以革新。然而，在大部分情況下，專供民用的開發是沒有利潤可圖的，只有在戰爭期間，或是為了取得軍事優勢時，人們才會不惜一切代價，或犧牲眼前的經濟利益。

鍵無疑是使用了便攜式刺針飛彈（FIM-92 Stinger），這種紅外線引導的防空飛彈在幾個月內有效摧毀蘇聯派出的直升機。1986年9月，當時阿富汗的戰事已陷入僵局長達七年，由於這項武器投入戰場，擊落愈來愈多的雌鹿（Hind）和米格（MiG）直升機，墜毀的數量總計多達270架，大大削弱讓蘇聯占據優勢的主要戰力。

不過，儘管科技對軍事和戰略的影響力無庸置疑，歷史上仍不乏許多案例顯示人類往往無法在適當的時機正確地使用科技。例如，戰車的作戰能力在一戰期間就已為人所知，卻要等到二戰才作為主要的有效進攻武器投入戰場。人類總是需要一段時間才能有效地運用新技術，而且在許多情況下，新技術必須等到科技更加進步，並與兩個或兩個以上的新技術結合後，才能完全發揮其價值。因此，直到以鐵球作為炮彈的技術出現，火炮才真正發展起來；而步槍也是等到金屬彈殼問世後才得以大展身手。

在現代戰場若要取得勝利，或者至少不全盤皆輸，就不能沒有科技。無怪乎美國與其他大國都力求能在高科技領域維持、甚至取得更多的絕對優勢。

以核武維繫的世界和平

> 日軍已經準備投降，不必用那麼可怕的武器攻擊他們。
> ——美國前總統暨陸軍將領艾森豪（Dwight D. Eisenhower）

一個無法避免的事實是：所有人類發明的武器終究都會投入戰場，哪怕再怎麼節制使用。就連可怕的原子彈在二戰中也用了兩次：1945年8月6日，目標是廣島；三天後是長崎。

雖然在這種曠日持久的攻防對抗中，國際間很難遏止核武的力量發展，但是蘇聯繼美國之後獲得核武，並於幾年內，這兩個核武大國分別制定了大規模的報復性戰略，形成所謂的「相互保證毀滅」（mutual assured destruction, MAD）機制。從來沒有任何發明能有效地制止或限制核子武器的破壞力，因此若要確保有限度的使用核武，只能靠實力相當的核武大國之間彼此牽制。

由此可以斷言，科技對於國家安全愈來愈重要。儘管各國一直以來都不斷想方設法，企圖獲得並維持與現在或潛在對手同等的技術優勢，但今日任何國家想要站上世界權力的高峰，掌握科技絕對是當務之急。

中情局開發的戰略科技

> 很明顯，科技已經超越了人類。
> ──愛因斯坦

美國中情局科技司（Directorate of Science and Technology, DS&T）為該局五個部門之一，科技司與軍方、學術界、科學界和私人企業合作，共同研發各式先進系統以獲取各方資訊。具體來說，他們涉獵的領域包含：聲音和影像監控、安全通訊、向情報員提供技術支援、衛星系統的研發與運作、先進科技的研究與開發。

2015年10月，時任中情局局長的布瑞南（John Brennan）設立了一個與科技密切相關的部門，名為「數位創新司」（Directorate of Digital Innovation），負責中情局的網路與數位整合。在某種程度上是要為情報單位的網路戰做好準備，因為網路戰已變得愈來愈重要。

為了達成此一目的，中情局還另外擁有一家風險投資的子公司，名為IQT電信（I-Q-Tel），用來投資相關企業進行尖端及顛覆性科技的研發。該公司成立於1999年，側重資訊與通訊技術、物理與生物科技。據估計，自IQT電信成立以來，有超過325家公司投入資金，不過其中至少有100家公司匿名。

中情局透過各種不同的合作形式，以及該局位於紐澤西州蒙茅斯堡（Fort Monmouth）的實驗室自主研發，完成了上述這些目標，其重要性從後來某些產品在民生領域的應用可見一斑。例如：廣泛使用在電動車、行動電話和相機裡的鋰電池，就是1960年代由中情局研發出來的產品，用以解決電池持久度的問題，尤其是安裝在衛星上監控設備的電池。同時，中情局與外界的合作也是網際網路開發與運用的關鍵。網際網路最初是作為傳遞軍事訊息和情報的媒

介，1960年代末期，由美國國防高等研究計畫署的ARPA網路計畫所創造研發[4]。

此外，中情局為了解決校準和比較衛星在不同時間點拍攝的X光影像所開發的程序，現在也被放射科醫生用來檢測乳癌，尤其是針對一些特別難以診斷的病例。在1970年代，中情局又為情報員開發一款攜帶式的個人加密通訊裝備，這款名為「SRAC」（Short-Range Agent Communications）的短程通訊系統大小如同鞋子，透過無線電波最多能傳輸1,500個字元的訊息，傳輸距離可達約500公里之遙，是現代手機的前身。2003年，中情局用IQT電信的名義投資Keyhole公司，開發出一款可互動的地球3D地圖；2004年，谷歌買下了Keyhole公司，開發出目前提供民眾免費使用的「Google地球」（Google Earth）軟體。近幾年，中情局則將主力放在無人機、偵察機和衛星開發等領域。

為此，美國中情局和國防部也與麻省理工學院（MIT）等頂級研究中心簽署各項合作協議。

除了中情局的科技司，美國還有其他政府單位也負責開發這塊領域，像是鮮為人知的「情報高等研究計畫署」（Intelligence Advanced Research Projects Activity, IARPA）負責研究高科技系統，以利取得潛在對手的情報。情報高等研究計畫署成立於2006年，由國安局的顛覆性科技辦公室（Disruptive Technology Office, DTO）、國家地理空間情報局（National Geospatial-Intelligence Agency, NGA）的國家科技署（National Technology Alliance）和中情局的情報科技創新中心（Intelligence Technology Innovation Center）合併而成，直接聽命於國家情報總監，負責業務包含：微電子超導體、進階與替代性運算技術、網路安全、衛星影像處理、生物資訊學、DNA序列、生物系統和傳染病、電磁學、神經科學、大腦知識與人工智慧、無線電頻率和自主式水下載具（autonomous underwater vehicle, AUV）。

4　這就是為什麼有人認為，美國從未停止將網際網路運用在軍事和情報上，儘管網路每天讓全球數十億人受惠。

美國最感興趣的技術與科學

> 科學與技術是國家興盛的動力，
> 人民的福祉和國家的未來取決於科技的發展。
> ——金正恩

　　根據維基解密的披露，華府關注的戰略領域其實也是美國情報單位側重的領域，包括：高科技電子實驗室、製藥業、靜脈注射免疫球蛋白、疫苗、胰島素、分子抑制劑、發電機、地下電纜和海底電纜[5]。

　　以西班牙為例，美國最關注的是連接阿爾及利亞南部哈西魯邁勒（Hassi R'Mel）油田的馬格里布－歐洲天然氣管道（Magreb-Europe Gas Pipeline, MEG）。這條管道穿過阿爾及利亞和摩洛哥境內，接著通過直布羅陀海峽，最後抵達擁有100億立方公尺儲存量的伊比利半島。此外，西班牙還有一家位於加泰隆尼亞的基立福製藥（Grifols, S.A.），該廠與美國的國家安全息息相關，也是全球製藥產業最重要的公司之一，主要是因為其製造的血清產品具有多種療效。

網際網路革命：從線下轉到線上的不流血戰爭

> 創新者把所有在舊體制下表現良好的人都視為敵人。
> ——馬基維利（Niccolò Machiavelli）

　　2015年12月23日，烏克蘭西南部的伊凡諾—法蘭科夫地區（Ivano-Frankivsk Oblast）大規模停電，共有23萬烏克蘭人受到影響，無法點亮聖誕節的燈飾。他們擔心會和2009年的情況一樣，再次遭俄羅斯切斷天然氣供應。不過，此次斷電的原因是來自駭客組織「沙蟲」（Sandworm）的網路攻擊，也是源自俄羅斯伺服器的進階持續性威脅行動之一。

然而，烏克蘭的電力開關裝置可以手動操作，因此在 1～6 個小時內便能解決斷電問題，而這樣的韌性（抵禦網路攻擊和恢復正常運作的能力）要歸功於蘇聯時期的網路架構[6]。此次沙蟲組織攻擊成功的關鍵在於名為「黑暗力量」（Black Energy）的電腦蠕蟲，當時在許多西方國家的電廠裡也檢測到這種惡意程式，靜待植入程式的攻擊者啟動[7]。

　　2017 年 6 月，全球安然度過著名勒索軟體「想哭」（WannaCry）的攻擊之後，有 64 個國家遭到最初攻擊烏克蘭的「NotPetya」病毒二度入侵。NotPetya[8] 因程式設計類似勒索軟體 Petya[9] 且企圖混淆視聽而如此命名，其目標是破壞烏克蘭的資訊網路[10]。製造混淆是網路空間裡最廣泛使用的一種攻擊手段，企圖讓受害方對遭遇的攻擊類型及其目標、源頭產生困惑。這就是所謂的「假旗」（false flag）攻擊，刻意將入侵病毒的訊息抹上偽裝，使其看似來自其他的攻擊者[11]。攻擊的來源問題，正是阻礙網路空間正常化的關鍵之一。

6　這個例子充分說明了技術最先進的國家也是最脆弱的國家。較不先進的系統，例如：手動操作或較老舊的開關裝置，在遭受資訊戰或電磁波攻擊時比較不會受到影響。

7　Kim Zetter. Inside the Cunning, Unprecedented Hack of Ukraine's Power Grid. *Wired*. March 3, 2016.

8　Ellen Nakashima. Russian Military was Behind Notpetya Cyberattack in Ukraine Cia Concludes. *The Washington Post*. January 12, 2018.

9　譯注：Petya 是 2016 年首度出現的一種勒索軟體；隔年 6 月，其新變體 NotPetya 被用於一次性的網路攻擊，最大的受害國是烏克蘭和俄羅斯。

10　Frank Bajak and Raphael Satter. *Companies still hobbled from fearsome cyberattack*. Associated Press News. July 1, 2017.

11　*False Flags in Cyberspace: Targeting Public Opinion and Political Will*. THE CIPHER BRIEF. February 17, 2019.

7　　　　8　　　　10　　　11

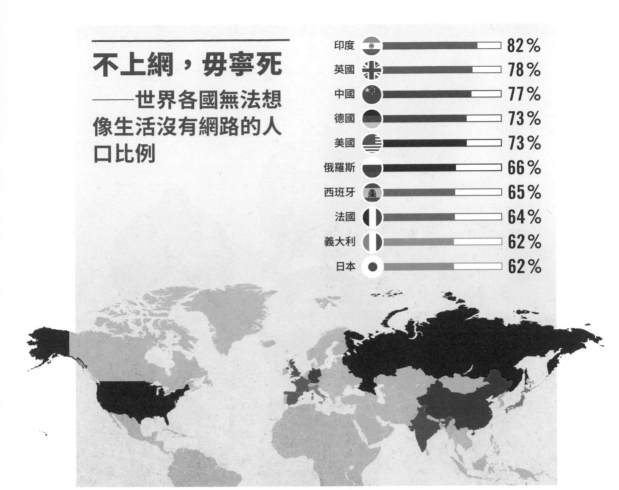

不上網，毋寧死
──世界各國無法想像生活沒有網路的人口比例

印度	82%
英國	78%
中國	77%
德國	73%
美國	73%
俄羅斯	66%
西班牙	65%
法國	64%
義大利	62%
日本	62%

▲2016年年底，市場研究公司益普索（Ipsos）公布的全球調查問卷顯示❶，西班牙有65%的人認為自己沒有辦法離開網路生活。其他國家的人則更加依賴網路，特別是印度有高達85%的人認同這種想法。對於年輕時根本沒有手機、電腦和網路的世代來說，可能會覺得有點言過其實。不過，這就如同沒有經歷過沒有家庭供電時代的人，肯定也無法想像沒有供電的生活。

❶ 編注：根據益普索2020年2月公布的調查，全世界有70%的人認為自己無法過著沒有網路的生活。英國認同此想法的人口比例高達83%，澳洲則為78%，而美國、德國、加拿大、法國和阿根廷大致落在70%上下。

勒索軟體如何入侵你的電腦？

1 你會收到一封帶有附件或連結的電子郵件。

電子郵件過濾器 (email filter) 並未偵測到任何異狀。

2 打開附件(或是按下連結)後,某個程式就會儲存到你的電腦裡。

3 此程式(或連結的網頁)會自動下載帶有病毒的檔案。

4 這類檔案都用密碼寫成,防毒軟體無法辨識。

5 等下載完畢後,惡意程式就會鎖住你的電子設備並進行勒索。

6 若你不繳納贖金,電子設備就會繼續被鎖住。

7 贖金繳納後,你會收到一組密碼解鎖。但即使如此,也不能保證你的電子設備能恢復正常運作。

▲勒索軟體是網路攻擊最常見的形式之一,它會將受害者的電腦檔案或電腦本身加密,並要求繳納一筆贖金才能解開密碼。病毒通常隱藏在電子郵件裡,或是在開啟受到感染的網頁後自動下載。雖然一般情況下,勒索軟體都會要求受害者用加密貨幣（cryptocurrency,一種虛擬貨幣）繳付贖金,但近來也開始出現以政治訴求而非金錢勒索為目的的案例。

◆ 「殭屍網路」水很深？一鍵就足以癱瘓一個國家

> 真正的進步是讓科技為全人類所用。
> ——汽車巨擘亨利・福特（Henry Ford）

烏克蘭的頓巴斯戰爭（Donbas War）[12]證明了，上述的網路攻擊不過是為往後烏克蘭及其盟友與鄰國俄羅斯之間多次的攻防戰試水溫罷了。事實上，這場烏克蘭與俄羅斯之間的衝突被視為混合戰的最佳示範，因為在頓巴斯戰爭中，俄羅斯除了使用軍事武器外，還廣泛運用了各種手段，例如：經濟、外交、通訊，當然還有網路戰。比方說，北約組織宣稱，2014年5月，親俄駭客集團「網路金雕」（CyberBerkut）利用烏克蘭中央選舉委員會的網路漏洞，如路由器、軟體、硬碟等，破壞其選舉公信力。

近幾年，西方國家又將混合戰稱為「格拉西莫夫主義」（Gerasimov Doctrine）。格拉西莫夫（Valery Gerasimov）是俄國武裝部隊的參謀總長，也是軍隊的主要負責人，按照西方國家的說法，他的理論反映了俄羅斯的新戰爭形態。從俄羅斯干涉烏克蘭的選舉過程，以及頓巴斯與烏克蘭的衝突中，都可看出這是一場無限制的全面性戰爭[13]。「格拉西莫夫主義」是2013年2月格拉西莫夫將軍在一場演說中所提出的，其中講述他如何看待美國發動資訊戰損害俄羅斯的利益，並認為俄羅斯必須做好自我防護，避免受美國攻擊[14]。

美國布魯金斯研究所[15]近年的一份報告列舉出許多案例，顯示有心人士如何利用網路扭曲美國、法國和德國的選舉結果[16]。同時，他們也認為俄羅斯以

12　編注：頓巴斯地區的分離主義者在俄羅斯的支持下，試圖脫離烏克蘭獨立。這場戰爭自2014年起延續至2022年俄羅斯單方面承認頓內茨克人民共和國（Donetsk People's Republic）及盧甘斯克人民共和國（Luhansk People's Republic）獨立。

13　此一概念在中國上校喬良與王湘穗的著作《超限戰》中有詳細的闡述。

14　Mark Galeotti. I'm Sorry for Creating the 'Gerasimov Doctrine'. *Foreign Policy*. March 5, 2018.

15　譯注：布魯金斯研究所（Brookings Institution）為美國著名智庫，以社會科學類的研究著稱。

16　Alina Polyakova and Spencer Phipps Boyer. *The future of political warfare: Russia, the West, and the coming age of global digital competition*. BROOKINGS. March 2018.

14　　　16

混合戰如何進行？

多種傳統和非傳統的戰爭形態組合

常規軍

經濟戰

網路戰

外交

特種部隊

非常規軍

支持地方動亂

資訊戰和政治宣傳戰

▲簡單來說，混合戰是指對立的各方同時採取多種可用的手段，舉凡軍事、政治、經濟、民生、資訊等，綜合不同的強度和形式，取得比使用單一手段更好的作戰效果。此作戰方式在本質上是不對稱的，主要特徵是含混不清，讓敵方不易察覺己方採取的作戰方式，即使最後被識破了，造成的損害也已無法彌補，對手的防禦和反應能力都將降至最低，甚至無法發揮作用。此外，這也能讓人難以查明、認定和歸咎誰才是發動戰爭的始作俑者。

區塊鏈（blockchain，即虛擬貨幣〔如比特幣〕應用的技術）[17]為基礎，正在研發某種防止國內選舉被操控的程式[18]。

　　俄羅斯還主導了一場令人見識到何謂癱瘓網路的攻擊。事件發生在愛沙尼亞，該國在脫離蘇聯之後，致力發展成一個全面數位化的社會與經濟體。愛沙

17　世人引領期盼區塊鏈能超越網際網路，成為全球偉大科技革命的先鋒。其主要特點在於去中心化，分布在不同的網路傳輸點消除了中心化的概念。此外，區塊鏈是一種高效的加密系統，活動或交易紀錄很難竄改或是抹除。

18　*Blockchain Technology Will Be Used At Russian Presidential Elections*. iHLS. Mar 8, 2018.

尼亞喜歡將其國名寫為E-Stonia，以強調其E化特質，可謂是第一個正視網路人權的國家，在官方的推動下，99%的行政手續皆可在網路上完成，並成立數據大使館（Data Embassy）。此外，政府單位還將資料分散儲存與備份在第三方的伺服器裡，以確保安全性和取得的便利性，如此一來，即使發生在2007年的網路攻擊重演也可避免受到影響。該年，愛沙尼亞政府決定將一尊佚名的蘇聯士兵雕像「青銅士兵」（Bronze Soldier）從首都塔林（Tallin）市中心移到郊區的一處墓園，不料所有部門皆遭到「分散式阻斷服務攻擊」（distributed denial-of-service attack, DDoS）。從廣義上來說，這是一種使網頁流量瞬間暴增，導致伺服器不堪負荷的攻擊手法。這場2007年的攻擊造成愛沙尼亞的銀行、交通、通訊、醫院等全國多項服務系統崩潰，停止運作。對一個以網路服務為主的經濟體來說，後果就是國家運作癱瘓超過兩週，舉凡自動提款機、銀行、醫院病歷、飛機航班及通訊等，全部大亂。

全球數十萬用戶根本不曉得他們的電腦連進了愛沙尼亞的網頁（.ee結尾的頁面），並且由駭客透過所謂的「殭屍網路」（botnet）操作。殭屍網路是由多個控制節點（control node），亦即「傀儡電腦」（enslaved computer）或稱「殭屍電腦」（zombie computer）所組成。據統計，在2008年，全球每30台電腦就有一台曾遭受這類的網路攻擊[19]。電腦一旦受到病毒感染，便會落入遠端駭客的控制，繼而在使用者沒有察覺的情況下連結到不知名的網站或網頁[20]。在愛沙尼亞的網路攻擊事件中，儘管大部分的殭屍電腦設置在其他國家，但殭屍網路的攻擊源頭卻是來自俄羅斯。

事隔十多年後，究竟克里姆林宮是否應該為那場襲擊事件負責仍未有定論，儘管所有的跡象都指向俄羅斯。又或者幕後主使其實是一群駭客，他們曾在某個網路論壇上決定要與愛沙尼亞「和解」。無論如何，我們都必須正視這個問題：即使查出透過網路發動的資訊攻擊或造謠行動源自哪一個國家（往往只是疑似），也不代表背後就有該國政府操控。藉由一些特定的程式，就可以

19　若要知道你的電腦（更確切地說是你的IP位址）是否受到網路攻擊威脅，你可以進入西班牙國家網路安全研究所（Spanish National Cybersecurity Institute, INCIBE）的網站確認（詳見QR code 19）。該網站詳述了殭屍網路的運作情形，你可以參照檢查你的電腦是否已經感染病毒或成為傀儡電腦。

20　在這類非法活動中，相對常見的犯行是散播兒童色情影片。起初嫌疑人會遭到逮捕，但是一旦證實其電腦受到遠端操控，就能立刻獲釋。

網路攻擊來源國&目標國

統計期間：2020年7月～2021年8月

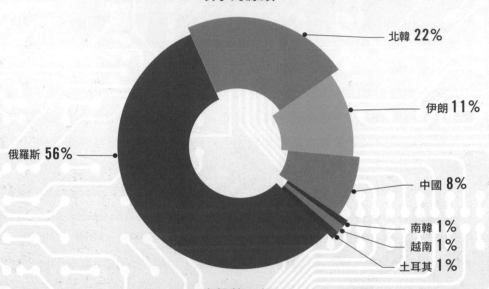

攻擊的源頭

北韓 22%

伊朗 11%

俄羅斯 56%

中國 8%

南韓 1%
越南 1%
土耳其 1%

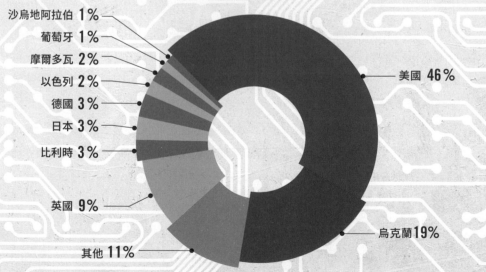

攻擊的目標

沙烏地阿拉伯 1%
葡萄牙 1%
摩爾多瓦 2%
以色列 2%
德國 3%
日本 3%
比利時 3%
英國 9%
其他 11%

美國 46%

烏克蘭 19%

◀儘管不同單位做的調查統計數據會有差異，而且有時候差異很大，但這兩張圖表能讓我們對於近年哪些國家是發動網路戰的源頭、哪些國家是主要的受害國有一些粗略的概念。

如圖所示，世界上的大國都或多或少都上榜了，不過值得注意的是，在圖表中也有一些在國際上比較沒那麼活躍的國家出現，例如越南（攻擊者）與摩爾多瓦（受害者）。

不過，別忘了，雖然可以查得出網路攻擊是來自哪一個國家，但這不代表那一國的政府必定是幕後主使者。

要了解全世界實時進行的網路攻擊，可以到相關的網頁查詢❶。雖然數據各有不同，但觀察一段時間後，便能得到一個結論：不論是以網路攻擊的發起者或是受害者的身分參與其中，世界上大部分國家都已被捲入這場邪惡的遊戲。

---

❶ 編注：本圖表數據參考白微軟2021年10月發布的《數位防禦報告》（*Digital Defense Report*）。

混淆這類網路行動的源頭。此外，被指認為行動源頭的電腦，也可能只是上述的「殭屍網路」中遭到遠端操控的傀儡電腦。別忘了，還有願意出高價僱用「網路傭兵」（cyber mercenary）的人，而他們也不見得來自傭兵的母國政府。另外還有與任何團體或情報單位都毫無關聯的「網路孤狼」（lone wolf），他們的行動往往只是為了展現自己的本領。

毫無疑問，技術先進的國家已開始逐步儲備網路武器，相關人士不再談論「網路防禦」（cyberdefense），而是進一步探討「網路攻擊」（cyberattack）。最佳的例證是2017年8月，時任美國總統的川普將美國網戰司令部（U.S. Cyber Command, USCYBERCOM）提升到戰略地位，強調在當前全球地緣政治相互對抗的背景下，網路戰爭至關重要。

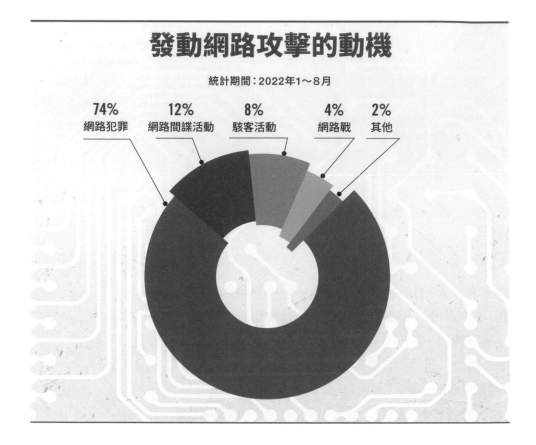

發動網路攻擊的動機

統計期間：2022年1～8月

74%
網路犯罪

12%
網路間諜活動

8%
駭客活動

4%
網路戰

2%
其他

▲從這張圖表可以觀察到，2022 年 1 ～ 8 月的網路攻擊主要動機絕大多數是犯罪行為（73.6%）。第二名則是網路間諜活動，占所有案件的11.8%，考量到每天都有成千上萬件的網路攻擊事件，這個比例算是很高了。而駭客活動的比例降到8.2%，這個數據也不能小覷；網路戰的占比則是4.2%。

手機，有風險的世界之窗

> 我沒有手機，也不用手機。我有時間才會打電話。
> 即使家裡電話響，我也從來不接。
> ——普丁，摘錄自《普丁專訪》

行動電話或許是影響現代人生活最鉅的日常用品。值得注意的是，許多非洲村落沒有飲用水，也幾乎沒什麼供電，但卻是人手一支行動電話，而且是每個村民，甚至小孩都有。

手機是我們走向世界的一扇窗，也是世界走向我們的一道門。無論購買什麼型號或品牌的手機，其中都會預先安裝好超過20個應用程式（app），並要求使用者開啟定位服務，也就是要獲取你的GPS數據，以隨時了解你所在的位置，以便「提供更好、更客製化的用戶體驗」。雖然系統有必要了解使用者在哪裡，但令人擔憂的是，與此同時也有許多公司和機構獲得你的個人資訊。

藉由安裝在手機裡的應用程式，好幾位恐怖組織的領袖已遭到辨識、定位和「解決」。在某些情況下，同樣的手機訊號可以用來導航，從無人機上發射地獄火飛彈（AGM-114 Hellfire）。此外，安裝在手機裡的軟體也可以用來監視敵人、政治活躍份子，如阿拉伯聯合大公國的曼索爾[21]，以及一些政治領袖。

然而，不要以為停用GPS就不會被定位[22]，還是有其他方法可以追蹤你的位置。比方說，透過手機訊號隨時連接的基地台進行三角定位，以此建構出使用者每天行動的路線圖。事實上，谷歌已經研發出一款具備此功能的應用程式，也就是google地圖裡的「你的時間軸」（Google Maps Timeline）[23]。對於許多電信與網路服務業者而言，只要輸入你在社群媒體上的資料[24]，就能看到你的

21　譯注：曼索爾（Ahmed Mansoor），阿聯部落客，為爭取人權和推動改革，於2011年因毀謗和侮辱國家元首而被捕，並遭到起訴，後來獲總統赦免。2017年3月再次被捕，罪名是透過社群媒體妨礙公共秩序，散布假消息與誤導訊息，並因危害國家安全被判處10年有期徒刑。

22　Taylor Armerding. *GPS is off so you can't be tracked, right? Wrong*. Naked Security. December 19, 2017.

23　定位資訊來源，可參考Google地圖時間軸的說明網頁（QR code 23）。

24　Jared Bennett. *Facebook: Your Face Belongs to Us*. THE DAILY BEAST. July 31, 2017.
Facebook lo sabe todo: desde tu historial amoroso a cuántas horas duermes. *ABC*. March 14, 2018.

22　23　24-1　24-2

詳細足跡。當然，情報單位也能夠取得這些資料，更別說身懷高超技術可以駭入這些系統的駭客。德國政治人物施皮茨（Malte Spitz）就有切身經歷，他曾向電信業者調閱個人資料，赫然發現自己生活裡的一舉一動全被記錄下來，而且電信公司的行為並沒有觸法[25]。

　　總而言之，智慧型手機使現代人成為「有連結的人」（Homo connectus）[26]，然而過度緊密的連結，卻也容易招致危險。

◆ 是誰操控了數位世界中的「我」？

> 我們完全不需要任何科技，就能過幸福的生活。
> ──湯姆・霍金森[27]

　　解決上述問題的方法當然不是脫離網路社群，只活在真實的世界裡。建立個人的數位形象，就跟制定學習計畫，或每天早上出門選擇穿什麼衣服一樣重要。更關鍵的是，如果我們不自己經營出具備個人特色的形象，可能就會有別人代勞，而且還很可能涉及我們的私生活，不管是真實還是虛擬的面向，都不會讓人太愉快[28]。

　　2011年年底，時任北約歐洲盟軍最高統帥（Supreme Allied Commander Europe, SACEUR）的海軍上將詹姆斯・史塔萊迪（James Stavridis）就遭遇了這類事件。當年許多盟軍的高級將領與他互加臉書好友，分享彼此的基本訊息與動態，然而這位海軍上將新註冊的臉書頁面上的照片和資料雖然都是「史塔萊迪」，但創建這個帳號的卻不是他本人，而是第三國的情報員，企圖輕鬆快速地蒐集西方

25　可參見其行動追蹤短片（QR code 25）。

26　編注：從「智人」的學名 *Homo sapiens* 衍生而來，藉此比喻現代網路科技帶來的連結與互動，對人類行為產生深刻的影響，並創造出新的思想及知識等。

27　譯注：湯姆・霍金森（Tom Hodgkingson），英國作家，文藝雙月刊《懶蟲》（*The Idler*）創辦人暨主編。

28　Pilar Trucios. *Marca personal y huella digital*.

軍事領袖的訊息[29]。

就如同西班牙空軍上校暨作家阿格雷達所說的：「移動滑鼠的手就是主宰世界的手。如果有人移動了你數位生活的滑鼠，他就能取代你在網路上的身分，操控你在數位世界中的『我』。」[30]

亞馬遜、蘋果、臉書、谷歌和微軟，這些幾乎壟斷市場的大型企業蒐集了大量用戶的資訊。這些資訊不全是用戶自願提供或是在基本資料中分享的，還包括他們在網路上追蹤的訊息和行為模式。如同歐威爾（George Orwell）的小說《一九八四》中，國家在每個房間裡安裝監視攝影機，如今數位設備就是監視攝影機的化身。我們心甘情願地讓它們介入生活，並且隨身攜帶，與之互動，分享內心的祕密和願望。所謂的數位設備不單單是上文提到的手機，還包括近幾年在市面上出現的虛擬助理（intelligent virtual assistant, IVA）。像是蘋果的Siri、微軟的Cortana、亞馬遜的Alexa和Echo，還有谷歌的Home，它們不僅會聽我們說話，就算我們不對它們說話，它們也在聽。據信，即使我們關閉iPhone的麥克風，虛擬助理Siri依然會持續接收我們的指令。亞馬遜的智慧型喇叭Echo甚至還會散布無意中從主人那裡聽來的私人對話。再過不久，人類與電腦、平板和手機螢幕的互動可能將全部都以聲音控制，屆時我們在數位世界裡「過度曝光」（overexposure）的情況，勢必會更加嚴重。

29 Emil Protalinski. *Chinese spies used fake Facebook profile to friend NATO officials*. ZDNET. March 11, 2012.

30 Ángel Gómez de Ágreda. La mano que mueve el ratón. *Revista SIC: ciberseguridad, seguridad de la información y privacidad*, Nº. 105 (Junio), 2013, p64-66.

▶截至2021年年底的統計，中國使用網路的人口超過10億，但他們遭防火長城（Great Firewall, GFW）屏蔽，無法使用美國跨國企業開發的應用程式與軟體。谷歌、臉書（當然還包括臉書母公司Meta旗下的WhatsApp和Instagram）等網站在當地全都打不開。用戶只能使用中國市場開發的類似網站和軟體，如百度、搜狐和微信等，這些軟體的伺服器將所有資料都存在國內。另外，中國在2009年結合推特與臉書的功能，創立了微網誌：新浪微博。根據2022年第一季的統計，平均每月活躍用戶（monthly active users, MAU）有5億8,200萬人。

為了從如此龐大的用戶量中獲取有用的訊息，中國政府開發了一個系統，藉由持續監控的攝影機、電腦程式和專家團隊，建立起「市民積分卡」❶的機制，將任何市民的行為或疏失轉換成點數❷。不論是能否坐火車、坐飛機、出省或出國，一切都取決於龐大資料庫裡所顯示的積分。在全國超過14億人口的情況下，這些數據能方便政府分辨誰是誰。然而，當警察想用擴增實境眼鏡來嚴加管控秩序，或者當你闖紅燈的影像會被投射在街道上的大螢幕，逼迫你付完罰款才肯放過你時，那就表示「老大哥」❸離你不遠了。

如果你認為中國只是特例，那就太天真了。也許因為在政治和社會上缺乏反對聲浪而讓中國政府的做法顯得特別專制，但在許多方面，中國最終很可能會成為其他國家模仿的先驅。

---

❶ 部分中國官方的說法是，這張「市民積分卡」實際上是西方媒體為了抹黑中國所捏造出來的假消息，儘管這個說法遭到大多數人駁斥。
❷ 編注：此一「社會信用體系」自2014年起開始規畫，截至2022年8月已有32個省架設「信用中國」網站，以作為宣導及評分查詢窗口。
❸ 譯注：老大哥（Big Brother）是歐威爾的小說《一九八四》中的人物，既是大洋國的領袖，也是黨內的最高領導人，專門在電幕（telescreen）後監視人民，後多用以暗指威權統治和無所不在的監控系統。

安全和隱私難題

> 真正的問題不在於機器會不會思考，
> 而是人類會不會思考。
> ——史金納[31]

若沒有國家的默許，企業就不可能壟斷市場。這些公司儲存的資訊，每年為公司股東帶來數十億美金的利潤，同時也為政府單位提供了資料庫。光是

31　譯注：史金納（B. F. Skinner，1904～1990年），美國心理學家，基進行為主義（radical behaviorism）的代表人物。

全球流量最高的 20 大網站

2018 年統計

谷歌
Google
.com
1

You Tube
.com
2

臉書
facebook
.com
3

Bai**du**百度
.com
4

維基百科
WIKIPEDIA
.org
5

reddit
.com
6

雅虎
YAHOO!
.com
7

印度谷歌
Google
.co.in
8

騰訊QQ
QQ
.com
9

亞馬遜
amazon
.com
10

淘寶
Taobao
.com
11

推特
twitter
.com
12

天貓
TMALL
.com
13

VK
.com
VKontakte(俄)
14

Windows Live
Live
.com
17

日本谷歌
Google
.co.jp
15

Instagram
.com
16

搜狐
SOHU
.com
18

新浪
sina
.com.cn
19

京東商城
JD 京东
.com
20

*編注：根據數據分析平台Similarweb，2022 年 8 月流量最高的 10 大網站依序是谷歌、YouTube、臉書、推特、Instagram、百度、維基百科、Yandex(俄羅斯搜尋引擎)、雅虎、色情影片網站XVideos(總部位於捷克)。

監控中國人民的「飛天鴿」

飛行控制系統

翅膀震動
裝置

資料傳輸器

資料傳輸
天線

飛行速度
感應器

電池

相機

全球定位系統(GPS)
接收器

▲中國政府監控人民的手段似乎沒有底線。在《南華早報》的一篇報導中提到「機器鴿」（robotic Dove）的發明❶。據透露，在過去幾年內，超過30個行政機關和軍事單位至少在5個省分部署這種特殊的無人機。特別是在新疆維吾爾自治區，因為穆斯林分裂主義者的緣故，政府更加廣泛使用這種代號「鴿子」（Dove）的新型監控系統。

這種無人機能模仿鴿子在天空中飛行的姿態，相似度高達90%，而且只會發出微量的噪音，地面上的人其實很難察覺，甚至能躲過先進雷達的偵測，即使與其他真實的鳥類成群結隊飛行也能魚目混珠（在測試飛行時，還真的發生過幾次類似的狀況）。

機器鴿重200公克，展翅約20公分，最高飛行時速40公里，最長飛行時間可達30分鐘。它們身上會安裝高畫素攝影機、GPS天線、飛行控制系統及具備衛星通訊功能的資料傳輸器等設備。

❶ Stephen Chen. China takes surveillance to new heights with flock of robotic Doves, but do they come in peace? *South China Morning Post*. Jun 24, 2018.

2017年下半年，蘋果公司就收到超過16,000份政府公文，要求調閱與美國國家安全相關的資料[32]。理由是國家不允許私人企業越俎代庖，負責保衛全球的安全[33]。這樣的做法意味著盧梭（Rousseau）定義的社會契約就此喪失意義：根據他的理論，公民犧牲部分的自由，是為了換取國家保障他們的安全。

然而，我們千萬別上當了。這些公司運用2018年從200多億台連接網路的電子設備蒐集到的數十億（甚至數兆）筆巨量資料（即大數據〔big data〕），結合有助於機械自動化學習的先進人工智慧，創造出前所未有的監控功能。最糟糕的是，大多數時候用戶是免費為這些人工智慧效勞，心甘情願淪為科技的傀儡。

◆ 別相信任何人！

> 到了下個世代，世界的主宰將會發現，
> 從小制約和催眠是比絞刑和坐牢更為有效的統治手段。
> ——英國作家阿道斯·赫胥黎（Aldous Huxley）

世界上主要的情報單位皆針對數位空間設立了專門攻擊或擾亂敵人的部門。在某些情況下，這些部門會僱用或約聘上百位來自各個領域的專業人士，包含資訊工程師、心理學家、社會學家、神經科學溝通專家等。

這種部門執行的任務非常多樣化，不過主要聚焦在社群媒體上。他們可以用大量訊息來炒熱某些主題標籤（hashtag），帶動風向；創建或修改資訊網頁，如維基百科；捏造和散播假消息；組織活動讓網路用戶相信某些特定的資訊；取得追蹤人數，以便日後必要時操縱他們；煽動市民進行街頭暴動與示威；或是製作看似正規、客觀公正的假網頁。

全世界多個國家都曾遭遇過這類的情報活動，例如：烏克蘭、突尼西亞、

---

32 Stephen Nellis (Reporting), Dan Grebler (Editing). *Tech giants see jump in Govt data requests*. ARN NET. May 28, 2018.

33 Robles Carrillo, Margarita y Gómez de Ágreda, Ángel. *Tecnología y Derecho: El FBI contra Apple*. June, 2016.

32   33

埃及、巴林、厄瓜多、委內瑞拉、尼加拉瓜。若是能成功削弱或終結一個政府，那就變成所謂的「柔性政變」（soft coup）了。

　　所以，再強調一次，社群媒體提供的任何訊息都不能輕信，且訊息操控不會有停止的一天。同時也不要相信任何單方面的說法，因為世界上所有情報單位都會藉此試圖操縱大眾的認知，差別只在程度多寡。

世界科技霸權即將易主？

> 電腦的誕生是為了解決過去不曾存在的問題。
> ——比爾・蓋茲

　　從1980年代起，美國便投注大量資金在科技產業上，發展至今可以用兩個詞概括，那就是GAFAM（Google谷歌、Apple蘋果、Facebook臉書、Amazon亞馬遜和Microsoft微軟）與NATU（Netflix網飛、Airbnb、Tesla特斯拉、Uber優步）。為了對抗美國的GAFAM，中國創立了BAT，亦即Baidu百度（搜尋引擎，提供地圖服務和電子信箱，甚至還有導航功能）、Alibaba阿里巴巴（電商；與亞馬遜相比，其優勢聚焦在電子商務和Marketplace之類的網路交易），以及Tencent騰訊（社群媒體公司，有策略地投資具參考指標的電玩，也是中國第二大電商集團）。

　　另外，中國也逐漸發展出美國NATU的翻版，也就是類似Netflix、HBO和Amazon Prime Video等影音串流媒體（streaming media），例如愛奇藝（百度集團旗下的平台），以及阿里巴巴集團推出的TBO天貓影院。而相對於Airbnb，中國則有短租平台「小豬」和「途家」。至於與特斯拉競爭，中國則相應發展最令媒體關注的項目，亦即無人駕駛的電動車。2018年7月，特斯拉和北京簽署了一份協議，要在上海設立美國境外的第一間「超級工廠」（Gigafactory，指稱特斯拉在內華達州雷諾〔Reno〕興建的大型鋰電池工廠），預計於2019年年底完工

人工智慧帶來的風險

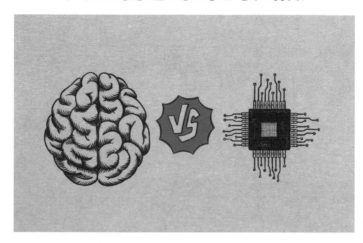

▲一開始，人工智慧被用來解決人力所不能及或是要耗費很多時間才能處理的問題。然而，2018年6月，美國前國務卿季辛吉在《大西洋》（The Atlantic）雜誌的一篇文章中指出了人工智慧的危險❶。他的結論是，從哲學和智能的角度來看，人類社會還沒有為廣泛使用人工智慧做好準備。對這位尼克森和福特總統時期的國務卿而言，人工智慧在全球盛行意味著人類的認知將失去獨特性，每個人都不過是一則資訊，而資訊將會管理整個社會。所謂的真實也不過是相對而言，資訊將可能壓倒智慧。科技發展到最後，這個世界可能成為一個充滿數據和演算法，但缺乏道德與哲學規範的地方。到那個時候，就如同甘地（Gandhi）所說：「缺乏人性的科學，是毀壞人類的要素之一。」

更別說人工智慧具備強大的功能，讓當今掌權的強者如虎添翼，得以控制在網路世界變成傀儡或受機器人監視的社會。

正如史蒂芬・霍金（Stephen Hawking）所言，人工智慧究竟是人類文明史上最偉大還是最糟糕的發明，仍然有待商榷。由此可見，關於人工智慧的未來發展，即使像霍金這麼聰明絕頂的人都不敢妄下定論。

---

❶ Henry A. Kissinger. How the Enlightenment Ends. The Atlantic. June 2018.

並投入生產，而中國勢必會藉此仔細觀察特斯拉的技術並發展國產品牌[34]。

在Uber方面，中國先複製後改良，甚至逐漸在國際上抹去Uber的招牌，以「滴滴出行」這家公司強勢進入拉丁美洲市場。滴滴相當成功，甚至斥資10億美元收購Uber在中國的業務，並且以12億美元的投資組合買下巴西企業「九九」（99／99Taxi），企圖打進其他拉美國家。於是，滴滴直接或間接與Grab、Lyft[35]等公司簽署協議，將業務拓展到占全球人口約60%的1,000個城市裡。

人工智慧能賦予機器靈魂嗎？

> 任何的笨蛋都能夠「知道」，不過理解才是重點。
> ——愛因斯坦

「智力」（intelligence）這個詞的意義繁多，可以解釋為學習，也就是取得知識的能力。大家都知道，一部機器只要經過程式設定，就可以儲存非常多的資訊。同時「智力」也可以代指理解和解決問題的能力，意味著能夠理性思考，不過這個部分比較複雜，就算對人類來說也是如此。此外，「智力」還有一個常被忽略的面向：純然精神層面的能力，這是人類專屬的特質。

因此，不管電腦科技再先進，所謂的「人工智慧」再怎麼貼近人腦運作，人類要想賦予機器靈魂、感覺和熱情，而且能溝通、能理解，或像真人一樣衝動、善變，似乎還有很長的一段路要走。當然，如果是指數位世界的邏輯推理，那就另當別論了。

然而，人工智慧的發展如火如荼，瞬息萬變，前面提到的諸多關於人工智慧的現況便足以證明這一點。無庸置疑，全球主要國家已展開一場稱霸人工智

---

34 編注：2021年，上海超級工廠的產能已占特斯拉全球產能的一半。2022年上半年，中國汽車大廠比亞迪生產的電動車銷量已提升到全球第二，僅次於特斯拉。

35 譯注：兩者皆為交通網路公司，主要提供載客車輛租賃和共乘服務。Grab總部位於新加坡，主要服務地區為東南亞，服務業務還包括網路訂餐外送；Lyft總部位於美國舊金山，營運範圍以美加為主。

慧的競賽。這個領域有許多待解的疑問，令人感到既興奮又神祕。

2018年3月底，法國總統馬克宏提出一項計畫，企圖將法國打造成人工智慧大國，以削弱（頭一個制定特殊戰略的）美國及（每年投入70億美元的）中國在此一產業的優勢。為此，他要求相關部門編列15億歐元預算，並推動設立「國防創新局」（Defense Innovation Agency），同時撥款1億歐元，將人工智慧列為優先開發項目。與此同時，加拿大也不甘落後；多倫多（英語區）和蒙特婁（法語區）不僅取得先進技術，還相互較勁。光是2017年，加拿大政府就斥資1億2,500萬美元挹注三所頂尖的人工智慧研究中心，不遺餘力地延攬世界知名的專家。

全力投入人工智慧領域的不只上述國家，其他國家也付出了不少心血，例如：名列前茅的以色列在2017年投入10億美元的資金，日本則是在2018年花費了7億美元；野心勃勃的南韓擬定人才培育和研發計畫，企圖培養出上百名專家。最受人矚目的或許是阿拉伯聯合大公國，他們不惜成本設立了「人工智慧部」（Ministry of State for Artificial Intelligence）[36]。俄羅斯也不想落後太多，儘管政府並未投注太多資金，但在2017年9月，總統普丁提出警告，表示人工智慧極為重要，因為隨之而來的不僅僅是機遇，還有極大的風險，特別是在某一強權壟斷這項產業的情況下。

36　Juan Luis Suárez. *La nacionalización de la estrategia en torno a la inteligencia artificial Estado, política y future*. July, 2018.

▶根據《彭博社》（*Bloomberg*）2022年9月公布的資料顯示❶，在全球個人財富前十名中，有7位是因為科技致富❷。排名第一的伊隆・馬斯克是電動車大廠特斯拉（Tesla）的執行長，也是SpaceX的創始人，擁有2,530億美元的資產。同樣從事科技業的傑夫・貝佐斯，持有亞馬遜公司近10%的股份，資產淨值達1,410億美元，位居第二。下一位科技富豪是比爾・蓋茲，因持有微軟股份，排名第五，擁有1,070億美元的資產。

接著兩位是建立谷歌的賴利・佩吉和謝爾蓋・布林，資產分別為922億美元和833億美元。名單上的最後兩位科技富豪是前微軟執行長、現任美國職籃洛杉磯快艇隊（Clippers）的擁有者史帝夫・鮑曼和甲骨文公司（Oracle）的創辦人兼執行長賴瑞・艾利森，

資產分別是858億和830億美元。

而名列前茅的科技公司市值則分別為：蘋果2.4兆、微軟1.8兆、Alphabet（谷歌母公司）1.8兆、亞馬遜1.2兆、Meta（臉書母公司）3,806億。其中，蘋果是第一家市值超過1兆美元的民營公司。

值得注意的是，這些公司和上面提到的富豪都屬於美國，而且無論從經濟面還是情報面來看，他們的戰略資源往往都掌握在美國政府手上。

---

❶ 這份「億萬富豪指數」排行榜每日更新，可參見 QR code 連結網頁。
❷ 編注：臉書創辦人暨 Meta 執行長祖克伯（Mark Zuckerberg）因投入元宇宙（metaverse）發展，資產縮水710億美元，在2022年的富豪指數排行榜上一路從第6名跌至第23名，資產淨值約為530億美元。

量子電腦：科技巨頭研發競速，誰將拔得頭籌？

> 一個世紀以後，
> 專家將以現代人完全想像不到的系統組成量子電腦。
> ——西班牙物理學家拉托雷，摘錄自《量子》

量子力學（quantum mechanics）[37]的應用將徹底改變電腦科技，其處理和解決問題的速度比當今任何電腦設備都要快上百萬倍。量子力學讓物質（例如原子）可以同時以兩種狀態存在。傳統電腦運算使用的是二進位語言，其最小的計算

---

[37] 馬克斯・普朗克（Max Planck）於1900年提出第一個純量子方程式，他因發現量子能量於1918年獲頒諾貝爾物理學獎，而普朗克常數（Planck constant）即是量子現象依存的基本常數。隨後，量子力學的理論在1926年公式化，並由馮紐曼（John von Neumann）於1932年進一步完善。1984年，班奈特（Charles Bennett）與布拉薩（Gilles Brassard）設計出第一個量子安全協定，為了紀念他們，該協定被稱為「BB84」量子金鑰分配協定（quantum key distribution protocol, QKDP）。

科技富豪時代

在世界首富排行榜中，
有7位來自科技業。

伊隆·馬斯克
Elon Musk
2,530億
科技業

1

傑夫·貝佐斯
Jeff Bezos
1,410億
科技業

2

阿達尼
Gautam Adani
1,310億
工業

3

貝爾納·阿爾諾
Bernard Arnault
1,290億
消費產業

4

比爾·蓋茲
Bill Gates
1,070億
科技業

5

華倫·巴菲特
Warren Buffet
952億
企業經營

6

賴利·佩吉
Larry Page
922億
科技業

7

謝爾蓋·布林
Sergey Brin
883億
科技業

8

史帝夫·鮑曼
Steve Ballmer
858億
科技業

9

賴瑞·艾利森
Larry Ellison
830億
科技業

10

財富計算單位：美元

單位是位元（bit），狀態為0或1；但量子運算不再使用位元，而是量子位元（qubit; quantum bit），單一量子位元可以是0或1，或是任何比例的0與1組合（例如1/3的1疊加2/3的0），且不同量子位元還可以同步運算。

日常生活中許多物品都運用到量子力學，例如：手機和電腦裡的晶片、雷射[38]、核磁共振（藉由電子正子對滅〔electron-positron annihilation〕來判讀人體內的情況）、斷層掃描、LED燈、利用量子／原子鐘來運作的GPS等。

不過，現在的量子技術僅具雛形，未來想必還會帶來許多驚奇。著名的次原子粒子與量子力學專家拉托雷曾說，量子電腦將是近代科技的一大躍進，其速度和功率強大到足以在地緣政治、政治與經濟層面造成極大的效應。在量子電腦具備的諸多特性中，破解網路傳輸之加密訊息的能力尤其引人矚目，不論用什麼方法加密，量子電腦都有辦法透過演算法破解。

這位任職於新加坡量子科技中心的研究員還說道，未來量子力學的應用將無遠弗屆，舉凡新藥物研發、測量系統（陀螺儀、重力測量、加速規等）精準度的提升、複雜的數學演算、進階的物理學與化學，皆包含在內。此外，在應用上也將引發量子網路安全的議題，必須探尋確保加密通訊不會被量子電腦破解的方法。

然而，這樣的發展也存在弊端。首先，在量子科技和人工智慧結合後，就業機會很有可能會因此減少。另外，藉助新式電腦，政府對社會的監控將變得更加嚴密。拉托雷也毫不猶豫地說：「致力於發展新一代量子科技的人，可能不會遵守民主的法律和道德的規範。」另一方面，已開發和未開發社會之間的差異亦可能加劇，因為只有大國才具備足夠的技術研發量子電腦。目前，像谷歌、微軟與IBM[39]等科技龍頭都爭相在這個領域當開路先鋒。

考量到量子電腦可能帶來的地緣政治、軍事和情報優勢，拉托雷認為：「最大的問題不在於『何時』獲得量子電腦，而是『誰』將獲得量子電腦。」也就是說，各國之間又會像過去歷史上一場又一場的軍備競賽一般展開較量。

---

[38]　雷射（laser）是英文Light Amplification by Stimulated Emission of Radiation（「通過受激輻射產生的光放大」之意）的縮寫。雷射是利用量子學效應，即誘導或受激輻射，在空間和時間上產生同調（coherent）光束。正如拉托雷所說，它是一束在粒子間保持量子同調性的粒子（光子）。至今受到廣泛應用，例如光纖等。

[39]　編注：IBM已於2021年發表127量子位元的Eagle處理器，預計於2022年下半年與2023年分別推出433、1,121量子位元的處理器，並在2025年推出超過4,000量子位元的運算系統。

如果再加上量子電腦如何造福人類等問題，那麼無庸置疑，量子力學將為人類充滿不確定的未來世界，以及幾乎無法預測的科技革命，畫上更多的問號。

你今天被「社交工程」了嗎？

> 我擔心有一天，科技會超越人類，
> 到時候世界上只剩下笨蛋。
> ——愛因斯坦

儘管有時候我們寧可活在無知之中，相信「社交工程」[40]不過是另類的都市傳說，但是它卻真真切切地存在於這個受到操控的現實世界裡。簡單來說，社交工程可以解讀為：獲取個人資訊，但不會讓當事人察覺自己的個資遭到濫用。這些資訊一般是比較敏感的，洩漏出去後會對當事人造成嚴重傷害，影響層面可能從系統訪問密碼到私人訊息不等。

雖然社交工程所使用的心理策略（如說服、推薦等）過往是藉由面對面接觸來進行，但現在幾乎完全透過電子設備（如電腦、手機和平板）。

事實上，社群媒體早已成為社交工程最喜愛的狩獵場。人大多傾向群聚，就算是虛擬的社群也好；再加上出於信任、善意，甚至樂於助人，又或者想要被讚美或討拍，導致我們無意間在社群媒體上發表的內容愈來愈容易遭到有心人士利用，例如：社會經濟狀況、個人身分、家庭環境、喜好、想法、態度、活動等。

用戶自己提供的這些基本訊息，只要經過演算法的資料探勘（data mining）分析，就會替有心人打開一道方便之門，能夠用以對用戶進行社交工程，而在用戶認清事實之前，只能任由他們擺布。

網路透明化創造了一個商機，撇開其他透明化的用意不談，上述提到的社

40　譯注：社交工程（social engineering），意指在網路或虛擬世界裡的詐騙。藉由與他人合法交流，影響其心理，進而做出某些行為或透露出機密訊息，常見的手法有：假託、調虎離山、線上聊天、電話釣魚、等價交換等。

交工程便是藉此建立網路用戶的心理和社會行為側寫，再將這些側寫賣給第三方。接著，第三方便會加以利用，操縱用戶做出某些社會或政治決定，例如：在選舉時投票給某位候選人。劍橋分析公司（Cambridge Analytica）就曾在2016年美國總統大選期間，企圖操縱臉書用戶投給川普[41]。

良心建議：在虛擬世界裡，言行要盡量像在現實世界中一樣謹慎。

科技與人性的選擇題

> 科技是能幹的僕人，卻是危險的主人。
> ──諾貝爾和平獎得主朗格[42]

毫無疑問，科技進步不斷促使地緣政治的典範轉移發生。正因如此，我們更應該保有人類得以不斷進化的各種美德，而不該墮入科技的陷阱，想著反正機器便能解決一切，因此人類的美德已經過時。事實上，這些特質很可能比過去還要珍貴，只是需要因應潮流，改以符合時宜的方式來運用。完全信任科技意味著去人性化，這對人類文明而言將會是一大災難。

科技是必要也是重要的，但是人類需要的不是科技本身，也不是以追求科技為目的，而是要將科技看作一種工具，用來追求我們設定好的目標，而且這些目標必須與人類的福祉和安全息息相關。思想必須走在科技之前，而不是反過來被牽著走。科學無論再怎麼重要或發達，也只能是人類憑藉的工具，用來輔助人類發展與進步。因此，科技的進步應該要與適度調整的倫理觀與道德規範並行，否則的話，人類就很可能變成無知的機器人，被世界上少數菁英控制。

在如此「科技化」（technologification）與「超級數位化」（hyper digitization）的

41　編注：劍橋分析後遭踢爆在2016年的總統大選期間不當取得臉書用戶數據，而於2018年停止營運。進一步資訊可參閱《操弄【劍橋分析事件大揭祕】》與《Mindf*ck 心智操控【劍橋分析技術大公開】》（野人文化）。

42　譯注：克里斯蒂安・勞斯・朗格（Christian Lous Lange，1869～1938年），挪威歷史學家、和平主義者，1921年獲頒諾貝爾和平獎。

社會裡，難免會出現一些反對科技進步的團體。面對生活各個層面皆受到科技侵襲，他們希望科技至少能進步得慢一點、更多一點「人性」。這些反科技團體甚至考慮將科技完全排除在外，以最核心的人性為優先。簡而言之，他們企圖以科技倒退，回歸「類比訊號」時代，讓人類找回自身的價值，並且完全掌控世界。

據說某些美國貴族學校禁止學生使用電子產品，因為那些東西只會讓他們更容易受到外界操控，學校希望能在沒有數位工具輔助的情況下，盡可能開發學生的人格特質與智力。

第十一章

人口趨勢
未來地緣政治的核心指標

我不是雅典人，也不是希臘人，而是世界的公民。

——蘇格拉底

人口為何重要？

在世界各國面臨的所有問題中，
與人口有關的問題是最重要且最根本的，
只要這個問題無法解決，任何進步都是徒勞。
——英國哲學暨數學家羅素[1]

就人口統計學而言，我們都是人口。不是籠統的「人們」，而是以個數計數的「我們」，包含你和我在內，居住在地球上的每一個人都是其中的一份子。不論是現在活著的，或者即將出生的，都是人口的一部分。因此，當前亟需擺脫政治傾向和意識形態，並以嚴肅、嚴謹態度討論的議題，就是「人口」。

無論在平時或戰時，人口因素對於制定國家政策都至關重要。孔子和柏拉圖都曾表示，擁有理想的人口規模與一定面積的肥沃土地，才能確保國家強盛[2]。自馬爾薩斯提出「人口論」以來[3]，人口的爭議一直圍繞著幾個問題打轉：如果人口不斷增加，超過該國或全球所能容許的範圍，會不會導致貧窮和飢餓蔓延？又或者，科技將彌補資源短缺，讓問題僅局限在資源的分配上？

儘管在政治和地緣政治領域中不乏關於人口統計學的討論，但當前的人口趨勢表明，人口是一個舉足輕重的決定性要素。我們面臨的是一個未開發的領域。無論是在人口過多或人口不足的條件下，各國目前所處的土地、資源與福利分配問題，都是社會政治和地緣政治等重要研究中的關鍵議題。如果這些問題沒有好好處理，在可預見的中短期內，我們將遭遇更重大的問題必須解決。

1　譯注：伯特蘭‧羅素（Bertrand Russell，1872～1970年），英國哲學家、數學家、邏輯學家、和平主義者，1950年獲頒諾貝爾文學獎。
2　譯注：相關論述，可參見《論語‧子路》和柏拉圖的《法律篇》第十二卷。
3　譯注：馬爾薩斯（Thomas Robert Malthus，1766～1834年），英國人口統計學家、社會經濟學家，《人口論》（*An Essay on the Principle of Population*）為其思想代表作。

國土不能是無人空地

> 人口就是命運。
> ——法國社會學家孔德[4]

◆ 人口的質與量

> 從古至今,人口的改變
> 都與一個國家或帝國的興衰息息相關。
> ——美國社會學家葛斯通[5]

古人認為,一個國家強大的根基在於公民的數量與品質。幾個世紀以來,大國的人口數量都比周邊鄰國增加得更快,例如:波斯人、希臘人、馬其頓人、羅馬人;到了中世紀,則是蒙古人和北歐人。而綜觀近代西方歷史,十五世紀的葡萄牙、十八世紀的英國、十九世紀的德國和二十世紀的美國,亦皆是如此。

歷史學家認為,人口快速成長往往會引發國家之間的權利衝突。例如:十八世紀中國和英國的擴張、日本明治維新後的現代化,以及歐洲兩次的世界大戰,這些歷史事件發展背後的因素都與人口成長有關。其中特別需要注意的是人口成長率較高且結構較年輕的社會,因其浮動性高,容易導致國家發展不穩定,但同時也更可能崛起成為該區域的強權。

---

4 譯注:孔德(Auguste Comte,1798～1857年),法國著名的哲學家、社會學家、實證主義(positivism)創始人。
5 譯注:葛斯通(Jack Goldstone),美國社會學家、政治學家、歷史學家,主要研究議題為社會運動、革命和政治人口統計學。

◆ 國家的工具人

> 人不為自己而生，而是為國家而生。
>
> ——柏拉圖

綜觀歷史，多數國家都將人民視為占據領土的工具。以中世紀為例，伊比利半島在復國運動（Reconquista）期間[6]頒布「城市憲章」（municipal charter）[7]，目的就是出自於經濟和戰略上的考量，允許人民在某些特定區域居住。隨著哥倫布來到美洲，西方國家進入帝國主義時期，同樣的情況再度發生：強權國家將人民遷至美洲居住，以便管控該地。近代在阿拉斯加也是如此，1867 年，美國向俄羅斯帝國[8]買下這塊不毛之地，直到冷戰期間，華府擔心蘇聯可能會入侵阿拉斯加，因此在經濟和稅務方面釋出利多，推動移居阿拉斯加計畫，吸引有興趣的美國人前往當地居住。

以巴衝突也是源自於人口結構的問題。以國設置以色列屯墾區（Israeli settlement）[9]的目的，就是為了能夠擴張、占領更廣闊的土地。巴勒斯坦人因為生育率比猶太人高而擁有人口優勢，因此以色列政府鼓勵（或者可以說是容忍）多產的極端正統派猶太教徒哈雷迪（Haredi）到屯墾區定居。一般來說，哈雷迪女人負責照顧整個家族或自己的家庭，而男人只需要學習「妥拉」[10]，不需要工作，甚至在 2017 年得以豁免服兵役的義務（以色列為全民皆兵制）。以色列政府之所以這樣寬待哈雷迪，並且照顧、撫養他們眾多的家庭成員，就是因為他們

6　編注：西元 711 ～ 1492 年，伊比利半島北部的基督教徒為收復自阿拉伯帝國征服西哥德王國以來被伊斯蘭教徒占據、統治的伊比利半島而發動的戰爭。

7　城市憲章，又稱居住憲章（population charter）或居住特許（population privilege），是中世紀西班牙國王、領主和教士授予居住群體的特許權。目的是在具有特殊利益的土地上重新安置人民，尤其是伊比利半島的北部和中部。目前已知最古老的城市憲章為《布拉紐塞拉憲章》（Carta Puebla de Brañosera），由穆尼歐・努涅斯（Munio Núñez）伯爵於 824 年授予，並於 968 年由卡斯蒂亞第一位獨立伯爵費爾南・貢薩雷斯（Fernán González）肯認。

8　編注：又稱「沙皇俄國」，普遍認為起始於 1721 年彼得大帝（Peter the Great）加冕為皇帝，自稱沙皇，直至 1917 年尼古拉二世（Nicholas II）遭人民起義推翻為止。

9　編注：意指以色列自 1967 年以來在占領的土地上建立的猶太人定居地，目前主要分布在約旦河西岸，少數位於戈蘭高地和東耶路撒冷。

10　譯注：《妥拉》（Torah），原指猶太人正統《希伯來聖經》的前五部，亦即天主教《舊約》中的《摩西五經》（Pentateuch）。又因「妥拉」在希伯來語中為「指引」之意，即以此經書作為猶太人的生活準則，故從廣義來說，「妥拉」涵蓋了所有的猶太教律法和指導。

2100年世界人口預估

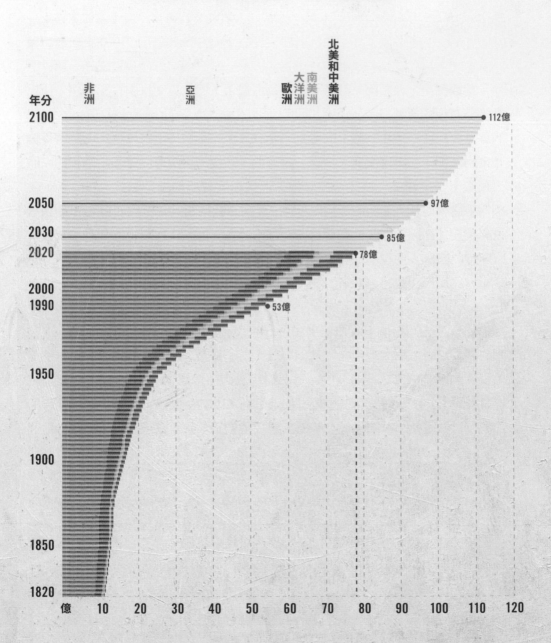

◀數據會說話。西元前8000年左右，全世界只有500萬人。西元後一年，住在地球上的人口數大約是1億7,000萬。經過十四個世紀，這個數字增加了一倍（即西元1400年有3億4,300萬人）。在那個年代，人口成長速度仍算緩慢，三個世紀後（1700年），人口數才稍稍來到5億8,700萬❶。不過，在那之後，成長速度便開始狂飆：在1800年，世界人口已經有9億1,300萬；到了1900年，成長到16億人；1970年，人口達30億；2000年，突破60億；而時至今日，已經逼近80億❷。

若保持這樣的成長速率，可以預見在未來大約30年後，即2050年，地球上會有將近100億人。值得注意的是，僅僅在非洲，人口每20年就會增加一倍，原因是當地的某些國家育齡婦女很早就開始生育，平均每位女性育有超過6名孩童❸。

❶ 關於歷史上全球人口數的變化，可參見World Population History網站。
❷ 根據Countrymeters網站，在2022年10月1日，全球有80.22億人，而根據Worldometer，在同一日，全球有79.78億人。必須說，世界人口的確切數字不易得知，因為有些國家不曾進行全國人口普查，而有些數據則是不可信。
❸ 已開發國家的女性生育第一胎的年齡大都已超過30歲，而非洲育齡婦女的首胎生產年齡不到她們的一半。

2-1

2-2

生育了大量的孩子，有助於增加人口數量。目前這些極端正統派猶太教徒占全以色列總人口的12%，有鑑於他們的高出生率，估計在接下來二十年內，哈雷迪的人口比率將增加一倍。光憑這一點，就足以讓他們名正言順地在以色列占領的土地上定居。

人口過剩與不足都是危機

> 人口過剩是引發戰爭的生物因素。
> ——軍事史學家富勒[11]，
> 摘錄自《戰爭指導》（*The Conduct of War*）

11　譯注：J. F. C. 富勒（J. F. C. Fuller，1878～1966年），英國軍隊高級將領、軍事理論專家、歷史學者，亦為探照燈發明者。

◆ 生得多不如生得巧？

中國消失的女嬰

　　面對人口壓力可能造成的混亂，一些人口過多的國家已建立起遏止機制，其中最典型的就是推動「一胎化」政策的中華人民共和國。這項生育計畫於1979～2015年底在中國境內施行，用以嚴格控制出生率，減少人口過剩的問題。

　　為了執行這項計畫，中國政府除了讓人民更容易取得避孕措施外，也提供遵守規定者經濟上和工作上的獎勵，同時對違反規定者處以罰鍰，甚至實施強制墮胎和大規模的絕育行動。然而，執行一胎化的後果是性別比極度失衡，因為中國傳統重男輕女的觀念導致大量女嬰被遺棄在孤兒院，或是在做過性別鑑定後選擇性墮胎，甚至是殺害女嬰。時至今日，中國適婚年齡的男性數量遠超過女性[12]，因而逐漸形成社會心理問題[13]。雖然中國政府後來決定廢除一胎化政策[14]，但性別失衡已對國家造成難以磨滅的嚴重後果，例如：人口急遽高齡化。

　　儘管如此，在未來幾個世代，中國依然要面對人口大幅成長的問題。1960年，中國人口約5億人，到了2020年已超過14億1千萬人。相較於人口數量，中國的肥沃土地面積明顯不足，迫使北京政府不得不設法尋找足夠的資源，以供應所有人民的需求。為此，中國以投資、信貸和產業經驗作為交換條件，在二十多個非洲和拉丁美洲國家推動買賣和租賃耕地的政策。中國人口無疑已經飽和，擁有的資源不足以滿足國內不斷成長的人口與日益提升的生活水準所需，所以勢必得向外擴張，不然就會因為無法負荷而崩盤。這種現象與日本加入二戰的背景非常相似，不能掉以輕心。

12　編注：根據中國國家統計局2020年的人口普查，全國男性人口占比為51.24%，女性人口占比為48.76%，而20～40歲適婚年齡的男性比女性多了1,752萬人。

13　考量到找尋伴侶的困難，再加上結婚與傳宗接代的社會壓力，有愈來愈多年輕女性「租」男友來應付家人，不過弔詭的是，儘管她們在性別上屬於少數（占人口48.76%），而且也有男性租女友，但是女性的費用通常不到男性的一半，因為租女友的需求比較小。

14　編注：中國政府於2015年推動二胎政策，2021年又推動三胎政策。

但「土地掠奪」（land grabbing）並非中國獨有的手段，而是許多富裕國家（如南韓和沙烏地阿拉伯）為了對抗氣候變遷和土地貧瘠所採取的措施，不過，這種方式會讓反應能力比較差的國家陷入困境。一個典型的案例是2009年導致馬達加斯加發生政變的韓國大宇集團（Daewoo）土地租用案[15]。另一個與土地掠奪相關的議題是農作物被拿來充作生質燃料（biofuel），這對於原本就缺少食物的地區（例如非洲）而言，更是雪上加霜。

美國的有錢少子論

1974年12月，面臨世界人口的爆炸成長，美國政府制定一份世界人口增長對美國國家安全和海外利益之影響的機密檔案，正式名稱為《國家安全研究備忘錄第200號》（*National Security Study Memorandum 200, NSSM 200*），不過更為人所知的名稱是《季辛吉報告書》（*The Kissinger Report*）。這份文件於1980年解密，1989年公開。

這份檔案並未涉及美國主要的國家安全問題，而是針對每25年人口就以倍數成長的未開發國家提出一項大幅降低生育率的計畫。

為了能在2000年左右將生育率降到世代更替水準[16]，《季辛吉報告書》中倡議：提高法定結婚年齡、推動女性就業、提高家庭生活水準、提供便利避孕措施，甚至是墮胎等方案。草擬這份報告書的人認為，家庭富裕，孩子就會變少。確切的說詞是：「當人賺到愈多的錢，組建大家庭的意願就會愈低。」至於墮胎，報告書中寫得相當隱晦，以免在當時（現在依然）十分重視宗教價值觀的美國引發疑慮和反感。不過，其中竟然說到：「所有國家都用墮胎來減緩人口成長問題。」

有趣的是，這些措施在貧困地區幾乎沒有發揮任何作用，卻在某種程度上大大影響已開發國家，造成出生率節節下降。

這份檔案還清楚展示了政府是如何管理社會、制約人民，如何灌輸我們特

15　編注：2008年12月，大宇集團向馬達加斯加租用該國半數的可耕地，面積達130公頃，租期99年，引發馬國人民暴動，因而取消租約。

16　編注：意指一名女子在生育年齡生下的孩子數量正好可以替代上一代的人。在已開發國家這個數量約是2.1，若是低於此數值則人口遞減。

定的生活與行為模式。而且,這些透過適度宣傳和神經溝通學強加給我們的訊息,還會讓我們誤以為是自己的決定。

◆ 二十一世紀的馬爾薩斯陷阱

> 二十一世紀最大的挑戰是找到有效的方法,
> 讓全世界四分之三的人口擺脫馬爾薩斯陷阱,
> 遠離營養不良、飢餓、資源短缺、被迫移民和武裝衝突。
> ──保羅·甘迺迪[17]

早在1798年,馬爾薩斯就於他的著作《人口論》中指出,人口增加比糧食生長速度還要快。他斷言:「人口必然受到糧食的制約。只要糧食增加,人口必然增加,除非遭受強大且明顯的阻力。」後來隨著食品生產流程的現代化與優化,馬爾薩斯的理論確實受到質疑,例如:在農業方面,如今有更具抗性的種子、現代肥料和更有效的灌溉系統。某些專家甚至認為,目前全世界超過8億人蒙受飢餓之苦,是因為他們經濟拮据,而不是糧食不足[18]。雖然也可能是社會動盪和戰爭造成的結果,但一般來說,飢餓的人就是沒有錢買食物才會挨餓。然而,即使問題在於財富分配而非糧食短缺,馬爾薩斯的假設仍然站得住腳。

在馬爾薩斯撰寫《人口論》的年代以前,糧食危機大多是透過饑荒、戰爭(又稱舒緩期)和傳染病獲得緩解。傳染病導致人口減少,有時甚至引發大量死亡,對經濟條件差的族群更會造成嚴重的傷害。根據馬爾薩斯的論點,那是大自然的重啟機制,為了維持人類與糧食供給之間的自然平衡。此外,在《人口論》中,這位英國國教牧師還提出避免過度失衡的方法,其中包括晚婚、禁止婚前性行為等。受此思維的影響,自然史學家達爾文(Charles Darwin)在《物種

17　譯注:保羅·甘迺迪(Paul M. Kennedy),英國歷史學家,專長為國際關係研究。引言摘錄自其著作《為二十一世紀做準備》(*Preparing for the 21st Century*)。

18　諷刺的是,世界上有超過8.3億人營養不良,每天有3萬人死於飢餓,卻有超過16.7億人體重過重,其中有7.1億人被判定為過度肥胖。在美國,每天有2億美元的支出是花在減肥上;此外,每天約有6億美元的開銷是用於處理與肥胖相關的疾病。

起源》（*On the Origin of Species*）一書中提出：自然淘汰是自然的自我調節機制。後來，英國經濟學家凱因斯（John Maynard Keynes）則在《和平的經濟後果》（*The Economic Consequences of the Peace*）一書中提到：人口壓力導致歐洲的政治和經濟不穩定。換句話說，無論是自然環境，還是經濟、政治和社會的問題，都是人口大量增加導致的結果。

幸運的是，科學與醫學的進步改善了生活條件，使人類的平均壽命延長。雖然人類能長生不老[19]的想法還是有點異想天開，但確實有些權威科學家認為，在不久的將來，即使防止細胞老化的問題仍有待解決，人類依然輕輕鬆鬆就能活超過120歲。可是，隨著平均壽命提高，許多問題也開始出現，例如：高齡化社會如何維持經濟永續發展，如何照顧年長者的生理與心理狀態等，因為年齡大小和健康品質一樣重要。總之，目標是活得愈久愈好，而且身心都要常保青春。

無論如何，可以確定的是，在資源有限的環境中，不管資源的更新率和內在價值如何優化，這個世界都很難以目前預估的速度持續成長下去。因此，我們必須找到新的替代方案，避免迫在眉睫的危機發生，才能確保人類永續生存。

首先，地球的資源有限，所以從長遠來看，人口過度成長想必無以為繼。再者，由於資源分配不均，人口稠密的開發中國家，儘管坐擁豐富資源，能分到的比例卻最少。同時，氣候變遷引起的全球暖化造成原本就缺水的地區降雨量更為減少、收成變差，導致已經缺乏糧食的地方發生更大規模的饑荒。這類重大的人道危機迫使當地居民為了逃難而向外遷徙，也藉此一舉擺脫人口壓力和環境惡化造成的問題。在已開發國家人口不斷減少、未開發國家人口急遽上升的情況下，這所有的一切都讓兩者之間的緊張局勢更加惡化。

19　這是某些人為了經濟利益所出售的一種幻想，事實上指的可能是人體冷凍技術（cryonics）。也就是說，說服目前患有重大疾病、不治之症的人先將自己「冰凍」起來，以等待醫學上的新突破。支持這種做法的人認為，如此一來任何疾病都有治癒的可能，而且還能隨意延長預期壽命。

2030年都市碳排量預估

全球超過70%的二氧化碳排放量來自城市*

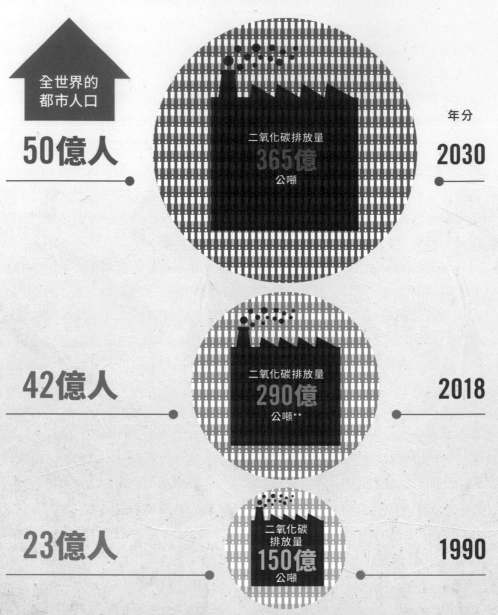

全世界的
都市人口

50億人

二氧化碳排放量
365億
公噸

年分
2030

42億人

二氧化碳排放量
290億
公噸**

2018

23億人

二氧化碳
排放量
150億
公噸

1990

*編注：2021年7月，發表於《可持續城市前沿》雜誌(Frontiers in Sustainable Cities)的一份研究報告比對了全球
167個城市，發現其中25個城市的溫室氣體排放量加總占總量的52%，而這些城市有23個位於中國。

**編注：根據國際能源總署(International Energy Agency, IEA)發布的《2021年全球能源回顧》，2021年全球碳排
量為363億公噸，達到歷史新高。

◀環境惡化和人口過剩兩者之間的關係密不可分，尤其是在大城市。隨著人口數增加、產品需求量上升，空氣、土地和水質的汙染也隨之惡化，進而導致氣候變遷，影響農作物收成、引發生態災害，最後迫使大量人口遷徙。而接納環境難民的城市人口壓力連帶飆升，致使不平等現象加劇，因為城市不可能以最低限度的社會福利滿足新移民的需求，畢竟並非所有城市都有能力或願意支付這麼高的社會成本。此外，新移民和都市居民之間存在文化、觀念和宗教的差異，也讓城市更容易發生社會衝突。

古羅馬帝國的催生法案

> 人口不足就像白蟻一樣，
> 緩慢且無情地毀壞社會的根基。
> ——法國學者索維[20]

　　「這個國家的人愛慕虛榮，沉迷於物質，想好逸惡勞地過日子，不想結婚。即使結了婚，也不想自己帶孩子，不然頂多只養一兩個。」這類現象在現今已開發國家是屢見不鮮，不過，說這句話的人不是這個時代的政治家或社會學家，而是古希臘史學家波利比烏斯（Polybius），他以此來影射古希臘文明的毀滅。

　　不過，人類總喜歡重蹈覆轍，下一個高度文明——羅馬帝國，同樣沒有記取歷史的教訓。社會經濟的進步導致羅馬人，尤其是菁英份子，背棄了讓他們得以統治世界大部分區域的儉樸美德。根據歷史學家賴因可（Amaury de Rien-court）的說法：「殺嬰成為一種普遍的做法，而縱慾無疑降低了男女的生育能力。人們常常晚婚或乾脆不結婚。」羅馬皇帝很快意識到出生率下降意味著帝國的末日，隨即採取因應措施。西元一世紀初，奧古斯都（Caesar Augustus）執政時期，第一部旨在提高生育率的律法誕生，儘管成效非常有限；另外，也有人企圖以吸引外來移民的方式解決人口問題。不過，一切都徒勞無功。西羅馬

20　譯注：阿弗雷德・索維（Alfred Sauvy，1898～1990年），法國人口統計學家、人類學家、經濟史學家。

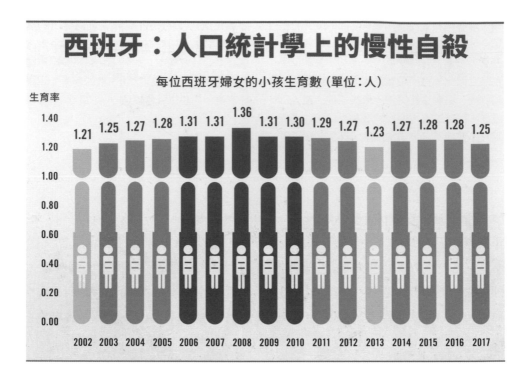

西班牙：人口統計學上的慢性自殺

每位西班牙婦女的小孩生育數（單位：人）

生育率

2002	2003	2004	2005	2006	2007	2008	2009	2010	2011	2012	2013	2014	2015	2016	2017
1.21	1.25	1.27	1.28	1.31	1.31	1.36	1.31	1.30	1.29	1.27	1.23	1.27	1.28	1.28	1.25

▲圖中呈現的趨勢與西班牙人口分析師暨人口復興基金會（Fundación Renacimiento Demográfico）董事長馬卡倫（Alejandro Macarrón）的憂慮相去不遠。多年來，他一直向社會大眾還有西班牙與歐洲各領袖傳達他的擔憂，並將觀點寫在《西方與半個世界的人口自殺：低出生率造成災難？》（Suicidio demográfico en Occidente y medio mundo: ¿A la catástrofe por la baja natalidad?）一書中。已開發社會的人口不斷減少，就像是慢性自殺一般，最後若不是消失不見，就是以接納外來移民來挽救低迷的出生率，進而徹底轉變。

馬卡倫指出，生育率低於世代更替率（平均每名婦女育有2.1個孩子）將會產生極嚴重的後果。首先，人口明顯高齡化，連帶著出現老人政府（gerontocratic government）。再者，年長者將陷入孤獨、受虐、遭遺棄的困境，最後甚至可能被集體施以安樂死。

這就是西班牙2018年的現況，從圖表中可以看出，每位婦女平均育有不到1.3個孩子❶。

---

❶ 編注：根據世界銀行數據，西班牙2019年的生育率再度下滑到1.2，2020年持平。

帝國很快就因為人口稀少，成為一個虛有其表的空殼。

目前已開發國家出生率低的原因有很多，其中之一是年輕人寧可享受物質上的富裕，事業有成，無拘束地過生活，盡情玩樂等，也不想專心育兒，因為他們認為養小孩很麻煩又不舒服，且令人感到無比焦慮。除此之外，女性在社會中擔任的角色愈來愈多，成為母親之後更難在家庭與職場之間取得平衡。此外，年紀較大才生育第一胎，以及生活在大城市等因素，也都會影響生育的計畫。

當然，也不能忽略地緣政治的考量，一個人口下降和老化的國家可能會遭受鄰國或宿敵的威脅，特別是那些具備充足年輕人口的國家，更傾向於發動戰爭。

人口趨勢即將改寫地緣政治

> 當人口愈多，少數人就愈多。
> ——美國作家布萊伯利[21]

世界人口的發展趨勢顯示，人口將於2050年增加到近100億人（2021年統計為78.4億）。而且現今的人口成長有一個特色，那就是全球生育率下降，平均年齡上升。根據聯合國2022年發布的統計，1950年，全球人口的年齡中位數是22歲，2022年則是30歲，2050年將上升到36歲。

理論上，高齡化是一種正面的走向，因為根據專家解讀，高齡人口比例愈高，愈不容易發生緊張與衝突。那麼，隱憂何在？這些綜合數據揭示的隱憂在於已開發國家和開發中國家的區域性差異。

人口稠密國家將集中在開發中地區。這些國家較為脆弱，應對社會快速變遷的能力比較不足；因此，一旦發生供不應求的狀況，就容易陷入貧窮、飢餓、動盪和人口外流的困境。人口成長對環境的影響尤其重要。一方面，高齡

21　譯注：雷‧布萊伯利（Ray Bradbury，1920～2012年），美國科幻、奇幻和恐怖類小說家。

人口的消費模式可預期會發生變化。另一方面，受到中產階級青睞的都市周邊人口急遽增加，這將導致土地沙漠化、水資源短缺、森林濫伐、土地破壞等問題。窮國與富國之間的資源爭奪、南北分化，再加上移民和氣候變遷的影響，種種事態都將拉高國際的緊張情勢，進而影響地緣政治，且移民潮勢必會掀起，成為主要的衝突來源。

因此，只要沒有天然或人為的災害，或是大規模的高強度戰爭（high intensity warfare, HIW）嚴重破壞目前的變化規律，那麼世界人口的主要趨勢和結果將會是：高齡化、青年膨脹[22]、移民和都市化。

◆ 「扶老比」直線上升的歐洲世界

> 害怕老年吧！因為它不會單槍匹馬找上門。
>
> ──柏拉圖

蘇格蘭歷史學家尼爾・弗格森（Niall Ferguson）曾警告：我們即將看到「自十四世紀黑死病以來，歐洲人口最嚴重的持續下降。」這無法改變，也無法避免，因為人口趨勢的變化雖然緩慢，卻勢必會對國家各方面造成不同程度的影響。

1950年，社會高度發展的美、俄、日、德、英、義、法等國都是人口數量的前段班。到了2050年，可能只有上述的其中一國將繼續名列榜首，那就是美國。美國的生育率和淨遷移率[23]都維持在高位，因此未來大概不會出現人口下降或高齡化的現象。據估計，2050年，歐洲將減少7,100萬人，而美國預計將增加1億人。當然，前提是美國並未大幅修改移民政策，以較柔性的方式接納而非拒絕移民入境（如川普政府的方針），不過未來仍可能有變數。

人口高齡化的另一個面向就是年輕人口短缺，因此經濟與國防安全將面臨全新的挑戰，同時委外服務（contracted service）的需求也會增加，老年人和年輕

22　青年膨脹之定義，可參見p.290。
23　譯注：淨遷移率（net migration rate）指該地區在某一時間段內遷入和遷出人數的差值，正值表示遷入多過於遷出。

世界總生育率地圖

4(含)以上

2.1以上不足4.0

1.5以上不足2.1

1.5以下

無參考資料

總生育率(total fertility rate，TFR，即平均每名婦女生育的子女數量)保持在2.1，人口發展才算平穩。大部分已開發國家的生育率低於2.1，而開發中國家則高於這個數字，有些甚至還高出許多。

*編注：根據內政部統計資料，台灣近年生育率從2018年的1.10一路下滑至2021年的0.98。國家發展委員會推估，2022年生育率可能落在0.85～0.91之間。又，依據《世界概況》(*The World Factbook*)統計，2022年台灣生育率為世界最低的國家。

▲雖然全世界的生育率都在下降，但撒哈拉以南非洲（Sub-Saharan Africa）各國與伊斯蘭世界的生育率仍然相當高，其中有25個國家平均每位婦女生育5個孩子以上。在這25個國家中只有4個不在非洲，但它們屬於穆斯林國家，如阿富汗（生育率7.07）和葉門（生育率5.5）。換句話說，到了2050年，世界上40%的人口將集中在撒哈拉以南非洲，30%的人住在多數人口為穆斯林的國家，只有1%的人住在高度發展國家。因此，大部分的人口成長將落在基礎建設不完備、政府無能或專制、罔顧人民福利的貧窮國家。

高度發展國家的難題在於：促進生育率的政策真的有效嗎？首先，孩子的數量與家庭的經濟狀況沒有直接關係，因為並非在豐衣足食的年代生育率就比較高，主要影響還是來自文化。再者，社會上各個族群無法公平享有政府的經濟補助，有時反而會製造更多問題，擴大社會差距。若想要生育政策確實發揮作用，那麼全體人民就必須徹底改變想法。不過，無論如何，我們現在離目標都還十分遙遠。

人在移民等議題上將更加對立。高齡者將永遠成為「搭便車者」（free-rider）嗎？沒有人可以肯定地回答，因為不確定性仍然相當高。

◆ 年輕氣盛的最窮國家

> 一個孤立年輕人的社會，等於失去了靠山，
> 注定流血身亡。
> ——聯合國前祕書長科菲・安南

　　開發中國家的高生育率是其人口（主要為年輕人）持續增加的主因。這一點也不令人意外，分析家卻擔心未來幾年衝突可能會增加，尤其是在最貧窮的地區。「青年膨脹」（youth bulge）意指一個國家的年輕人口（聯合國定義為15 ～ 24歲的青年）占比最高。從全球人口的角度來看，由於明顯的區域差異，年輕人口的增加速度比幾十年前要慢，預計2018 ～ 2050年的成長速度將維持不變。

　　挪威奧斯陸和平研究所（Peace Research Institute Oslo, PRIO）主席烏達爾（Henrik Urdal）在〈世代衝突？青年膨脹與政治暴動〉（*A Clash of Generations? Youth Bulges and Political Violence*）一文中斷言，青年膨脹的規模愈大，就有愈多年輕人難以找到工作並融入社會，容易引發社會暴力衝突。烏達爾在研究中指出，青年膨脹主要受到四個要素影響，可能導致社會與政治衝突，破壞開發中國家的穩定。第一個要素是青年膨脹的規模。如果規模相當龐大，就表示有更多年輕人落入貧窮與失業的窘境，也更容易投入唯一能擺脫邊緣化的方法——叛亂。一旦市場無法滿足這些年輕人的需求，沮喪的情緒與社會經濟問題便會擴大，再加上大量失業青年迫切想要改變現狀，整體情勢就可能成為極端意識形態組織招募成員的溫床。

　　第二個要素是經濟成長。如果遇到經濟危機、經濟衰退或經濟不振，那麼剛踏入勞動市場的年輕人將是最容易受到傷害的族群。

　　第三個必須考慮的要素是教育。不過，這是一把雙面刃。政府提高年輕人獲得高等教育的機會，照理說可以降低暴力衝突的發生率，因為一般來說，教育水準愈高，愈可能獲得較高的收入，倘若發生革命，他們就會優先考慮個人

2025 年世界銀髮族地圖

60歲(含)以上的人口占比

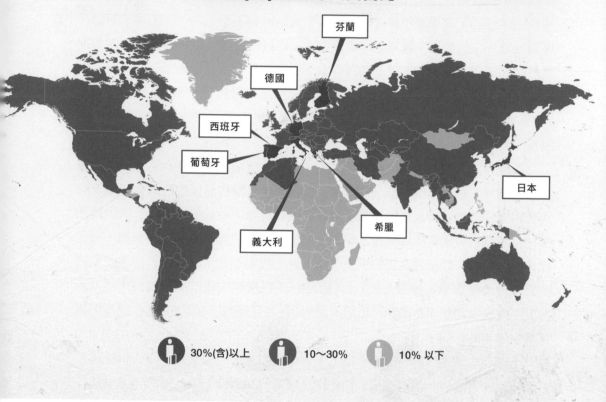

芬蘭

德國

西班牙

葡萄牙

日本

義大利

希臘

30%(含)以上　　10～30%　　10% 以下

▲全世界都面臨前所未有的人口高齡化問題，尤其是東亞和歐洲預計在二十一世紀中期60歲以上的老人將占總人口的40%❶。幾近半數人口超過60歲的國家將如何維繫？這會如何影響一國的財政和經濟成長？這種史無前例的情況讓專家無從分析，只能倚靠推測。此外，歐洲從十八世紀歷經工業革命起，群眾的健康狀況有所提升，醫療技術進步也降低了新生兒的死亡率，隨之而來的是人口急遽成長，在兩個世紀內（1750～1950年）增加了兩倍之多。然而，目前開發中國家受益於各項先進技術，預計在未來幾十年內，人口將成長8～24倍。

---

❶ 編注：根據內政部統計，2021年台灣60歲以上人口約占總人口的24%，65歲以上人口占17%。國家發展委員會預估，2025年台灣65歲以上人口占比將落在20%，2050年則上升至38%。

的損失。然而，弔詭的是，除非國家有能力或有意願僱用受過高等教育的年輕人到公部門上班，否則他們將更容易面臨失業問題。這樣的情況很可能導致政治暴動（political violence）[24]，因為年輕人在接受多年教育後，卻只能從事一份與個人和家庭過往付出完全不成正比的工作，內心的挫敗感很可能轉為怒火。基於上述理由，高學歷年輕人的高失業率成為社會不穩定的一大因素，無論在專制或是民主的體制下都可能導致嚴重的社會政治問題。歐洲各國的政治領袖應該提高警覺，因為青年就業問題似乎不斷惡化，發生社會動盪也只是遲早的事。事實上，由突尼西亞和利比亞青年帶頭發起的運動「阿拉伯之春」[25]（這個名字真是有待商榷）[26]，背後原因正是由於年輕人的教育水準遠超過他們的工作所需。

烏達爾指出的最後一個要素是民主。他根據實證經驗研究政治體制與內亂之間的關係，提出「倒U型」的結論，也就是最專制和最民主的兩個極端，同為最和平的政體。半民主的政體反而容易遭受社會與政治暴力，因為缺少政治權利會成為引發衝突的導火線。年輕人若是覺得自己無法參與公共事務，可能就會憤而起義，以促進真正的民主改革。此一觀點相當重要，倘若民主國家的主要領袖濫用職權，導致人民（尤其是年輕人）對當前的政治體制感到失望，西方民主政府就必須重新整頓、重拾人民的信心，否則就只能接受消亡或是對專制體制讓步的結局。

至於亞太地區，聯合國研究指出，青年人口將成為未來幾十年人口紅利和人類發展的推動者，但前提是他們能提升自身的教育與健康，並獲得適當工作和參與政治的機會。確保年輕人能投入、參與政治事務和公民生活非常重要，因為如此一來，他們才能自己做出對今後影響深遠的抉擇。

影響地緣政治的要素相當多，而且一個比一個更令人感到不安。例如移民

24　編注：意指透過激烈手段來達到政治訴求。

25　譯注：阿拉伯之春（Arab Spring）指自2010年底突尼西亞爆發茉莉花革命（Jasmine Revolution）以來至2012年11月，在西亞與北非的穆斯林世界持續長達兩年的街頭運動。示威抗議群眾主要是熟悉網路、失業的年輕人，其訴求為推翻專制體制，享有基本的民主權利。參與運動的年輕人樂觀地認為全新的中東世界即將誕生，結果卻是各國陷入長期動亂與內戰，恐怖組織ISIS趁機崛起、控制多處地區，引發歐洲難民潮。

26　編注：「阿拉伯之春」的名稱承襲自1968年的「布拉格之春」，當時的捷克斯洛伐克發起政治民主化運動，卻在蘇聯的坦克武裝鎮壓之下告終，直到20年後冷戰落幕才脫離極權統治，並分立為兩個國家。

歐洲人口的全球占比演變

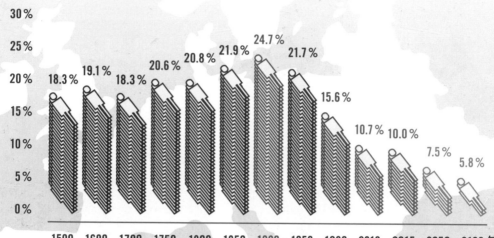

許多研究指出，人口高齡化和人口逐漸減少的現象在歐洲和日本最為嚴重。預計在2050年，歐洲65歲以上的人口占比將從2005年的16%上升至28%，日本的高齡人口占比也將從20%上升至38%。高齡化會對國民經濟造成巨大影響，除了公共儲蓄率下降，稅收負擔也會明顯增加，而且政府很快就會被迫刪減社會支出。同時，老年社會也意味著勞動力大幅縮減：到了2050年，

德國的勞動人口將減少24%，日本則減少39%。不僅經濟成長放緩，也許還會導致人民生活水準下降。

如圖中所示，歐洲人口即將在世界上失去分量。2100年，歐洲人口將從1900年近25%的占比，下降到不足6%。此一趨勢也反映出歐洲正逐漸喪失在世界舞台上的影響力。

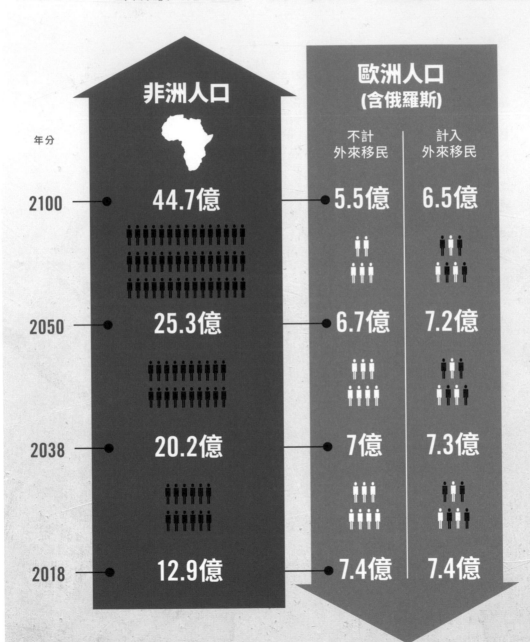

歐洲人口的「非洲化」趨勢

非洲人口

歐洲人口
(含俄羅斯)

年分

	非洲人口	不計外來移民	計入外來移民
2100	44.7億	5.5億	6.5億
2050	25.3億	6.7億	7.2億
2038	20.2億	7億	7.3億
2018	12.9億	7.4億	7.4億

◀這是根據2018年6月19日聯合國研究所資料做的非洲與歐洲（含俄羅斯）人口變化預測圖。據估計，2018～2050年將有9個國家的人口成長占全世界的一半，其中有5個是非洲國家，分別是奈及利亞、剛果民主共和國、衣索比亞、坦尚尼亞和烏干達❶。其他非洲國家如安哥拉、蒲隆地、尼日、索馬利亞和尚比亞，人口將至少增加5倍。時至2050年，預計非洲人數將至少是今日的2倍。換言之，非洲將幾乎占據世界人口成長的一半。2030年，尼日的人口可能增加4倍，2050年則增加10倍。然而，包括整個俄羅斯在內的歐洲人口將逐漸減少，即使有外來移民，也只能稍微延緩下降的速度。

這些數據讓人不禁擔憂歐洲將面臨「非洲化」的風險，這不難理解，因為歐洲本來就是非洲過剩人口的聚集地。

❶ 編注：根據聯合國2022年的報告，2022～2050年全世界的人口成長將有超過50%集中在8個國家，其中包含5個非洲國家（剛果民主共和國、埃及、衣索比亞、奈及利亞和坦尚尼亞），以及3個亞洲國家（印度、巴基斯坦和菲律賓）。

就是其中之一，在擁有大量年輕求職者的國家中，要是社會經濟條件無法負荷，移民即有如減壓閥，年輕人往往不得不走上遷徙之路。

◆ 人口重新分配：外來移民的好與壞

> 歐洲不應該如此害怕外來移民，
> 所有偉大的文明都是從族群融合中崛起。
> ——葛拉斯[27]

　　薩謬爾・杭亭頓（Samuel P. Huntington）在其著作《文明衝突與世界秩序的重建》（*The Clash of Civilizations and the Remaking of World Order*，繁中版由聯經出版）指出，遷徙活動是「歷史的推動者」。這種表述方式有些另類，但實際上正是如此：人類的歷史就是遷徙的歷史，而且會一直持續下去。人類未來仍將四處流動，並增加遷徙頻率，有時甚至是大規模且不受控制的移動。許多專家認為人口流動增加的主因不單是全球化和經濟，在某些人口成長率高的貧窮國家也可

27　譯注：鈞特・葛拉斯（Günter Grass，1927～2015年），德國作家，1999年獲頒諾貝爾文學獎。

西班牙的高齡危機：誰來支付退休金？

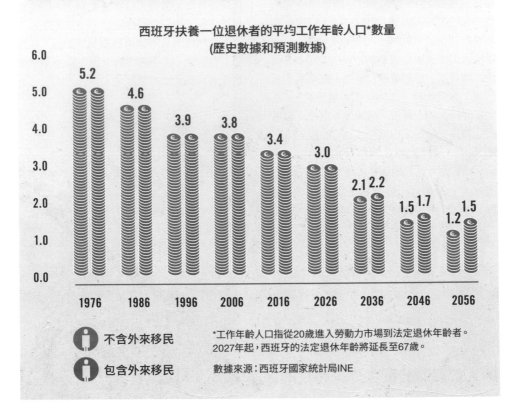

西班牙扶養一位退休者的平均工作年齡人口*數量
(歷史數據和預測數據)

不含外來移民

包含外來移民

*工作年齡人口指從20歲進入勞動力市場到法定退休年齡者。
2027年起，西班牙的法定退休年齡將延長至67歲。

數據來源：西班牙國家統計局INE

▲高齡化社會必須面對的一大挑戰就是滿足年長者的基本福利需求。這和經濟與支付退休金的公共基金有很大的關係，正如相關研究中心和聯合國近期的報告所示：生活貧困的年長者比例相當高。年長者即使想要找工作，也可能基於健康狀態不佳、強制退休年齡、受到歧視等因素而無法如願，在人類發展指數（human development index, HDI）較低且無力照顧老年人口的國家，這樣的景況會對這些資深公民造成更深的傷害。此外，高齡化的另一個挑戰是為年長者規畫、建設新城區，或是改造現有城區，讓他們不會感到遭社會遺棄。

西班牙的高齡化概況從這張圖表即可一目了然：在1976年，平均5.2個工作年齡人口供養一位退休人口；到了2018年，減少到比3人多一點。估計在2050年，將只剩下1.2人左右。看來，外來移民也解決不了根本問題，頂多只是讓平均值稍稍提高0.3％而已❶。

---

❶ 編注：台灣目前將工作年齡人口定為15～64歲，強制退休年齡為65歲。據內政部與國家發展委員會統計，2021年台灣15～64歲人口約占總人口的70.1%，到2050年預計降到53.3%。2021年的扶老比是23.81，意即每100名工作年齡人口需扶養23.81名退休人口；換言之，1名退休者平均由4.2名工作者扶養。2050年扶老比預計上升到70.2，1名退休者將由1.4名工作者扶養。

年輕人口最多和最少的國家

世界各國15～24歲年輕人口占比的明顯差異
(單位：%)

國家	%
立陶宛	9.5
愛沙尼亞	9.5
捷克	9.4
日本	9.4
西班牙	9.3
斯洛維尼亞	9.3
保加利亞	9.1

遞減

遞增

國家	%
埃及	21.8
賴索托	21.7
史瓦帝尼	21.7
東帝汶	21.7
阿富汗	21.4
葉門	21.3
瓜地馬拉	21.3

▲擁有大量年輕人的國家，是否更容易引發社會動盪？這個問題持續受到政界和學界的廣泛關注。羅柏‧卡普蘭（Robert D. Kaplan）在其著作《即將到來的無政府狀態》（The Coming Anarchy）一書中提到，正是人口與環境因素造成書名所指、讓各國顫抖的「無政府狀態」。近年出現的「青年膨脹」即屬於人口因素，這個詞彙主要用來說明阿拉伯世界政治不穩定，以及薩拉菲聖戰恐怖組織招募戰士之舉。

杭亭頓、烏達爾、人口統計學家辛科達（Richard Cincotta）和公共政策專家道瑟斯（John A. Doces）的研究一致認為，青年膨脹與暴力衝突及革命之間關係密切，倘若多為青年男子面臨失業困境則更糟糕。該研究還顯示，平均年齡較低的人口結構有礙於民主鞏固（democratic consolidation），且社會難以持續進步。此外，青年人口占總人口35%以上的國家，發生武裝衝突的風險是其他人口結構與已開發國家相似者的150倍❶。

---

❶ 編注：根據內政部統計，2021年台灣的人口年齡中位數為43.3歲，15～24歲人口占比為10.8%。

▶多數撒哈拉以南非洲國家及穆斯林占多數的地區未來將擁有極高比例的青年人口，因此，預計至少到2030年為止這些地區都會處於不穩定的狀態。這種長期動盪不僅是由於年輕人占比高可能導致暴力行為增加，還包含了貧窮、資源匱乏、缺少未來期望與社會流動（social mobility）等因素。若再考量到某些國家還有恐怖主義和極端主義組織的介入，便可以想見他們在國際安全上將格外受到各國社會的關注。

以預見人囗過剩與都市化導致可耕地減少等人為因素將成為遷徙推力。別忘了還有氣候變遷和自然災害，這些現象對最弱勢的族群將造成更為嚴重的影響。歷史上這樣的例子屢見不鮮，無論是小冰川，還是長期乾旱與沙漠化所引起的強烈氣候變化，往往會迫使人群離開傳統居住地，例如：中亞平原逐漸貧瘠，迫使蒙古部落入侵周邊領土；維京人因家鄉天寒地凍，不得不探索並占領其他土地。

同樣地，貧窮國家的政府疲弱或不知該如何因應這樣的變化，暴力衝突就會增加。

因此，未來這顆星球上不僅會有逐年增長的人口、愈發頻繁的遷徙，還會呈現出與當今截然不同的局面。在我們即將面臨的新世界中，人口的年齡結構和成長率都將有所變化，主要成長的群體將從已開發國家過渡到開發中國家，從富人過渡到窮人。如何將這樣的挑戰納入國際政治議題當中，將會是未來幾十年的關鍵。

其中相當值得關注的是如何讓新移民融入在地社會。所謂「融入」指的是新移民學會寶貴的工作技能回到原籍國，或者將孩子送回去，讓他們在原籍地建立新的產業並創造就業機會。相反地，如果新移民無法融入在地社會，就會遭受歧視、產生隔閡，最後導致兩敗俱傷[28]。

從這個角度來看，新移民或許只要適度融入在地社會就已足夠，因為要完全融入異鄉社會其實很困難，而且實質上也意味著喪失原本的身分認同，實在沒有必要。況且，最重要的是新移民是否尊重當地的法律、習慣與風俗。換句

28　關於移民社會融入的進一步資料，可見美籍華裔社會學家周敏的研究。其編著《長為異鄉客？：當代華人新移民》（*Forever Strangers? Contemporary Chinese Immigrants Around the World*）繁中版由八方出版。

非洲人口最年輕的10個國家

平均年齡

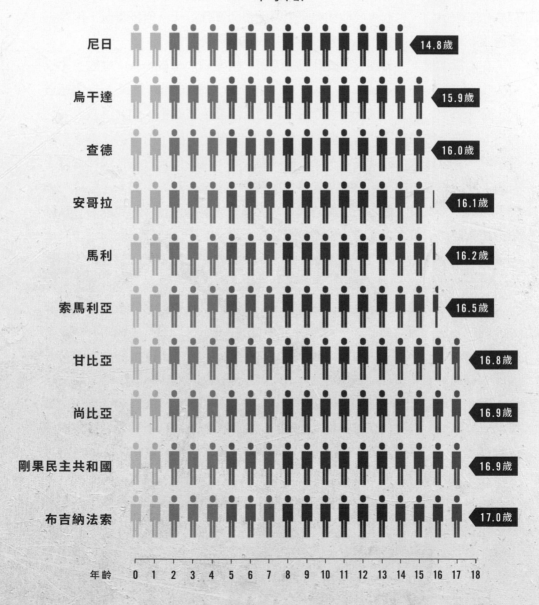

尼日	14.8歲
烏干達	15.9歲
查德	16.0歲
安哥拉	16.1歲
馬利	16.2歲
索馬利亞	16.5歲
甘比亞	16.8歲
尚比亞	16.9歲
剛果民主共和國	16.9歲
布吉納法索	17.0歲

年齡 0 1 2 3 4 5 6 7 8 9 10 11 12 13 14 15 16 17 18

話說，與其追求「融合」，使移民成為異鄉社會整體的一部分，還不如將精力投注在「適應」之上，使其適應自身所處的環境。這種做法不僅可以讓新移民過上更好的生活，而且還不需要拋棄原本的身分認同。

另一方面，移民第二代、第三代的同化過程非常複雜，不僅取決於父母的種族和宗教信仰，也取決於他們與原生家庭和同鄉社群保持何種聯繫，因為過度融入在地社會可能被視為背棄根源或背叛同鄉社群的行為。

在這個架構下，英國人口統計學家大衛・柯曼（David Coleman）探討了第三波人口浪潮（the third demographic wave）[29]，指出歐洲和美國的移民人口快速成長，意味著上一個移民世代的身分認同和價值觀發生了變化。因此，政府如何善用人口統計數據變得非常重要。一個社會的高齡化，除了對經濟，還會對社會環境，甚至是政治造成影響。從心理層面來看，高齡化社會往往趨於保守，且隨著家庭規模萎縮，年長者為了不想在戰爭中喪失僅有的年輕人，態度也會變得更加以和為貴。然而，無論是因為移民身分或是高生育率的緣故，少數族裔或宗教群體一般來說都會造成社會凝聚力下降，進而改變政府因應社會問題的策略。在歐洲和美國已可見這類手法：民族主義和民粹主義政黨利用人口統計的概念進行論述，以便贏得更多選民的支持。

葛斯通曾將人口概念應用在不同城市和區域，以及特定宗教或族裔的社群上。例如在法國等歐洲國家，穆斯林人口可能占總人口的6%（無法得知確切數據，因為政府不允許調查宗教信仰）。但是，如果穆斯林集中居住在都市中的特定區域，便可能會占到該區人口的25%，再加上該族群的出生率高於全國平均值，因此當地學校至少有50%的孩童會是穆斯林。不過，我們不應該利用數據來曲解現況，引發大眾對於移民問題的恐慌。事實上，穆斯林家庭移民歐洲後生育率不僅下降，從第二代起更是急速下滑。儘管如此，我們也不能忽視某些研究發出的警訊，在不久的將來，某些歐洲國家境內很可能會發生衝突。

然而，特別是在已開發國家，政治人物愈來愈常將社會安全風險與移民問題掛勾，以此當作政治操作、贏得選票的籌碼。這是一種缺乏遠見的短期操作策略，忽略了未來幾年的人口結構變化。政府必須考量到，未來移民人口勢必

---

[29]　編注：即已開發國家的外來移民潮。

會增加，因此在制定政策時，必須讓新移民成為社會的一員，或至少可以融入其中。這些人口政策理應對社會產生積極正面的影響，且不至於加劇社會、經濟和政治上的不平等（這正是導致社會不穩定和衝突發生的原因），尤其是在需要勞動力來供養退休人口的國家。

再者，移民潮一旦開始，就會產生慣性，因為移民者會協助家人和朋友一起加入移民的行列。這種呼朋引伴的行為會產生滾雪球效應，只要目的國的經濟環境對他們仍有吸引力，而且社會利益不會因為他們的到來而受損，這股浪潮就不會停止。其實，在任何政治議程中，人口發展都是必須優先考量的一環，而且應該從整體、現實和去意識形態的角度思考。首先要考量的是，移民者當然值得尊重，但也不能只看到他們帶來的經濟效益，還必須認真關注，並清楚了解新移民在政治和社會上可能造成的重大影響。如果在地國的態度過於熱情，以至於無限度地開放移民，那麼原本應該受到讚揚的善意和人道考量，都可能對施惠者和受惠者造成不利的影響。政府不當的管理可能使得移民大量湧入，導致他們在社會上遭到多數人隔離與排擠，最後除了醞釀成政治意識形態上的仇恨、催生種族主義團體之外，還可能招致最嚴重的後果，亦即這些團體接管國家政府，顛覆移民的發展進程。

2018年6月，義大利和馬爾他政府禁止救援船水瓶座號（Aquarius）靠岸，船上600名難民和移民在地中海上漂流，最後是西班牙接受了他們。此一案例顯示出移民問題在歐盟境內依然深受重視。在2015年底和2016年的敘利亞難民潮後，這個議題看似已遭遺忘；其實，至今已有愈來愈多人前往歐洲尋求庇護，未來也將有增無減，所以歐洲各國必須盡快找出解決之道，否則人口結構持續失衡將會導致社會緊張，並引發潛在衝突。倘若移民原籍國的問題並未設法獲得緩解，那麼長此以往，在地國（尤其是城市）的潛在衝突將會失去控制、急速升溫。

並非只有歐洲持民族主義和反移民立場的政黨變得強大，川普執政下的美國顯然也是如此。自從入主白宮後，川普就堅稱要捍衛美國、反對移民，並採取極具爭議性的措施和法律，諸如美墨邊界圍欄完工、強化，並迫使移民家庭的父母在入境後與小孩分離。但美國不是唯一的案例，如果移民問題持續下去，未來將有更多國家加入美國的行列。移民壓力會引發更激進的政治分裂，

促使社會大眾將經濟危機和工作機會短缺歸咎於移民入境。因此，當務之急是在歐洲與全球建立援助機制，不僅支援接收國，也支援移民的原籍國，以避免社會因無以為繼而招致事態惡化，或引發城市衝突。

還有，我們也不能輕忽移民潮對接收國造成的經濟負擔，以免讓原本就飽受經濟赤字之苦的公民更為反感。另外，雖然抵達接收國的移民都是身強力壯的年輕人，健康方面沒有什麼問題，不至於讓接收國的醫療體系崩潰；然而，正如西班牙人口分析師馬卡倫所言，這些人也會變老和生病，最終也會領撫卹金、需要請人照料，而且在習慣接收國的生活方式後，移民的生育率也會下降。無怪乎這位西班牙學者的論點有些悲觀，他很清楚，儘管政府能夠妥善安置移民，並藉此多少緩解人口下降的問題，這終究是杯水車薪，即使在融合很成功的國家也是如此。

◆ 當代城市：機會與衝突共生之地

> 城市生活，亦即數百萬人孤獨地住在一起。
> ——梭羅[30]

當代城市的概念出現在十八世紀中葉的工業革命期間。工業化為城市帶來不成比例的人口成長，上萬人被困在大城市裡，人際互動與居住方式都隨之改變。儘管城市受惠於來自鄉村的勞動力，不過由於政府缺乏遠見，城市的新居民密度過高，即使就業機會多如牛毛，仍然無法滿足大量湧入的鄉村人口。

在此期間，產業引進新的科學知識，提升了生產力。而交通工具的發展（先是鐵路和輕軌電車，接著是汽車）也使得交通網絡得以延伸到周邊郊區，擴大了城市的範圍。過去作為防禦用的城牆被拆除，林蔭大道取而代之。美國企業家歐帝斯（Elisha Graves Otis）發明電梯後，城市的高度也增加了；城市以此做為

30　譯注：亨利‧大衛‧梭羅（Henry David Thoreau，1817～1862年），美國作家、哲學家，代表作品為《湖濱散記》（Walden）。

進步與發展的象徵,開始大興土木,蓋起高樓(如摩天大樓)。

　　不過,全世界的發展並沒有同步。在十九世紀和二十世紀初,工業化國家的城市人口大幅增加,然而在工業化程度較低的國家卻非如此,因為未開發國家的城市直到二十世紀中脫離殖民統治後才開始迅速發展。時至今日,儘管城市無法提供所有人就業機會,但一般大眾仍盲目相信在城市比鄉下更容易謀生。他們為了逃離鄉村的窮困而來,可是抵達城市後,原本的問題並沒有解決,反而產生了新的社會問題(房源短缺、失業、資源不足、孤獨等)。這些問題在人與人之間造成更大的不平衡與不平等,導致社會衝突與關係緊張;倘若再遇到社會危機,例如2007年起的經濟蕭條,還可能因此催生出意識形態或宗教上的激進與極端主義團體,讓社會變得更加不穩定。

未來都市的嚴峻考驗

> 世界上的大城市太多,
> 以至於住在裡面的人,感覺到前所未有的孤單。
> ——日本建築師伊東豐雄

　　自2002年起,世界上的城市人口開始超越鄉間人口,在未來幾十年間這個趨勢想必也不會改變。假設不平等的情況也隨著城市人口數飆升,那麼在城市裡將可能發生更多的衝突。

　　現今的世界是都市社會(urban society)當道。人口轉型和人類發展彼此相關,且與都市化互為因果。然而,儘管都市化能對國家和個人經濟產生積極正面的影響,並改善個人生活、教育、醫療衛生與居住等條件,但也會對社會安全與發展構成威脅。聯合國人居署(UN-Habitat)表示,城市的暴力、貧窮等問題讓世界的安全與和平面臨考驗,因此我們必須更加關注開發中國家史無前例的都市化發展。

　　為此,聯合國致力於讓城市的居住環境更具包容性與安全性,並富有彈性和永續性。城市是國家成長的動力,有助於經濟發展,然而日益加劇的不平等和資源分配不均將可能導致城市瓦解、陷入動盪。雖然藉由監控個人或許得以消除這些問題,然而,該如何拿捏保障公民安全和侵犯公民隱私之間的界線?

非洲馬格里布和撒赫爾地區的遷徙路線圖

前往歐洲的移民

阿爾及爾

Oran

突尼西亞

Tetuán

Ouargla

摩洛哥

Gardaya

的黎波里

西撒哈拉

Adrar

利比亞

來自埃及與非洲中部的移民

Dajla

阿爾及利亞

Tamanrasset

諾克少

馬利

茅利塔尼亞

尼日

查德

Kidal

Gao

Agadés

達卡

塞內加爾

尼阿美

恩加美納

甘比亞

巴馬科

幾內亞比索

布吉納法索

Kano

Sokoto

來自查德、東非和非洲之角的移民

幾內亞

貝南

奈及利亞

獅子山

多哥

象牙海岸

迦納

賴比瑞亞

Acra

拉哥斯

中非共和國

喀麥隆

赤道幾內亞

剛果共和國

加彭

移民主要路線
馬格里布地區
撒赫爾地區

◀在當今國際社會，移民毫無疑問是最熱門、最重要且最受爭議的議題。如今的北非聚集了大量來自撒赫爾與撒哈拉以南地區的移民，他們企圖前進歐洲，謀求更好的生活。這些非洲移民在尋找機會的遷徙過程中開闢非法路徑，每年都讓南歐國家不堪其擾，難以應對大量湧入的人群。利比亞在敘利亞內戰及獨裁者格達費垮台後局勢動盪，因此成為難民進入歐洲大陸的新管道，但歐洲各國無法庇護他們，無論是給予經濟上的援助，或是解決衝突和暴力造成的流離失所，都力有未逮。某些中歐與東歐國家原本採取完全孤立和關閉邊境的策略，後來在民族主義政府的推動下才逐漸轉向較為開放、旨在協助移民的方針，不過隨之而來的風險是可能讓非法移民勢不可當地大量湧入。

在找出解決之道前，只能期待城市的包容力不僅足以對抗逆境，還能適應新環境，靈活應對未來。

城市戰：來自城牆內的敵人

一個時代興城，一個小時滅城。
——古羅馬哲學家塞內卡

城市自古便有城牆，無論是作為保護或是占領之用，都具有重要的戰略地位。過往敵人一向是外來者，不屬於自己人。時至今日，問題卻是出在城牆之內。城市代表了對立，因為在這擁擠的空間裡聚集著各種不同的群體，為了因應多樣性的新環境，自我建構（self-construction）會發生變化，進而導致族裔、文化、宗教和人種衝突，以及居住、基礎建設、參與和身分認同等方面的階級衝突。不同地方的人對生活方式有不同的理解，來到城市後與「異己」接觸，便容易產生摩擦，形成誤會。

由此可知城市為何愈來愈常成為暴力與恐怖攻擊的場域。城市是新的格鬥場，也是現代的戰場。無論是現在或是不久的將來，儘管大城市不會取代其他地緣政治要素，但城市擁有特殊地位，又是衝突實際發生的場域，必然會在地緣政治上扮演舉足輕重的角色[31]。大城市就像是各國知識與權力的飛地，它們

31　某些專家表示，世界漸漸轉變為由城市組成的社會，而市長是主要的治理者。在這種情況下，將會出現一個匯集所有公民的超國家實體，或者是一個權力有限的國家作為中介。

彼此競爭，在這個資源愈來愈少、人口卻愈來愈多的世界舞台上爭奪主導地位。

　　城市快速發展創造出一系列新的詞彙，例如：集合城市（conurbation），用以描述數以千萬的人居住在互相聯繫、發展的城市網絡中；聚集區（agglomeration），指稱由城市與邊緣地區、貧民窟或稱「棚戶區」（favela，原指巴西特有的貧民窟）所組成的大都會區；都市群（urban agglomeration）為新形態城市，常見於北美與歐洲的傳統城市中心周圍；還有人口介於1,000 ～ 2,000萬的巨型城市（megacity）、超巨型城市（hypercity）、巨大都市帶（megalopolis）和全球城市（global city）。與之相對，另一個新的詞彙也出現了 —— 巨型貧民窟（mega-slum），指的是擴張與成長速度驚人的邊緣社區（marginalised community）或非正式住區（informal settlement），具備資源有限、貧困、過度擁擠、生活匱乏等特徵[32]。

城市貧窮與暴力的鎖鏈

　　我們必須了解都市化如何對世界安全與和平構成威脅。未來戰爭很可能會發生在城市裡，這並非異想天開，因為城市既無法吸收大量移民，也無法遏止邊緣社區與棚戶區形成，而這些地方都將成為人口密集、貧窮率極高的貧民窟，相較於與其他社會階層也將受到更不平等的待遇，缺乏資源與援助。正因如此，聯合國的千禧年發展目標（Millennium Development Goals, MDGs）[33]之一，即是減少棚戶區與城市周遭其他非正式住區的貧困與邊緣化問題。

　　某些城市正逐漸走向軍事化，其中又以貧窮地區為最，例如：華雷斯城（Ciudad Juárez）、瓜地馬拉市、奈洛比、里約熱內盧等，此一現象促使各國開始討論城市在軍事和安全理論上的轉變。政府應對這類暴力衝突頻仍的城市，一般多是採取政治與軍事手段，以及備受爭議的「肅清」與發展干預。一座城市會成為暴力的聚集地，原因若不是都市化設計與執行不夠完善，就是城市軍

32　中國宣稱人口若超過2,500萬，城市就無法永續。因此，儘管某些城市人口已經超過這個數字，中國政府依然一如既往地從2,490萬起就停止計算。如果中國繼續保持這樣的速度成長，很快就會出現人口介於1.1 ～ 1.5億之間的城市了。因此，中國正考慮建立新的政府組織架構，也就是以城市為中心的超級行政區。

33　進一步資訊可參見「聯合國千禧年發展目標及2015年後進程」網站（QR code 33）。

全球都市化的未來圖景

聯合國等國際組織最擔心就是
都市人口增加*，因為以下的數
據在在警告我們：

激增
25億人

都市人口激增，
從1950年的7億5,100萬人
增加到2018年的42億人，
而且還將持續成長。
估計不到30年，住在城市裡的人口
將再增加大約25億人

都市人口占
68%

2018年全球有55%的人口
住在都市**，預估到2050年
此數據將上升至68%

90%

世界人口成長
將集中在都市

未來的都市人口增長
將非常集中：
90%將位在非洲與亞洲，
光是印度、中國和奈及利亞就占35%

90%

都市人口成長
將集中在非洲和亞洲

8億
2,800萬人

住在都市邊緣，
且數字持續增加

35%

都市人口成長
將集中在
印度、中國和
奈及利亞

都市地區占不到
全球面積的3%，
卻消耗60～80%的能源，
碳排放量占全球的75%

75%
碳排放
來自都市

80%
能源消耗
來自都市

都市人口增加意味著
出現更多的中產階級人士，
他們消耗更多的
水、食物和能源，
並需要各式各樣的服務

快速都市化
對於淡水供給、廢水排放、
生計和公共衛生
皆造成巨大壓力

*　更多訊息，請見聯合國網站(QR code)。
**　2022 年透過太空技術取得的最新報告顯
　　示，全球有80% 人口，也就是約64億人
　　居住在城市。

事化造成的結果。有鑑於此,大西洋聯盟、經濟合作與發展組織(Organization for Economic Cooperation and Development, OECD)等組織與學術機構紛紛投入研究都市化可能對國際安全造成的影響,並擴及城市戰、城市軍事化等概念。他們也像談論失敗國家[34]那樣探討失能城市與脆弱城市的特徵。主要的擔憂在於,邊緣社區與棚戶區裡充斥著社會、經濟與政治的不穩定因子,一旦這些聚落急遽增加,城市的恐怖主義也會跟著升溫[35]。

城市暴力與貧困的關係之所以密不可分,是因為大眾過度簡化地將貧困視為暴力的決定性因素,這種想法是危險的。數據顯示,其實在貧困之外,不平等與暴力頻仍的關係更大,尤其是不同社會族群之間的收入有所差異,或者獲得資源與服務的機會不平等。值得注意的是,在邊緣社區這樣的不平等最為嚴重。城市邊緣的貧困不僅造成經濟障礙(每日生活費不到美金2元),還形成一堵無形的高牆,將此處的居民與社會其他族群分割開來,加劇兩者之間的不平等,彷彿住在這裡就活該要面對壽命縮短、就學率下降、文盲率升高、工作期望降低、公共基礎建設不足等景況。在安全、健康與教育方面,國家公權力更是鞭長莫及,轉而由黑市和犯罪集團主導一切。貧民區的人在這樣的惡劣條件下生活得愈久,就愈有可能發生衝突、犯罪與暴力事件。倘若政府完全放任,或者當地居民對政府採取的行動無感,導致他們求助無門,除了與黑幫對峙別無他法,而法律也無法伸張正義,那麼這些邊緣地區很容易就會演變成法外之地,從而造成城市暴力激增。

解決此問題的辦法是採取貼近人民的和平政策,包括:維護法律和秩序、實行社會干預、補足短缺的社會服務、讓市民參與發展進程等。這些政策必須側重於最容易受影響的族群,亦即暴力犯罪風險較高的年輕人。此外,上述政策還必須考量到都市更新,並且承認國家失職,力促政府重新接管;透過市民參與,確認共同的價值觀、關心的議題和公民原則,提升社會資本與凝聚力。另外也可藉由提供服務和提升市民的生活品質,改善貧民區的條件,讓國家重新站上主導地位。此方法同樣能藉由賦予當地政府權力與資源來改善城市管

34　編注:失敗國家之定義,可參見p.147。
35　美國陸軍已體認到未來必須在人口密集的城市地區作戰,以及預做準備的重要性,因而針對城鎮作戰訓練的缺陷、要求和成本(包括建造大型訓練設施等)進行分析研究。

理，促進國家與公民之間的互動，同時拉近地方政府與市民的距離。

現今都市化程度大幅提高，未來幾年亦會持續飆升，不難預期邊緣社區將有增無減，政府必須積極採取行動。城市暴力最大的衝突點目前仍難以推斷，因此，政治人物、政治學家、社會學家和其他領域的專家必須做好準備，致力於降低都市化所帶來的風險。

強權洗牌──二十一世紀最關鍵的二○年代

城市是人類的深淵。

──盧梭

隨著工業革命的發展，已開發國家人口迅速竄升，超越世界上其他地區的人口成長速度。1820年，已開發國家的人口占全球總人口的17%，到了1930年已占25%，然而之後就一直節節下滑。2005年，全球只有13%的人居住在已開發國家，至2050年預計將只剩下10%。另外，由於已開發國家的經濟成長放緩，巴西、印度和中國等國則陸續出頭且後勢看漲，因此已開發國家在全球經濟上的占比預計將從2005年的54%下降到2050年的31%。唯一的解決辦法是加強已開發國家的安全夥伴關係，以便鞏固其全球地位；此外，還要一視同仁地邀請其他國家參與。毫無疑問，上述消長將為地緣政治上帶來重大變化。

許多專家指出，人口變化的轉捩點會是2020年代，也許於2030年達到巔峰。然而這十年的時間該如何準確預測呢？葛斯通在著作《政治人口統計學》（*Political Demography*）中，嘗試回答這個問題：「政治影響的範圍包括：民族國家之間的人口差距，比如衰弱的俄國與日益成長的巴基斯坦；不同年齡層的人口差異，比如阿富汗高比例的年輕人與老年人；同一國家內不同宗教與族裔的人口差異，比如印度的印度教徒與穆斯林，或美國的福音教派與世俗主義

▶根據聯合國人居署統計，世界上每3位城市居民就有1位生活在貧窮線以下，而且至少有90%住在都市貧民區的人生活在開發中國家。從地理上來說，南亞的窮人比例最高，其次是東亞、伊比利美洲❶與撒哈拉以南非洲。光是在中國和印度的貧民區人口就占了全球貧民人口的1/3以上。撒哈拉以南的非洲人從鄉下遷往都市，意味著棚戶區不斷增加，然而城市若缺乏規畫，反而可能導致城市發展和新移民生活條件面臨倒退危機，並陷入貧困的窘境。正如英國社會學家安東尼・紀登斯（Anthony Giddens）所觀察到的，伊比利美洲、撒哈拉以南非洲和亞洲的城市漸漸成為大規模人力資本流動的場所。這確實為當地帶來成長機會，但若是想要避免嚴重的後果，就不可忽視城市規畫，也應該確保居民能夠取得各項服務與資源。

---

❶ 編注：指以西班牙語或葡萄牙語為主要語言的美洲地區。

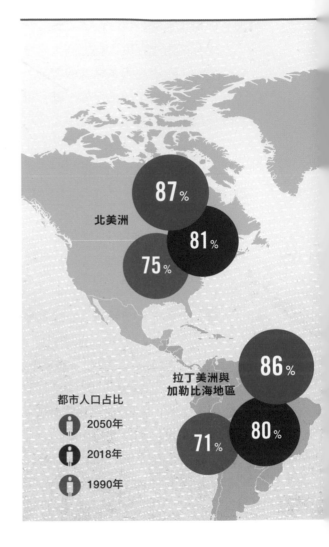

北美洲

87%

81%

75%

拉丁美洲與加勒比海地區

86%

都市人口占比

👤 2050年

👤 2018年

👤 1990年

71%

80%

者[36]。每一種形式的人口差異都與政治因素脫離不了關係，因此可以推測：國家內部的人口規模與年齡結構的變化，將影響世界權力的平衡。」

　　專精於人口老化研究的美國專家奈爾・荷威（Neil Howe）和理察・傑克森（Richard Jackson）還曾表示，2020年代將會是最危險的十年，因為此一時期人

36　編注：世俗主義者主張政治與經濟活動應該與宗教脫鉤，在宗教信仰上也較傾向無神論或是其他非基督宗教。

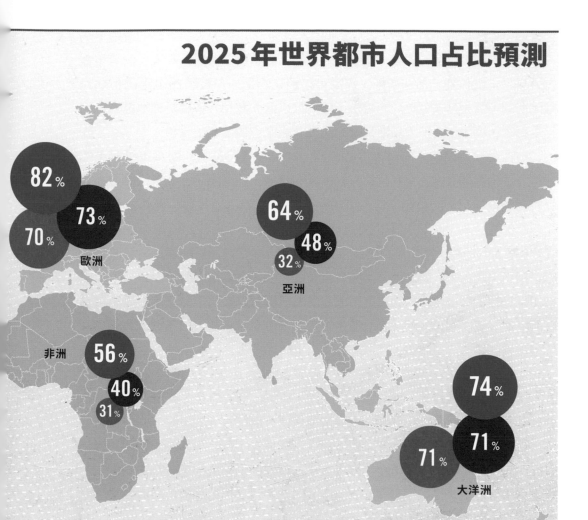

2025年世界都市人口占比預測

口結構的改變將影響權力平衡，尤其是在中、俄、美等大國之間，同時許多已開發國家的公共基金也將無法滿足養老津貼的需求。未來十年，已開發國家將面臨最大的人口壓力。

　　中國可能隨著社會崩潰改變，也可能為了避免崩潰而走向完全的獨裁政權。北京政府或許已料想到，他們將超越美國，成為領先全球的經濟大國，但在地緣政治上這同樣是一大風險。已開發國家如俄羅斯與歐洲將面臨前所未有的人口下降問題，俄國可能因此陷入困境，成為一個擁有核武的脆弱國家或者

失敗國家;相反地,也可能會在國際間強勢崛起,以擺脫人口下降的命運。另一方面,相較於已開發國家,開發中國家的人口結構主要是年輕人,倘若年輕人與暴力之間的連結無法斬斷,那麼可以預見的是,在整個2020年代和2030年代初期,甚至延續到更久的將來,撒哈拉以南非洲和多數穆斯林地區將會因為生育率居高不下而陷入長期動盪,而失敗國家也無法有所改善。

　　根據美國戰略暨國際研究中心預測,2020年代將是政治衝突不可避免的十年,這是已開發國家福利政策大幅縮減的結果。數據顯示,如果已開發國家想要繼續維持目前的社會福利,GDP至少要增加7%,才能讓不斷增加的高齡人口享有相同福利,因為未來將需要更多的養老金、更多的醫療系統與養老院[37]。當前的一些大國似乎會因此出局,例如日本和幾個歐洲國家。該研究中心也指出美國即將面臨的困難:與其說美國在已開發國家中保持領導地位,還不如說是在地緣政治上遭到孤立,因為其他已開發國家可能無法或很難為美國提供協助。要是這樣的情況真的發生,那麼華府必定會將人口議題排入國際安全議程內。

　　上述種種預計在國際政治舞台上浮現的趨勢與後果,都將在2020年代一一顯現。赤貧國家在發展的過程中,除了生活品質提升帶來的福利之外,也必須為急遽的都市化付出社會成本與環境代價,而經濟上的不平等亦將日益嚴重。文化與宗教的復興運動很可能增加,不僅是為了保存對傳統的認同、對抗現代化的威脅,也是為了填補在社群或在支離破碎的家庭中感受到的空虛,而這些都很可能成為極端主義盛行的溫床。因此,隨著人口結構再次成為變動關鍵,地緣政治在這十年也將面臨極大風險。

37　到時候,歐洲各國在國際經濟上將喪失競爭力,當然GDP也會走下坡。事實上,直到不久前歐盟的GDP仍占全世界的25%,在2020年估計還有17%,但是到了2030年,可能會下降到7～9%。

美國能否打造下一個美利堅治世

> 十九世紀是帝國的世紀，二十世紀是民族的世紀，
> 二十一世紀是城市的世紀。
>
> ——惠靈頓・韋伯[38]

　　已開發社會的高齡化趨勢將導致地緣政治上的危機。已開發國家的人口和GDP在全世界的占比會持續下降，這意味著他們將失去在國際上的影響力。然而，並非所有已開發國家都遭受同樣的困擾。儘管有人說「美帝」會在不久的將來垮台，但也有相關分析認為美國會持續掌握世界的主導權，並將擁有更強大的力量，其中一個原因是全世界有58%人口居住在以英語為主的已開發國家。此外，美國也將拓展經濟實力，致力於提高自身在全球GDP的占比，藉此提高購買力平價（perchasing power parity, PPP），並維持在歐洲和日本的水準之上。事實上，卡內基國際和平基金會（Carnegie Endowment for International Peace）預測[39]，美國在二十大工業國（G20）中的實質GDP占比將從2009年的34%下降到2050年的24%。同一時期，加拿大、法國、德國、義大利、日本和英國加總的GDP占比也會從38%下降到16%。基於種種因素，美國在已開發國家中的經濟主導力將能與1945年相提並論，也就是如同一百年前，西方世界在二戰結束不久後進入美利堅治世[40]的時空背景。

　　無怪乎有人將這段時期與二戰剛結束，美國的GDP占全球50%的時期相比。然而，我們真的能就此斷言美國的世界主導地位將變得更為強勢嗎？這個世界究竟是單極體系（unipolar system）還是多極體系（multipolar system）？原則上，美國似乎將繼續扮演（或至少企圖繼續扮演）世界強權，並擔任已開發國家的唯一領導者[41]。人口統計學家和政治經濟學家艾伯斯達特（Nicholas Eberstadt）曾表

38　譯注：惠靈頓・韋伯（Wellingtong Webb），美國政治人物，曾任科羅拉多州眾議員。
39　Uri Dadush and Bennett Stancil. *The World Order in 2050.* April, 2010.
40　美利堅治世（Pax Americana），又稱美國治世，指二戰過後美國掌控軍事與經濟大權，西方世界相對和平的時期，當時美國的角色可媲美羅馬治世（Pax Romana）的羅馬帝國而得此稱號。直到911恐怖攻擊事件發生，才為這個時代畫下句點。
41　美國也不缺乏這方面所需要的條件。該國有耕地、能源、礦產、技術……，再加上具備大量消費需求的大量人口，因此很有本錢成為自給自足的國家，並同時保持超級大國的地位。

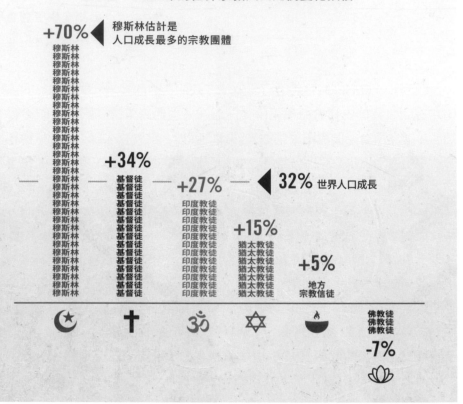

世界宗教人口成長預估

2018 ～ 2060 年的世界宗教人口比例變化預估

+70% ◀ 穆斯林估計是
人口成長最多的宗教團體

+34%

+27%

32% ◀ 世界人口成長

+15%

+5%
地方
宗教信徒

-7%
佛教徒
佛教徒
佛教徒

▲時至今日，不同族群之間的隔閡仍持續威脅著全球安全，世界上任何一個角落都可能爆發種族與宗教衝突。近二十年來，這類衝突一向最為激烈，且可以預見未來將持續發生在伊斯蘭教、基督宗教、猶太教和印度教並存的地區。這種現象要歸咎於世界人口成長大多集中在這些地方，使得宗教（或種族）關係原就緊張的區域情勢更加劍拔弩張。已開發國家或許還有辦法補救，例如捍衛文化的多元性，藉此和平化解衝突。至於該如何捍衛多元文化，其中一種方法是以實際行動證明少數族裔與宗教在其領土上能夠獲得平等的對待，並順利融入社會。但這種做法的可行性至今仍備受質疑，而且可能導致歐洲日後的國際地位下滑。

示，對西方國家來說，人口變化帶來的威脅可能比冷戰更大。雖然並非全然負面，因為機會的大門也可能由此敞開，但是在制定國家或國際安全戰略上，若是沒有將人口的因素考慮進去，那就只能任人宰割。

和平與動亂的交叉點

世界正進入一個充滿挑戰的時代，人口結構將成為國際政治與安全的關鍵。任何旨在解決世界和平面臨的威脅與挑戰，並試圖制定地緣政治議程的規畫，都必須做通盤考量，且必須以人口問題及其後果作為所有戰略的核心。

倘若不能妥善管理人口，必將出現使國際大城陷入動盪的重大危機。世界重要城市很可能爆發大規模的暴動，並如野火燎原般從一個城市延燒到另一個城市，無論警察或軍隊出動任何武器都無法平息。由於不可能一視同仁地驅離數以十萬或百萬計的人口，建築物將變成戰壕，進而導致更嚴重的暴力衝突發生。究竟該採取什麼樣的政治決策或行動才能避免城市暴動，一切還未可知，唯一清楚的是，如果各國想要防患未然，就必須採取預防性的應對措施，而且必須立刻開始行動。

結語
邁向世界新秩序

時間完美地分岔，
朝向無以計數的未來。

——阿根廷作家波赫士（Jorge Luis Borges，1899～1986 年）

復刻羅馬共和國

溫故而知新。

——孔子

政治腐敗、經濟危機、道德淪喪、廣大人民生活貧困、國家被用來促進和保護最有權勢者的利益，這些都是羅馬共和國當初面臨的危機。重要事件如：旋轉門；大財主有策略地掌控天然資源，造成嚴重的寡占或壟斷；人口高度集中在大城市；爆發激烈衝突；大量工人轉移到體制外；經濟觀念改變，進而影響社會與政治秩序；休閒活動的形態持續緊扣庶民階層；代議政治的弊病滋生；出現具有領袖魅力的人物；不同文明之間關係緊張……。

上述困境皆使羅馬共和國陷入危機，進而導致凱薩大帝（Julius Caesar，西元前100年～西元44年）和屋大維（Augustus，西元前63年～西元14年）崛起，並促成元首制（Principate）誕生。不可思議的是，這些事件幾乎都能對應到當前世界的現況。就連當時奴隸湧進大城市、導致農民和手工藝者陷入貧困的現象，都與現代人工智慧的出現、經濟的機器人化與數據化頗有相似之處。現代的這些現象有人稱之為「經濟4.0」或者第四次工業革命[1]，此一變革受到的質疑多過肯定，因為專家對於工作機會是否會大幅減少，或者只是工作性質改變，莫衷一是。

如今我們正在建構的這個帝國，在社會文化、政治與經濟條件方面可能都和古羅馬帝國的架構如出一轍，甚至可以說是重建此一架構。此一架構創建於羅馬第二次和第四次內戰期間，儘管小加圖（Cato the Youth，西元前95年～西元46年）放棄義大利半島以外的領土也無法力挽狂瀾，帝國仍舊分裂為多極體系、由多位強者統治，而這些強者日後也喚來相同的危機。另外，小加圖也促成羅馬、印度甚至是黃河流域發展出類似的道德與哲學思想，只是各思想間具有細微的差異。過去，這些地緣政治極點曾試圖相互合作，以尋求某種形式的穩定，最終才得以成就「羅馬治世」。

如今，俄羅斯聯邦不僅重現傳承自東羅馬帝國的形象，還在中亞重建自身

---

[1] 　其特色為密集且廣泛使用數位科技，使生產、商業和社會各系統自動化。

權力。然而，除了印度、大伊朗地區、日本和西歐（或西羅馬帝國涵蓋的版圖）以外，中國和儒家文化影響的範圍也必須多加關注。此外，從各國的行為模式看來，還有幾個地緣政治極點也應納入考量，例如伊比利美洲（主要為巴西和墨西哥），還有特定區域的非洲。

即將崩盤的世界經濟

世界將面臨的另一個困境是脆弱的經濟局勢。包括國際貨幣基金組織在內，部分專家於2018年4月警告，如今的經濟現況未來可能會演變成非常嚴重的全球金融危機，最後毀掉二戰後世上僅存且由美國掌控的經濟機制。

截至2018年7月為止，全球銀行、政府、企業和一般家庭的債務預估總共為247兆美元，對上全球GDP的比率為318%[2]。反觀十多年前，當時債務規模最小的加拿大等國，而今已成為全世界暴險（risk exposure）最高的國家，美國則是舉債大國。近十年間，中國的債務占全球總額的40%，這樣的情況令人擔憂[3]。另外，中國的房地產存在嚴重的泡沫化問題，和澳洲、瑞典及許多國家相同。不僅如此，中國的銀行業規模大約是全國經濟規模的三倍，而且光是企業債務就幾乎超過GDP的170%。2018年3月，國際清算銀行（Bank for International Settlements, BIS）發出警告，提醒中國和香港可能即將面臨曾在加拿大爆發過的銀行危機。

歐洲的情況也不怎麼樂觀。希臘的公債占GDP比高達178%，義大利為134%，緊追在後國家的依序為：葡萄牙（125.6%）、比利時（107%）、賽普勒斯（103%）。從2007年全球金融危機到2018年7月，英國的債務漲了一倍。西班牙的公債占GDP比從2007年35%上升到100%，而法國的公債占比則上升35%，也幾乎達到GDP的100%。德國的公債成長（64.1%）雖然沒有那麼可觀，但銀行卻有過多的暴險，根據媒體報導，德意志銀行（Deutsche Bank）龐大的暴

2　編注：根據國際金融協會（Institute of International Finance, IIF）報告，受到Covid-19疫情影響，2021年全球債務再創新高，總額達到303兆美元，對全球GDP的比率為351%。

3　編注：承注3，中國2021年債務達60兆美元，占全球總額20%。

險相當於2007年金融危機之初房利美（Fannie Mae）、房地美（Freddie Mac）、美國國際集團（American International Group, AIG）和雷曼兄弟（Lehman Brothers）的債務總額。總之，歐盟的債務在短短十年內，從8兆歐元上升到超過12兆歐元[4]。同期，美國的債務也翻倍，已超過21兆美元[5]，預估在2018年年底，可能達到29兆美元。

　　根據一些著名經濟學家的說法，2019年起會有新一波前所未見的全球危機。擴張性的貨幣政策即將告終，不會再有廉價、寬鬆的資金。由於資金流動性嚴重下降，市場將會崩潰，進而導致社會局勢更加緊張。控制股市的運算法一旦察覺投資中出現異常，就會開始拋售價值下跌的股票，從而引發連鎖反應，導致世界經濟崩盤，而歐洲將深受其害。

地緣政治的典範轉移——唐納‧川普帶來的啟示

　　第一次世界大戰之所以會爆發，其實是盎格魯撒克遜人第一次全球化失敗導致的結果，雖然開戰雙方最後打成平手，但卻引發了另一場戰爭——第二次世界大戰。不過，二十世紀真正重要的大事件是1917年的「雙重提案」。當時由總統威爾遜（Woodrow Wilson，任期1913～1921年）領導的美國政府表示，應以自由貿易、自由資產階級的民主和消滅歐洲帝國主義為基礎，建立新康德主義（neo-Kantianism）世界，而且當下就是最好的時機，地球上所有的共和國都應該團結一心、結成單一實體，使人民具備共通的公民身分，以保障世界和平。顯然，美國是最適合實踐新康德主義的國家。不過，擁護俄國社會民主工黨布爾什維克主義（Bolsheviks）的人也提出了一個全球性的共和國構想，但必須以無產階級為基礎，並以社會主義作為第一階段，目標則是邁向必然的終極目標——共產主義。

4　　編注：根據歐盟統計局（Eurostat）數據，2021年歐盟公債總共11.7兆，占GDP比為88%。希臘公債占GDP比最高（193%），緊跟其後的義、葡、西、法、德、賽占比也都超過100%。

5　　2018年，美國公債約為5.6兆美元；其餘債務來自私人投資客（自然人或法人），共15.4兆美元。（編注：2022年9月，美國公債約為30.1兆美元。）

　　二戰結束後，美國在冷戰期間也採用同樣的策略。威爾遜卸任後，原本連美國人自己都貶低的提案再次受羅斯福領導的政府採納。一開始，這項計畫僅限於商業和經濟層面，但後來擴展到全球1/3的事務（其中包括一半的歐洲事務），甚至還希望影響世界上其他地方，亦即社會主義國家和所謂的第三世界。

　　華府透過《布列敦森林協定》來實踐這項全球化計畫，藉此在全世界大部分領域占據領先地位，其中又以經濟層面為最。

　　蘇聯於1991年解體，意味著資本主義勝出，西方民主獲得了最後勝利，由美國主導的制度自此開始對世界實行單極統治。蘇維埃帝國最後一次的清算行動失敗使美國的自信心增強，讓華府以為自己已經大獲全勝。

　　這樣的傲慢導致白宮根據「順我者昌，逆我者亡」之原則，亦即他國是否遵守美國強加給全世界的地緣政治遊戲規則，來決定哪些國家的態度需要「糾正」。

　　在柯林頓（Bill Clinton，總統任期1993～2001年）任內，華府還為此制定一份「流氓國家名單」，該名單上有五個穆斯林國家（伊朗、伊拉克、敘利亞、利比亞和蘇丹），以及兩個社會主義國家（古巴和北韓）[6]。

　　然而，接連出現的幾個轉捩點總算打醒自我感覺良好的美國。第一次是2001年9月11日，世貿雙子星和五角大廈遭遇恐怖攻擊，這讓美國意識到還有其他擅長不對稱作戰的狠角色不受強加體系的控制，敢於對抗棘手的大國。

　　另一次是2007年爆發的經濟危機。當時，美國財政疲軟，華府不禁思考繼續實行當前計畫的成本是否過高——又要出兵阿富汗、伊拉克和敘利亞，又要維持北約這個薄弱經濟實體，以利在全球部署軍事基地[7]、執行大型軍事科技計畫並保有戰爭優勢。與此同時，美國社會也遭遇工資下降、情勢不穩定、常態性失業、人民合法持槍造成的暴力事件（每年有超過3萬3,000人因此死亡），

6　此後，名單上的國家都以某種形式付出了代價。伊拉克歷經兩次國破家亡的戰爭，成為ISIS興起的原因之一。敘利亞自阿拉伯之春以來一直處於衝突當中。利比亞2011年遭到突襲，整個國家支離破碎，深陷人道危機，極端主義團體肆虐。蘇丹歷經一場內戰，最終南蘇丹獨立，蘇丹則陷入動盪。伊朗長期受到威脅，有如處於懸頂之劍下，經濟政策也使國力轉弱。北韓依舊是美國的目標。至今為止，古巴是唯一一個無視美國憤怒的國家，儘管該國同樣一直受到威脅。

7　根據大衛·維恩（David Vine）著作《基地帝國的真相》（*Base Nation*，繁中版由八旗出版），美國官方承認和未承認的祕密基地約有800個，分布在世界各地。根據《經濟學人》（*The Economist*）報導，基地人員約15萬人，其中7萬人駐紮在日本和韓國。

以及毒品氾濫（每年有6萬3,000人因吸毒過量死亡）等問題。

等到美國有餘力四顧時，中國與俄國早已變得欣欣向榮，無論是地緣政治或地緣經濟領域都在國際間占有一席之地。特別是中國在經濟與科技面都將美國視為強勁對手，因而成為華府的頭號敵人。眼看中國在軍事能力、太空與網際網路方面進步飛速，同時進行著謹慎卻又勢不可當的領土擴張（在非洲、拉丁美洲、南海等區域），再加上明確的經濟野心（一帶一路計畫、以低價向歐洲收購戰略板塊等），白宮不禁嚇得臉色發白，不得不做出回應，以在無可挽回之前重新奪回絕對的主導權。

在這樣的大環境下，唐納・川普贏得2016年的總統大選，打破美國自羅斯福到歐巴馬以來幾乎不曾改變過的體制。

1980年，挪威數學家暨社會學家加爾頓（Johan Galtung）預測，蘇維埃聯邦的結構不到十年就會崩潰，如同「帝國」一樣走向沒落，甚至因自身的矛盾而解體。想當然，當時人們都嘲笑他，無視他的意見。但是在1989年，蘇聯既無法維繫華沙公約組織（Warsaw Pact）的防禦結構，也沒有發展出足以維持自身發展的有效經濟和政治體制。到了1991年，蘇聯解體了，證明加爾頓的看法是對的。他還說了另一個預言：美帝將在2025年垮台。隨著千禧年到來，加爾頓更把預言的時間提前到2020年。他在2009年創作的《北美帝國的衰亡》（*The Fall of the US Empire and Then What?*）一書中預測了美帝崩潰的十五項原因，諸如：代間關係、文化、軍事、經濟、政治、社會等方面的矛盾等。他還補充道，如果時機成熟時，華府還無法找到解方，並且平穩地逐步退出國際舞台，那麼美國就可能會重蹈覆轍，像蘇聯一樣解體。

川普政府是否會採納加爾頓提出的意見，從而進行戰略性撤退，避免走向與蘇聯相同的命運呢？白宮是否正朝向一種古怪而新穎的多極化模式前進，想方設法讓美國維持絕對統治的地位，同時又能察覺到挑戰美國權威的勁敵，且意識到與之發生正面衝突需要付出極高代價呢？是否正尋求角色轉型，以位居主導地位為前提，制定下放、分配權力的策略？是否能接受像烏克蘭那樣巨大的地緣政治平衡空間存在呢？

當今的地緣政治已演變成高度複雜的對弈遊戲，儘管我們很難真正清楚大國每一次行動的最終目的為何，但上述問題的答案很可能是肯定的。

　　事實上，川普雖然經常給人一種不按牌理出牌、使用奇怪地緣戰略的印象，但他似乎一直在找尋方法，想創造出盡可能有利於所有參與者的局面，以確保衝突結束，並逐漸減少財政和軍事上的耗損。這也就是為什麼美國會去接近向來視為地緣政治強敵的國家，例如北韓（2018年6月12日，川普與金正恩在新加坡會晤）和俄羅斯（一個月後，川普又與普丁在芬蘭首都赫爾辛基會面）。

　　儘管白宮有意讓特定敵人與威脅繼續存在（例如伊朗或聖戰恐怖主義），好讓軍事發展和國防工業生產有正當名目；然而，川普的首要目標還是鞏固和增強美國的經濟實力，畢竟任何一場對抗中國[8]和俄羅斯等勁敵的傳統戰爭（甚至是核武戰爭），都可能毀掉美國的經濟體系。從這個角度來看，敘利亞或許就是一個具有共同戰略意義的試驗場，可藉此觀察俄羅斯與美國這兩個理論上的敵對勢力是否能在此和平共存。

　　毫無疑問，身為商人的川普非常清楚強化經濟是首要之務，因為沒有經濟就不可能滿足人民的需求，也不可能擁有足夠的軍事力量、強大的情報組織、有效的外交或其他國家所需的支柱，更別說冀望繼續統治世界了。

　　許多人認為川普是一個沒受過什麼教育，甚至有些偏執的小丑，但實際上，他可能比眾人想像的更加狡猾，刻意表現得十分張揚。他或許是「裝傻」的完美典範，表面上看起來傻乎乎、不太聰明，卻能誘使其他人做出有利於己的蠢事。可以肯定的是，要是川普對美國構成威脅，那麼他打從一開始就不可能當選總統，而且一旦證明他缺乏執政能力，大家就會想方設法拉他下台。另外，他的敵人顯然不少，包括想在暗中掌握國家權力、強加人民其他意識形態的人，還有被歐巴馬安插在政府機構（從情報單位開始）的高層，以及橫跨朝野兩黨的民主黨媒體。不過，川普仍然可能被真正握有實權的人當作代罪羔羊，一旦美國失敗或是犯下意料以外的錯誤，就把責任全都賴到他頭上。

　　無論如何，若要讓世界經濟的新秩序得以運行，川普需要大富豪或實際主導世界金融的人支持。因此，他可能會與以色列走得更近，或不斷對猶太遊說團體示好，這點從美國將大使館從台拉維夫（Tel Aviv）遷到耶路撒冷就可見一

斑。

另一方面，他的國內政策似乎是想要說服美國人：經濟正在好轉，就業市場更為樂觀（據2018年5月統計，失業率從2000年以來首次降至4%）；普遍減稅後，人民的荷包更飽滿了；更重要的是，美國正逐漸奪回權力，再度造成其他國家恐慌。如果川普成功了，他的民眾支持率肯定會上升，確保他贏得連任。

在這一連串舉動下的潛在概念是，川普政府試圖解構多數人所認識的世界，特別是與經濟相關的一切，進而重建另一個新的世界秩序，以恢復美國自二戰結束後在世界上享有的絕對權力，並重拾1991年蘇聯瓦解後坐擁的權力巔峰。近年來，美國霸權不斷受到中國和俄羅斯[9]的威脅，且在某種程度上，華府也依然能感受到來自歐盟和其他新興國家（如印度、墨西哥和巴西）的壓力。為達到重新掌權的目標，美國即使對外開啟過多戰線，導致國內日益耗損，也全然不以為意；此外，華府將不惜採取任何對自己經濟有利的措施，就算惹毛軍事盟友，甚至有損商業夥伴的利益，都在所不惜。而這些盟友恐將難以積極反抗，一方面是懼於美國在各方面（軍事、情報單位、外交等）的強權，另一方面則是內部意見分歧。

人口與科技的災難

在當前的地緣政治局勢中，如果說科技和人口會引發重大變數，那麼兩者一旦結合，將會產生更加深刻的影響。試想一下智慧城市和智慧家居未來的發展，也就是從安全到健康設備，從能源管理到水陸交通（或許有天空中會布滿無人機），無論是提供個人、政府機構或私人企業使用，其主要系統皆是全自動化且永續運作。

首先，在當今過度擁擠的城市或近未來的巨型城市裡，不同社會經濟階層的差距將愈來愈大，不公不義的觀點也將受到放大檢視。極度弱勢的族群將會

9　值得注意的是，川普和普丁對世界的看法都屬於新保守主義，主張回歸傳統價值觀並獲得宗教團體的大力支持，這種巧合有利於兩者進行地緣政治談判。

眼睜睜看著自己陷入更加邊緣且貧困的環境中，而另一個世界就近在咫尺，卻唯有透過革命才能企及。無論再怎麼設法讓城市邊緣人渾噩度日（他們顯然也只能得過且過），生活在這些「愚蠢地區」的人還是會用過激（但無可厚非）的忌妒心，來看待那些在「智慧地區」的人是如何安排他們的命運。

此外，肆無忌憚、不受控制的都市化及其所帶來的問題，很可能導致菁英人士築起自己的「城市碉堡」並躲在其中，與社會中的其他人隔絕，以確保自身安全。這些特權市民相信城市碉堡可以讓他們躲過暴力的摧殘，避開瘟疫般的傳染病所帶來的傷害。科技的進步讓某些城市（或者說避難島）幾乎可以自給自足，而居民若需要外來物品也不需要親自接收，只要透過適當消毒或殺菌過的無人機，就能送到他們手裡。事實上，無論是在已開發國家或者極度不平等的國家，都市化和戒備森嚴的社區都已經陸續出現。

無論如何，問題已然形成。總有一天，某個偽裝成政治上的解放者或者救世主的人便會動員遭邊緣化的群眾，引發混亂。

未來的希望

> 心智就像降落傘，
> 要打開才會運作。
> ——愛因斯坦

綜觀古今發生的社會衝突，我們應該要記取教訓，從中學會如何和平化解衝突。為打造一個更為和諧、以人類安全為第一要務的世界，我們必須調整心態，放下個人主義與私心，逐步建立更加兼容並蓄的思考模式，並將之內化為自身的一部分。同時也應該呼籲並推動道德培養與智力訓練，而教育計畫則需要結合科技與人文，以免人類在未來變成生化人（cyborg）或機器人。人不能失去本質，也就是道德、理智與價值觀，這些都是機器人不會擁有，也絕不應該擁有的特質。人類的意志不能被機器取代，一旦發生這種情況，人類將要面對的可能就是滅絕的危機，因為機器可以自我複製，屆時人類將變得毫無用處。

務必謹記，我們所使用之物必須要能夠真實體現自己的本質，是機器要為人類服務，而不是人類反過來服務機器。

　　為了實現上述願景，我們每個人都必須負起責任，為之盡一分心力，同時也要全然真誠地為他人付出。世界讓我們連結在一起，我們必須將自己視為多元團體的一部分。針對個人的解決方案並不等同適用於所有人，只能暫且作為權宜之計，而好的方案則必須同時兼具簡單、明瞭和基本的特性。希望我們永遠銘記在心。

［ 謝詞 ］

> 我很感激跟我說「不」的每一個人。
>
> 多虧他們，讓我可以做自己。
>
> ——愛因斯坦

　　各位讀者，我首先要由衷感激的人就是你們。是你們對《統治世界‧戰略說明書》的熱烈迴響，促使我寫下了這本《國家力量決勝點》。少了你們的鼓勵，第二本書永遠不會問世。希望這本書能跟第一本一樣，帶給你們充分的閱讀樂趣。

　　我也要感謝我的編輯弗朗西斯科‧馬丁內斯‧索里亞（Francisco Martínez Soria），他竭盡所能讓這本書在適當時機以得體的樣貌問世。

　　如果作家能有數百個小時專心思考，無疑要感謝經常受到忽視、為之犧牲的家人支持。因此，我要對總是犧牲奉獻和不離不棄的妻子，表達我誠摯的感謝。也要謝謝我的孩子，即使被我這位父親冷落了，他們仍不斷為我加油打氣。

　　我再次受到幸運之神的眷顧，又一次與協助我完成第一本書的團隊合作，讓我在檔案蒐集和書稿修訂上如虎添翼。這些夥伴包括：空軍上校安赫‧戈梅茲‧德‧阿格雷達、理工工程兵團中校德芬‧馬里尼歐‧埃斯畢聶拉（Delfín Mariño Espiñiera）和奴莉亞‧埃南德斯‧賈西亞（Nuria Fernández García）、國民警衛隊成員路易斯‧安東尼歐‧貢薩雷斯‧弗朗西斯科（Luis Antonio González Francisco）、歷史學家丹尼爾‧馬丁‧門洪（Daniel Martín Menjón），以及負責彙整的克拉拉‧巴拉修斯‧費南德斯（Clara Palacios Fernández）。在這份既傑出又敬業的團隊名單上，我還要再加上一個人：安東尼歐‧馬奴耶‧羅德里格斯（Antonio Manuel Rodríguez），因為他將整個職業生涯都奉獻給情報界。在此，我要再次向你們表達這份無論說過再多次都不夠的感謝之情。

［ 参考文献 ］

Agnew, John, *Geopolitics: Re-visioning World Politics,* Londres, Routledge, 2003.

Andelman, David A., y Alexandre de Marenches, *The Fourth World War: Diplomacy and Espionage in the Age of Terrorism*, Nueva York, William Morrow & Co, 1992.

Antonopoulos, Andreas M., *Internet del dinero: una recopilación de las mejores conferencias de Andreas M. Antonopoulos*, Merkle Bloom LLC, 2017.

Arancón, Fernando, «La privatización de la defensa: compañías militares privadas y mercenarios», *El orden mundial* (febrero de 2014).

Baños Bajo, Pedro, «Mujer terrorista suicida, manipulación extrema», Real Instituto Elcano: documento de trabajo n.º 48/2008 (noviembre de 2008).

—, «La pesadilla de la revolución militar», *Revista Ejército*, n.º 813 (diciembre de 2008), pp. 15-21.

—, «África: recursos naturales, guerras y corrupción», Ministerio de Defensa: acta del XVI Curso Internacional de Defensa «África a debate» (abril de 2009) pp. 22-45.

—, «Análisis de los atentados suicidas femeninos», Real Instituto Elcano: documento de trabajo n.º 17/2009 (marzo de 2009).

—, «Rusia, objetivo geopolítico de al-Qaeda desde su base en el norte del Cáucaso», Real Instituto Elcano: ARI n.º 36/2010 (febrero de 2010).

—, «Comunicación estratégica: la clave de la victoria en el siglo XXI», Ministerio de Defensa, Recopilación del XVIII Curso Internacional de Defensa «Medios de comunicación y operaciones militares» (2010), pp. 115-131.

—, «Geopolítica e inteligencia» en Velasco, Fernando, *et al.*, ed., *La inteligencia como disciplina científica*, Madrid, Plaza y Valdés, 2010, pp. 23-42.

—, «La realidad del espionaje económico», *Inteligencia estratégica: una necesidad para competir globalmente*, n.º 2, Instituto Choiseul (otoño de 2011), pp. 11-26.

—, «El espectro de las compañías privadas de inteligencia en el contexto de los retos contemporáneos a la seguridad», Instituto Español de Estudios Estratégicos: documento de trabajo 13/2015: *Las corporaciones privadas de seguridad* (2015), pp. 95-128.

—, «China, la quinta pata en el inestable banco ucraniano», Instituto Español de Estudios Estratégicos: documento de opinión n.º 04/2015 (enero de 2015), pp. 1-20.

—, «La geopolítica de la tecnología», *Revista Ejército*, n.º 902 (mayo de 2016), pp. 128-129.

—, «Ciberespionaje, influencia política y desinformación (I)», *El orden mundial* (diciembre de 2017).

—, «Ciberespionaje, influencia política y desinformación (II)», *El orden mundial* (diciembre de 2017).

—, «Geopolítica de la diplomacia: de la clásica a la digital», Instituto Español de Estudios Estratégicos: documento de opinión n.º 60/2018 (mayo de 2018), pp. 1-17.

Baylis, John, *et al.*, *Strategy in the Contemporary World*, Nueva York, Oxford University Press, 2010.

Bockstette, Carsten, «Taliban and Jihadist Terrorist Use of Strategic Communication», *The Quarterly Journal*, vol. VIII, n.º 3 (2009), pp. 1-27.

Bouthoul, Gaston, *Tratado de polemología*, Madrid, Ediciones Ejército, 1984.

Brantlinger, P., *Bread and Circuses: Theories of Mass Culture as Social Decay*, Ithaca, Cornell University Press, 2016.

Brown, Peter, *Power and Persuasion in Late Antiquity: Towards a Christian Empire*, Madison, University of Wisconsin Press, 1992.

Brzezinski, Zbigniew, *El gran tablero mundial*, Barcelona, Editorial Paidós, 1998.

—, *Strategic vision*, Nueva York, Basic Books, 2012.

Bülow, Bernhard, *Memorias del canciller príncipe de Bülow*, Madrid, Espasa-Calpe, 1931.

Callières, François de, *De la manière de négocier avec les souverains (1716)*, India, Facsimile Publisher, 2016.

Celerier, Pierre, *Geopolítica y geoestrategia*, Buenos Aires, Pleamar, 1979.

Chomsky, Noam, y Edward S. Herman, *Los guardianes de la libertad*, Barcelona, Planeta, 2013.

—, *¿Quién domina el mundo?*, Madrid, Ediciones B, 2016.

Clarke, Richard A., *Contra todos los enemigos*, Madrid, Santillana, 2004.

Clausewitz, Carl von, *On War*, Londres, Penguin, 1982.

Coffey, Michael, *Días de infamia*, Barcelona, Comunicaciones & Publicaciones S. A., 2000.

Cormac, Rory, *Disrupt and Deny: Spies, Special Forces, and the Secret Pursuit of British Foreign Policy*, Oxford, Oxford University Press, 2018.

Coser, Lewis Alfred, *Las funciones del conflicto social*, México, Fondo de Cultura Económica, 1961.

Curtis, Mark, *Secret Affairs. Britain´s Collusion with Radical Islam*, Londres, Serpent's Tail, 2018.

De Riencourt, Amaury, *Sex and Power in History*, Nueva York, Dell Publishing, 1974.

Dewey, John, *La opinión pública y sus problemas*, San Sebastián de los Reyes, Ediciones Morata, 2004.

Eltchaninoff, Michel, *En la cabeza de Vladímir Putin*, Barcelona, Librooks, 2015.

Encel, Frédéric, y François Thual, *Géopolitique d´Israël*, París, Éditions du Soleil, 2006.

Ferguson, Niall, *El Imperio británico: cómo Gran Bretaña forjó el orden mundial*, Barcelona, Debate, 2016.

Frattini, Eric, *Manipulando la historia: operaciones de falsa bandera*, Madrid, Temas de Hoy, 2017.

Freedman, Lawrence, *Estrategia*, Madrid, La Esfera de los Libros, 2016.

Friedman, George, *Los próximos cien años*, Barcelona, Ediciones Destino, 2010.

—, *La próxima década*, Barcelona, Ediciones Destino, 2011.

Fukuyama, Francis, *El fin de la historia y el último hombre*, Barcelona, Planeta, 1992.

Fuller, J. F. C., *La dirección de la guerra*, Madrid, Ediciones Ejército, 1984.

Goldstone, Jack *et al.*, *Political Demography: How Population Changes Are Reshaping International Security and National Politics*, Boulder, Paradigm Publishers, 2011.

Gómez de Ágreda, Ángel, «Geopolítica de los espacios vacíos», *Revista Ejército*, n.º 837 (diciembre de 2010), pp. 20-27.

—, «Ciberespacio: de ratones y hombres», *Instituto Español de Estudios Estratégicos: documento de opinión 51/2015* (mayo de 2015), pp. 1-9.

—, «La mano que mueve el ratón…», *Revista SIC*, n.º 105 (junio de 2013), pp. 64-66.

—, «De Irak (1991) a Irak (2016): evolución del pensamiento militar contemporáneo», *Tiempo Devorado: Revista de Historia Actual*, Universidad Autónoma de Barcelona, n.º 3 (diciembre de 2016), pp. 471-490.

González Francisco, Luis Antonio, «Malhama Tactical, la "consultora de seguridad" yihadista», *Baab al Shams* (febrero de 2017).

—, «El Grupo Wagner: elemento de la guerra híbrida rusa», *Revista Ejército* (marzo de 2017).

Guangqian, Peng, y Yao Youzhi, *The Science of Military Strategy*, Beijing, Military Science Publishing House. Academy of Military Science of the Chinese People's Liberation Army, 2005.

Harris, Marvin, *Antropología cultural*, Madrid, Alianza, 2011.

Hastings, Max, *La guerra secreta*, Barcelona, Editorial Planeta, 2016.

Herranz, Pedro, *Status belli*, Madrid, Las Antorchas, 1953.

Heuser, Beatrice, *The Evolution of Strategy*, Cambridge, Cambridge University Press, 2010.

Höllmann, Thomas O., *La Ruta de la Seda*, Madrid, Alianza, 2015.

Howard, Michael, *Las causas de las guerras*, Madrid, Ediciones Ejército, 1987.

Howe, Neil, y Richard Jackson, *Graying of the Great Powers: Demography and Geopolitics in the 21st Century*, Washington D. C., Centre for Strategic & International Studies, 2008.

—, «Global Ageing and the Crisis of the 2020s», *Current History*, vol. 110, Issue 732 (enero de 2011), p. 20.

Huntington, Samuel P., *Choque de civilizaciones*, Barcelona, Ediciones Paidós Ibérica, 1997.

Ignatieff, Michael, *Guerra virtual: más allá de Kosovo*, Barcelona, Editorial Paidós, 2003.

Jackson, Richard, y Rebecca Strauss, «The Geopolitics of World Population Change», *Commentary. Center for Strategic and International Studies* (julio de 2007).

Jones, Jeffrey, *et al.*, «Strategic Communication and the Combatant Commander», *JFQ*, Issue 55 (otoño de 2009), pp. 104-108.

Kaplan, Robert, «The Coming Anarchy», *The Atlantic Monthly* (febrero de 1994), pp. 44-76.

—, *El retorno de la antigüedad: la política de los guerreros*, Barcelona. Ediciones B, 2002.

—, *La venganza de la geografía*, Barcelona, RBA, 2013.

Kennedy, Paul, *Auge y caída de las grandes potencias*, Barcelona, Debolsillo, 1987.

—, *Preparing for the Twenty-First Century*, Nueva York, Random House Inc., 1993.

Kesselring, Albert *et al.*, *Alemania pudo vencer: balance de la Segunda Guerra Mundial*, Barcelona, Editorial AHR, 1955.

Kissinger, Henry, *Diplomacia*, Barcelona, Ediciones B, 1996.

—, *Orden mundial*, Barcelona, Debate, 2016.

—, *China*, Madrid, Debate, 2016.

Labévière, Richard, y François Thual, *La bataille du grand Nord a commencé*, París, Perrin, 2008.

Laborie Iglesias, Mario, *La privatización de la seguridad: las empresas militares y de seguridad privadas en el entorno estratégico actual*, Madrid, Ministerio de Defensa. Instituto Español de Estudios Estratégicos, 2013.

Lacoste, Pierre, y François Thual, *Services secrets et géopolitique*, Panazol, Lavauzelle, 2002.

Latorre, José Ignacio, *Cuántica: tu futuro en juego*, Barcelona, Ariel, 2017.

Launay, Jacques de, *La diplomacia secreta durante las dos guerras mundiales*, Barcelona, Belacqva, 2005.

Leverkuehn, Paul, «El servicio de información alemán», en Kesselring, Albert, *et al.*, *Alemania pudo vencer: balance de la Segunda Guerra Mundial*, Barcelona, Editorial AHR, 1955, pp. 191-206.

Liang, Qiao, y Wang Xiangsui, *La guerre hors limites*, París, Rivages, 1999.

Liddell Hart, Basil Henry, *El otro lado de la colina*, Madrid, Ediciones Ejército, 1983.

—, *Estrategia: la aproximación indirecta*, Madrid, Ministerio de Defensa, 1989.

López Jiménez, Javier, y José Ángel Morales Hernández, *La política exterior de Rusia: los conflictos congelados y la construcción de un orden internacional multipolar*, Madrid, Editorial Dykinson, 2018.

Lorot, Pascal, y François Thual, *La géopolitique*, París, Montchrestein, 2002.

Luttwak, Edward N., *Parabellum: La estrategia de la paz y la guerra*, Madrid, Siglo XXI, 2005.

Maalouf, Amin, *El desajuste del mundo*, Madrid, Alianza Editorial, 2009.

Macarrón Larumbe, Alejandro, *Suicidio demográfico en Occidente y en medio mundo: ¿a la catástrofe por la baja natalidad?*, Estados Unidos, Createspace Independent Publishing Platform, 2017.

Macías Fernández, Daniel, *El islam y los islamismos*, Madrid, FINVESPOL, 2015.

Malthus, Thomas Robert, *Ensayo sobre el principio de la población*, Madrid, Akal, 1990.

Maquiavelo, Nicolás, *El príncipe*, Madrid, Espasa Calpe, 2007.

Marenches, Alexandre de, y Christine Ockrent, *Dans le secret des princes*, París, Stock, 1986.

Olier Arenas, Eduardo, *et al.*, *La inteligencia económica en un mundo globalizado*, Instituto Español de Estudios Estratégicos. *Cuadernos de Estrategia*, n.º 162 (2013).

—, *Los ejes del poder económico*, Madrid, Pearson, 2016.

Pastor, Petit, *La guerra psicológica en las dictaduras*, Las Palmas de Gran Canaria, Tangram, 1994.

Preukschat, Alexander, *Blockchain: la revolución industrial de Internet*, Barcelona, Gestión 2000, 2017.

Puente Martín, Carlos, *Introducción a la geopolítica de las relaciones económicas internacionales*, Madrid, autoedición, 2013.

Puig Sagi-Vela, Carlos, y Pilar Trucios, *Marca personal y huella digital*, Madrid, Unidad Editorial, 2017.

Ramonet, Ignacio, *El imperio de la vigilancia*, Madrid, Clave intelectual, 2016.

Robles Carrillo, Margarita, y Ángel Gómez de Ágreda, «Tecnología y derecho: el FBI contra Apple», *Actas II Jornadas Nacionales de Investigación en Ciberseguridad (JNIC)*, Universidad de Granada (junio de 2016), pp. 156-164.

Sánchez Ferlosio, Rafael, *Sobre la guerra*, Barcelona, Destino, 2008.

Servent, Pierre, *Les guerres modernes*, París, Buchet Chastel, 2009.

Stiglitz, Joseph E., *Cómo hacer que funcione la globalización*, Barcelona, Taurus, 2006.

Stoessinger, John G., *Why Nations Go to War*, Nueva York, St. Martin's, 1993.

Stone, Oliver, *Conversations avec Poutine*, París, Albin Michael, 2017.

Stonor Saunders, Frances, *La CIA y la guerra fría cultural*, Madrid, Debate, 2001.

Tuchman, Barbara W., *La marcha de la locura*, Barcelona, Editorial RBA, 2013.

Thual, François, *Contrôler et contrer: stratégies géopolitiques*, París, Ellipses, 2000.

—, *La planète émiettée*, París, Arléa, 2002.

Tucídides, *Historia de la guerra del Peloponeso*, Madrid, Gredos, 2000.

Tzu, Sun, *El arte de la guerra*, Buenos Aires, Altorrey, 1996.

Urdal, Henrik, «A Clash of Generations? Youth Bulges and Political Violence», *International Studies Quartely*, vol. 50, Issue 3 (septiembre de 2006), pp. 607-629.

Verstrynge, Jorge, *Frente al imperio*, Madrid, Foca, 2007.

Volkman, Ernest, *Espionage: The Greatest Spy Operations of the Twentieth Century*, Nueva York, J. Wiley & Sons, 1995.

Wolf, Markus, *El hombre sin rostro*, Buenos Aires, Vergara Editor S. A., 1997.

Wolf, Mauro, *La investigación de la comunicación de masas: crítica y perspectivas*, Barcelona, Paidós Ibérica, 1987.

Zhou, Min, «Segmented Assimilation: Issues, Controversies, and Recent Research on the New Second Generation», *International Migration Review*, vol. 31, Issue 4 (1997), pp. 975-1008.

［圖片來源］

第一部　國家力量決勝點

p.17　La balanza del poder (1781), © Museo Británico.

第一章　軍事力量：練就以一擋百的戰爭肌肉

p.14　Póster del saludo a la Armada Imperial Japonesa, Segunda Guerra Mundial (s.f.), © Peter Newark Military Pictures, Bridgeman Images/AGE.

p.16　Los «rambos» americanos, Defense Manpower Data Center, *Military Times*, 2017.

p.20　Superpotencias militares a lo largo de la historia, Enciclopedia Británica, Instituto Internacional de Estudios Estratégicos (IISS). Basado en la infografía de Martin Vargic, 2014.

p.23　Los 25 ejércitos más poderosos del mundo, Global Firepower, The Center for Arms Control and Non-Proliferation, 2018.

p.24　Países con mayor gasto militar, Instituto Internacional de Investigación para la Paz de Estocolmo (SIPRI), Military Expenditure Database, 2018.

p.26　Armas nucleares en el mundo, Instituto Internacional de Investigación para la Paz de Estocolmo (SIPRI), Yearbook, 2018.

p.28　Armas químicas en el mundo, *Le Monde*, Instituto Internacional Israelí para la Lucha contra el Terrorismo, 2013.

p.34　El servicio militar en el mundo, *La Voz*, 2014.

p.38　Principales Compañías Militares Privadas rusas, InformNapal, 2015.

p.42　Principales países involucrados en el desarrollo de robots militares, Campaña *Stop Killer Robots*, 2016.

第二章　經濟能力：有錢就是正義

p.46　Imperialismo (1885), Thomas Nast, © The Granger Collection/AGE.

p.49　Cuotas y poder de voto en el FMI, Fondo Monetario Internacional (FMI), 2015.

p.54　Plan Marshall, 1948-1952, Plan Marshall, *Wikispaces* (s.f.).

p.56　La caída del petróleo, *Bloomberg*, 2008.

＊企業Logo皆取自Wikimedia Commons、Brands of the World。

p.58　Cuencas de gas de esquisto, Reuters, Administración de Información Energética de Estados Unidos (EIA), Advanced Resources International, BP, 2013.

p.61　Poseedores de la deuda pública en Estados Unidos, Departamento del Tesoro de Estados Unidos, Reserva Federal, 2017.

p.67　Valor total anual de todas las transacciones de la red bitcoin, Blockchain, 2017.

p.70　¿Cómo se busca acabar con Irán?, *Bing Maps, Bloomberg,* Administración de Información Energética de Estados Unidos (EIA), Middle East Economy Survey (MEES), 2018.

p.74　Ruta de la seda o vía de penetración económica, InTrade Global Business, 2018.

p.77　Mayores empresas armamentísticas del mundo, Instituto Internacional de Investigación para la Paz de Estocolmo (SIPRI), 2017.

第三章 外交：不戰而屈人之兵

p.80　Guerra ruso-japonesa (1904), © Alamy/ACI.

p.85　¿Política exterior de Estados Unidos? Basado en la viñeta de Andy Synger, 2011.

p.87　Negociación o muerte. Basado en la viñeta de Leslie Gilbert Illingworth, 1962.

p.88　Aguas territoriales reclamadas, Convención de las Naciones Unidas sobre el Derecho del Mar (CNUDM), Agencia Central de Inteligencia (CIA), 2017.

第四章 情報機構：「監控資本主義」的時代來臨

p.98　Imagen extraída de *Iconología* (1764), Cesare Ripa. © Todos los derechos reservados.

p.109　Echelon, el dispositivo global de vigilancia electrónica, Oficina Federal para la Protección de la Constitución (BfV), 1998.

p.112　Paraísos fiscales diseminados por el mundo, Oxfam Intermón, 2018.

p.123　Así nos vigila la NSA en Internet, *The Washington Post*, 2013.

p.140　Organigrama de la comunidad de inteligencia de Estados Unidos. Tomado de *Didactic*, el blog de Richard Cassel, 2010.

p.143　Organigrama de la comunidad de inteligencia de Rusia, Mark Galeotti, «Putin's Hydra: Inside Russia's Intelligence Services», 2016.

第五章 自然資源：大國權力之爭的本錢

p.144　Conferencia de Berlín (1884), © Mary Evans Picture Library.

p.148　La desigual disponibilidad de agua en 2025, International Water Management Institute (IWMI), 2008.

p.150　Las nuevas minas del rey Salomón, Al Jazeera, 2016.

p.151　La neocolonización de África en el siglo XXI, El Orden Mundial, 2016.

p.153　El dragón quiere tragarse a África, *Diploweb*, Eurasian Hub, 2009.

p.158　Las nuevas rutas árticas, The Arctic Institute, Center for Circumpolar Security Studies, 2014.

p.161　Las reclamaciones territoriales de la Antártida, Ria Novosti, 2010.

p.164　Así vamos agotando los recursos de la Tierra, Global Footprint Network, 2018.

p.165　Día del Exceso Terrestre por países, Global Footprint Network, 2018.

第六章 領土與人口：多多益善或質重於量？

p.168　Imperialismo (1898), © Reyem- Wikimedia.

p.170　Europa, la dueña de África en 1914, *Grolier Multimedia Encyclopedia*, 1996.

p.178　Áreas urbanas más grandes del mundo, New Geography, 2018.

p.179　Uno de cada tres habitantes del planeta es chino o es indio, West Tamar Talk, 2017.

第七章 無形的力量：竊取國家於無聲無息之間

p.182　«I Want You for U. S. Army» (1917), © Library of Congress Prints and Photographs Division Washington.

p.187　¿Quién contribuyó más a derrotar a Alemania en 1945?, datos de las encuestas llevadas a cabo por el Instituto Francés de Opinión Pública (IFOP), 2015.

第八章 知識和技術：人類未來生存的關鍵

p.192　«The Wonders within Your Head» (2011), © David Wallace, cortesía de Infographic.

p.195　Número de patentes por países, Oficina de Patentes y Marcas de Estados Unidos (USPTO), 2015.

p.197　Las mejores universidades del mundo, Clasificación de Shanghái, 2017.

p.204　Los «espaciopuertos» de Estados Unidos, Space Foundation, 2017.

第九章 戰略溝通：靠一張嘴主導世界

p.210　Imágenes para la campaña *Vintage* de Maximidia Advertiser (2010), cortesía de Agencia Moma.

p.221　Los españoles vistos como cerdos, grabado holandés (1580), © Rijksmuseum.

第二部　　未來的決定性關鍵

第十章 科技：那些失心瘋的破銅爛鐵

p.242　*TBO*, n.º 329 (14 de febrero de 1964), © Marino Benejam, Colección Miguel Ángel Cantó Gómez, cortesía de Rafael Castillejos.

p.249　Personas que no pueden imaginar la vida sin Internet, Ipsos, 2016.

p.250　¿Cómo funciona un virus *ransomware*?, Trend Micro, Carbon Black, 2017.

p.252　Guerra híbrida… ¿Y eso qué es?, Geopolitica.ru, 2017.

p.254　¿De dónde proceden los ciberataques y contra quién van dirigidos?, The Cyber Rescue Alliance, 2017.

p.256　¿Qué persiguen los ciberataques?, *Softpedia News Center*, 2018.

p.261　Top 20 actual de sitios con más tráfico, *The Internet Map*, 2018.

p.262　Los «pájaros» vigilan a los chinos, *South China Morning Post*, 2018.

p.269　Ricos por la tecnología, *Bloomberg*, 2018. Fotografías tomadas de Wikimedia Commons.

　　　　Elon Musk©Duncan.Hull@Wikimedia Commons.

　　　　Steve Ballmer at Los Angeles City Hall ©Dacid Levy@Wikimedia Commons.

第十一章 人口趨勢：未來地緣政治的核心指標

p.274　Panfleto sobre la despoblación y repoblación en Francia (1895), © Archives Charmet, Bridgeman Art Library/AGE.

p.278　Población mundial proyectada hasta 2100, *2015 World Population Prospects*, División de Población del Departamento de Asuntos Económicos y Sociales de las Naciones Unidas, 2015.

p.284　Mayor urbanización, más contaminación, Informe *Perspectivas mundiales de urbanización*, Organización de Naciones Unidas (ONU), 2014.

p.286　El «suicidio demográfico» de España, Instituto Nacional de Estadística (INE), 2017. Basado en el gráfico de Alejandro Macarrón.

p.289　Fertilidad mundial, *World Population Review*, 2018.

p.291　El mundo de los jubilados, Organización Mundial de la Salud (OMS), 2017.

p.293　Peso de la población de Europa en la población mundial, datos históricos de la Organización de Naciones Unidas (ONU). Basado en el gráfico de Alejandro Macarrón.

p.296　¿Quién va a pagar las pensiones?, datos históricos del Instituto Nacional de Estadística (INE). Basado en el gráfico de Alejandro Macarrón.

p.297　Más juventud, mayor riesgo de revolución, Population Reference Bureau, World Population Data, 2017.

p.299　Edad media de los 10 países más jóvenes de África, Organización de Naciones Unidas (ONU), 2016.

p.304　Rutas migratorias en el Magreb y el Sahel, BBC, Ministerio de Defensa de Francia, 2018.

p.310　El reto del crecimiento de la población urbana, Informe *Perspectivas mundiales de urbanización*, Organización de Naciones Unidas (ONU), 2014.

p.314　Crecimiento poblacional según la religión practicada, Pew Research Center, 2018.

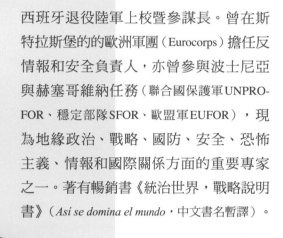

［作者簡介］

佩德羅·巴尼奧斯
PEDRO BAÑOS

西班牙退役陸軍上校暨參謀長。曾在斯特拉斯堡的的歐洲軍團（Eurocorps）擔任反情報和安全負責人，亦曾參與波士尼亞與赫塞哥維納任務（聯合國保護軍UNPROFOR、穩定部隊SFOR、歐盟軍EUFOR），現為地緣政治、戰略、國防、安全、恐怖主義、情報和國際關係方面的重要專家之一。著有暢銷書《統治世界，戰略說明書》（*Así se domina el mundo*，中文書名暫譯）。

個人網站：
https://geoestratego.com/

聯絡信箱：
director@geoestratego.com

推特：@geoestratego

照片由作者提供

地球觀　77

國家力量決勝點
歐盟情報專家Pedro Baños透視全球，地緣政治必備生存指南
El dominio mundial: Elementos del poder y claves geopolíticas

作　　　者	佩德羅‧巴尼奧斯 Pedro Baños
譯　　　者	周佑芷、李文進

野人文化股份有限公司

社　　　長	張瑩瑩
總 編 輯	蔡麗真
主　　編	陳瑾璇
責任編輯	李怡庭
協力編輯	余純菁
校　　對	林昌榮
行銷經理	林麗紅
行銷企劃	蔡逸萱、李映柔
封面設計	萬勝安
內頁排版	洪素貞

出　　版	野人文化股份有限公司
發　　行	遠足文化事業股份有限公司 (讀書共和國出版集團)
	地址：231 新北市新店區民權路 108-2 號 9 樓
	電話：（02）2218-1417　傳真：（02）8667-1065
	電子信箱：service@bookrep.com.tw
	網址：www.bookrep.com.tw
	郵撥帳號：19504465 遠足文化事業股份有限公司
	客服專線：0800-221-029
法律顧問	華洋法律事務所　蘇文生律師
印　　製	凱林彩印股份有限公司
初版首刷	2022 年 11 月
初版 2 刷	2023 年 10 月

特別聲明：有關本書中的言論內容，不代表本公司 / 出版集團之立場與意見，
文責由作者自行承擔
有著作權　侵害必究
歡迎團體訂購，另有優惠，請洽業務部（02）22181417 分機 1124

國家力量決勝點

野人文化 官方網頁	野人文化 讀者回函

線上讀者回函專用
QR CODE，你的寶
貴意見，將是我們
進步的最大動力。

國家圖書館出版品預行編目（CIP）資料

國家力量決勝點 / 佩德羅‧巴尼奧斯 (Pedro
Baños) 著；周佑芷、李文進譯 . -- 初版 . -- 新北市
: 野人文化股份有限公司出版 : 遠足文化事業股份
有限公司發行, 2022.11
　　面；　公分 . -- (地球觀；77)
　　譯自：El dominio mundial : elementos del poder y
claves geopolíticas
　　ISBN 978-986-384-780-9(平裝)
　　ISBN 978-986-384-781-6 (EPUB)
　　ISBN 978-986-384-782-3 (PDF)

1.CST: 地緣政治 2.CST: 地緣經濟 3.CST: 戰略

571.15　　　　　　　　　　　　 111013015